U0782237

本书为“北京市教育科学‘十三五’规划 2018 年度重点课题——小学数学‘问题引领学习’的教学实践研究（CADA18066）”研究成果

问题引领数学学习丛书 | 张 丹 主编

小学数学单元教学：
基于儿童真实问题

付 丽 张 艳 主编

教育科学出版社
·北 京·

目录

丛书序一

问题引领
让学习真实发生

问题引领学习是本丛书的核心主题，也是张丹老师带领着京内外数十所实验校的老师们，通过近十年的深入理论探索与扎实教学研究，逐渐生长起来的数学教育主张和实践路径。

对学生问题意识的关注，在我国由来已久。《学记》中说："善问者如攻坚木，先其易者，后其节目；及其久也，相说以解。不善问者反此。善待问者如撞钟，叩之以小者则小鸣，叩之以大者则大鸣，待其从容，然后尽其声。不善答问者反此。此皆进学之道也。"这说明善问对于人才成长的重要性。

但是，在我国教育现实中，由于应试教育的干扰，只注重知识的灌输，忽视了学生在学习过程中提问的主观能动性，不利于创新性思维的培养。从 2001 年《基础教育课程改革纲要（试行）》颁布开始，我国便开始了新一轮的课程改革，试图将学生更好地从应试教育中解放出来。但课堂的实际表现却不是很理想，许多教师仍以"教"主导着课堂，很少关注学生发现和提出问题能力的培养。

当今世界，国际形势风云变幻，人类面临百年未有之大变局，国际竞争日益激烈。国际竞争说到底是人才的竞争。我们只有培养创新人才，建设创新强国，才能立于不败之地。基础教育是为培养创新人才打基础的。教育家吕型伟曾经说过，要培养学生提出问题、分析问题、解决问题的能力。2019 年，中共中央、国务院印发的《关于深化教育教学改革全面提高义务教育质量的意见》中也明确指出，要“优化教学方式”，“引导学生主动思考、积极提问、自主探究”。这就需要改进教学方法，从关注教师的“教”转变为关注学生的“学”。让教师不再是知识的灌输者，而是学生学习知识的引路人。这就要树立学生是主体的观念，充分相信学生的能力，让学生自己去发现问题，提出问题，解决问题。过去我们也经常提倡启发式的教学，老师提出问题让学生回答，但这些问题是老师提出来的，并不等于学生自己提出来的。要让学生自己去思考、探索，提出问题，这样才能更好地促进学生思维的发展。

“问题引领学习”的教育主张和实践，便是基于学生真实问题开展的学习，在这样的学习中，既将学生发现和提出问题、分析和解决问题作为学习目标，又将发现和提出问题、分析和解决问题作为学习的途径。问题在引领学生学习的同时，也引领了教师的发展。

本丛书提出了一些观点。

儿童发现、提出问题，是学生内在潜能和发展的需要。儿童天生都有好奇心，接触到外部事物总会感到很新鲜，这种好奇心会驱动他们去发现和提出问题。教师不但要学会观察，抓住这样的学习契机，更要相信学生发现、提出问题的潜能，信任是巨大的教育力量。

培养儿童发现、提出问题的能力，课堂是主渠道。本丛书紧紧围绕课堂这一培养儿童发现、提出问题的最好场所展开实践与探索，提出构建“情境体验—问题产生—问题解决—反思总结”四个模块循环结构的课堂基本模型。

培养儿童发现、提出问题的能力，需要教师角色的重塑。当前，教育的最重要的变化是要从关注教师的“教”转变为关注学生的“学”。而这样的转变并非忽视了教师的作用，而是希望重塑教师的角色，最终实现教师与学生的同步成长与发展。

本丛书是经过近十年的研究与实践，京内外多所实验学校的实验总结，既有理论，又有实践。课题组的老师们始终坚守“儿童真实问题”这一核心，从课堂中来，到课堂中去，重塑了课堂样态，丰富了学习方式，形成了丰富的、可迁移的、可复制的实践路径和教学策略，构建了本丛书的核心内容。本丛书有着重要的现实意义。

（作者系北京师范大学资深教授，国家教育咨询委员会委员，中国教育学会名誉会长。）

丛书序二

问题引领学习：有意义的研究与实践

张丹老师在十年前就组织了一个强有力的团队——团队成员既有教研员，也有一线教师，既有北京的，也有其他地区的，大家共同研究小学数学“问题引领学习”的意义，探索并实践“问题引领学习”的教学形式。我曾多次参加他们组织的活动，对他们的这项研究深表认同。儿童有天然的好奇心，会自发地提出问题，因此，鼓励儿童提问，尊重他们提出的问题，尝试依据他们提出的合理的问题展开教学，是一种顺应儿童天性的教学方法，符合以人为本的教育理念。

无论是2011年版还是现在正在修订的义务教育数学课程标准，都强调要让学生通过义务教育阶段的数学学习，增强发现和提出问题的能力、分析和解决问题的能力。这便是所谓的“四能”。而“问题引领学习”就是有意识地将学生“发现和提出问题”作为课程目标的教学形式。在中小学数学的教学过程中，分析和解决问题涉及的问题是已知的，发现和提出问题涉及的问题是未知的，因此，就培养学生的思维能力和创新意识而言，发现和提出问题要比分析和解决问题更重要，当然，以此为目标也提高了教学的难度。

对中小学生而言，发现问题主要是指发现在课堂上未曾学过的事情，通常包括事物的性质、关系和规律。在这样的学习活动中，学生不仅能够知道一些新的东西，更重要的是能够拓展观察问题的视野，积累判断事物的经验。不言而喻，若能长期坚持这样开展教学，对学生而言是宝贵的，学生可以在教师的引导下领悟更多东西，逐渐形成独立思维的意识和合理思维的能力。特别是，如果学生能够在这样的学习活动中经历成功的喜悦，那还可以提升学习的兴趣和创造的激情。

在发现问题的基础上提出问题，还需要基于抽象的概括，甚至还需要基于推理的判断。前者，能够在错综复杂的事务中抓住问题的核心，进行条分缕析的陈述；后者，能够提出解决问题的建议，甚至预测问题的结论。能够提出合理的问题，绝不是一件简单事情。①进一步，鼓励学生经历从现实世界中发现问题、提出问题，进而分析问题、解决问题的全过程，就是培养学生会用数学的眼光观察现实世界，会用数学的思维思考现实世界，会用数学的语言表达现实世界。这样的教学活动，无疑是对数学核心素养教学的有益尝试。无论如何，如果一个学生能够提出有意义的问题，就充分说明这个学生已经会想问题了。

众所周知，我们传统的课堂教学给学生发现问题和提出问题的机会很少，大多数情况是学生回答教师提出的问题。即便是启发学生提出问题，这些问题也常常是教师教学的一种补充，如果学生提出的问题与教师的教学“预设”相左，就往往会被忽视；甚至有些教师会认为，放任学生提问题会干扰正常的教学活动。因此，在形式上，教师没有真正重视学生提问题的教学过程；在本质上，教师没有真正尊重学生提出的问题。事实上，如果希望学生具有发现和提出问题的能力，那么对所有学生而言，都必然要经历一个从不会提问题到会提问题的过程，如果在初始阶段学生提出的问题就得不到教师的重视和尊重，不仅会使教学流于形

① 参见：孔凡哲，史宁中．中国学生发展数学核心素养概论：理想的学校数学教育能给学生带来什么[M]．上海：华东师范大学出版社，2021.

式、限制学生的思考力，时间久了还可能减弱学生发现和提出问题的兴趣与意识。

张丹老师团队的这项研究，历经近十年的时间，在认真分析传统数学课堂问题的基础上，提出并探索解决问题的途径，从理论到实践全方位回应了“问题如何引领数学学习”这个最为核心的问题，提供了培养学生创新意识、发展学生数学核心素养教学研究的范例。

在这个课题研究的过程中，我和张丹老师有过多次讨论。比如“问题的概念怎么界定”，“如何用问题引领学生思考”，等等，除此之外，团队的老师们也在实践中探索着“怎样鼓励儿童提出问题”，“如何激发学生深度思考”。团队的老师们很有智慧，他们思考、提炼并形成了很多切实有效的办法，包括如何营造良好的提问氛围，如何设计吸引学生提问的学习活动。就像丛书所述，在老师创设的有趣情境中，学生提出的问题丰富多彩；在老师富有智慧的启发下，学生提出的问题由浅入深；在提问的过程中，学生的想象力自由翱翔，精彩的问题自然而然地“冒”出来。随着年龄的增长，学生的思考能力与他们提出问题的质量同时增长，就像书中提及的一位学生的感悟：“学习就是你带着很多很多的问题，尝试去解决它们，接着又产生了很多很多新的问题，然后再去解决，如此反复的过程!”

综上所述，十年磨一剑，张丹老师的团队取得了丰硕的成果，既记载了精彩的教学案例，又有对“问题引领学习”的理论研究。更加难能可贵的是，团队还通过微信公众号等方式辐射研究成果，使得这项课题在北京市内外40多所实验校落地生根，惠及上万名学生。还需要特别指出的是，这样的课堂实践活动也引发了教师们教育理念的变化，从关注教师如何教转向为关注学生如何学，这就回归到教育本原，体现了对立德树人根本任务的落实；同时，这样的实践研究也有利于团队成员提升教学研究能力，在每一个课例的设计中，在每一次教学实施中，教师与学生共同成长。

希望更多的教育同人能够关心“问题引领学习”，研究培养学生创新意识和实践能力的教学模式，探索促使学生形成和发展数学核心素养的教学路径。希望这部丛书能对这样的研究和探索提供一些经验与启迪。

史宁中

（作者系东北师范大学原校长，2011 版、2021 版义务教育数学课程标准及 2017 版普通高中数学课程标准研制组组长。）

丛书序三

从上讲台说起

我认识的数学教育研究界前辈，几乎都是中小学数学教师出身，他们个个是教学的行家里手，普遍是在积累了丰富的中小学数学教学经验之后，作为数学教学领域的佼佼者，踏上数学教育专业研究的舞台。所以那一代数学教育人的研究工作，都有浓浓的“教室味儿”，无论探讨什么，都很具体，都讲究接地气。

我们这一代，多是从校门直接迈入这个领域的。就像我，虽然当了快一辈子老师，却从未登上过中小学数学教学的讲台，哪怕是给中小学生讲一节课。因此，讲起数学教育的道理来振振有词也罢，写起文章来行云流水也好，一旦谈到中小学的数学教学问题，言必称“我没做过中小学老师，我说的道理即使再对，也只能做参考”，因为这是我的短板，所以一点都不敢托大。每当看到和我背景差不多的同行敢于对课堂教学“铁口直断”时，心里就会有几分担心，因为我们这一代的经验多是从自己的中小学老师那里来的，可现在都什么时代了！

本来是写序，怎么扯这么远呢？

这是因为，本丛书的主编张丹老师与我们这些人比起来，可说是个“另类”。她也是从大学校门直接迈入教学研究和教师教育这个行当，一下子就当了老师的老师的。但她从一开始就特别重视真实的课堂教学实践，曾只身到北京海淀后山位于城乡接合部的小学，站上讲台“真刀真枪”地做了一回数学老师，而且一站就是一个学期。虽然时间不算长，但她尝到了教学这个“梨子”的真滋味，补齐了缺少实际教学经验的短板，知道了什么是与教学有关的话语权，走上了数学教育研究者“文武兼备”的道路。

这一点，对她后来的工作，无论是教师教育、教材编写，还是担纲北京市小学数学教研的领头人，应该都大有裨益。就我看到的，她在工作中注重从真实的教学出发考虑教学的研究问题，能以“平视”的目光看待教师的教学表现，总是带着一群一线教师一起搞教学研究，喜欢泡在教室里、工作在学生中。这些特点，我觉得都有那段上讲台经历的影子。

这对她的教研工作会有什么影响？

实事求是，对此我只能打个比方。如果面对一个同样的教研问题，就说“问题引领学习”吧，我的研究路径一定是这样的：先看看课程标准是怎么说的，再看看教材是怎么写的，再观察观察实际的教学是怎么开展的、学生的学习是什么样子的……再经过相互对照，就大体可以发现问题，得出结论，提出建议。而按张丹老师的行事风格，她几乎肯定会完全反过来，从“学生的学习是什么样子的”开始。而事实也的确如此。

问题是，哪个路径更好？

“问题引领学习”这个主题，不论是过去还是现在，都是最重要、最核心也是最敏感的教学问题之一。虽然听上去好像与“四基”、“四能”，以及“深度学习”等都有关系，其实归根结底，它是一个“如何创设以学习者为中心的学习环境，凸显学习者主体地位”的问题，与如何引导学生主动学习的问题关系更大。这方面的问题，到目前为止一直都没怎么解决好，学生学习之被动，几乎没有太大的改变。

为什么会这样？原因再多，以我个人的看法，关键在于对“学生主动学习”这一问题的研究方式。简单说，是通过“自上而下”的方式，还是“自下而上”的方式进行。

要改革，就要有力度。谈到力度，就离不开自上而下的力推。结果往往一推到教师说了算的环节，就偃旗息鼓了。这不是教师不给力，而是因为那个研究路径对教师的“教”来说不是切实可行的。研究“教”的问题确实可以自上而下地开展，可以力推；而“问题引领”是研究“学”的问题，对象是学生，所以必须从学习者、从人开始。这就是为什么张丹老师要走那个“完全反过来”的路径。让“教”让位于“学”，让“学”自问题始，而“问题”又要源自学生。这样一来，一开始就从学生开始的“问题引领”，怎么会不走上“凸显学习者主体地位”的正确路径？

就这么简单吗？其实就这么简单！

对了，我为什么一下子就判断张丹老师会以“自下而上”的方式推进呢？原因也有很多，其中重要的一个就是，我知道她站过小学数学的讲台。

至于张丹老师到底是怎么从学生开始“自下而上”开展的，具体都做了些什么，那就需要读者好好读读她这几本书了。

《问题引领数学学习：内涵与实践策略》主要探讨“问题引领学习”的内涵、价值与实践策略。问题是数学的核心，问题提出有助于学生思维能力的提升和创新人格的孕育，促进学生理解数学的本质，激发学生学习的主动性。这本书阐述了基于儿童观点、历经教学实践的问题内涵，为如何鼓励儿童提出问题提供了实践的路径与策略，也为教师教学活动的设计提供了思路与方案。这样不仅能够将“问题引领学习”落实到数学课堂教学中，更勾画了促进学生数学核心素养发展的教学模式。

《数学提问力：促进儿童提问的活动设计》围绕“数学提问力”，呈现了19个促进儿童提问的活动。与好奇心不同，儿童的提问力不是与生俱来的，需要在相应的活动中得到锻炼，是一种经验的积累。从不敢提问题到敢于发表自己的想法，从单纯描述事物的表象到提出涉及事物本质的问题，沿着这样的路径，儿童看问题的视角会逐渐开阔，想象力会逐渐丰富，思维也会逐渐深刻。这本书记载的每个教学活动都经过课题组的教学实践，呈现了真实的情境，列举了学生提出的真实问题；每一个精巧的活动都是按照“目标、流程、设计、策略、回顾”的体例阐述，操作性强。

《小学数学单元教学：基于儿童真实问题》从实践的角度，诠释了如何基于儿童的问题开展单元整体教学。单元教学能够有效利用学生问题，有机链接学生问题和教学关键问题，用结构的力量来促使学生理解与迁移。这本书甄选了 10 个单元教学案例，展现了基于儿童真实问题构建单元学习的教学经验。

呈现给读者的这部丛书，是张丹老师团队上述宝贵经验的凝练，贯穿“问题引领学习”这个主题，相信一定会给读者很多的启示。

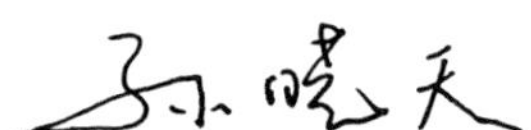

（作者系中央民族大学教授，2001 版全日制义务教育数学课程标准研制负责人之一，2021 版义务教育数学课程标准修订组核心成员。）

本书前言

关于“问题引领学习”单元教学的思考

问题提出的目的是给学生更多的机会，以帮助学生建立知识与知识、知识与情境间更多的联系，促进理解与迁移。基于问题提出的视角，如何实现大概念统领下的单元教学[①]，是本书期待解决的核心问题。基于此，以“促进小学生发现和提出问题能力发展的实践研究”课题组在此方向上多年来的实践为基础，本书甄选了 10 个基于“问题引领学习”的单元优秀实践案例，内容涵盖了运算单元、图形的认识单元、图形的测量单元、推理单元、实践活动单元等，以这些丰富多元的内容为载体，从实践的角度诠释了如何基于儿童的问题开展单元整体教学。

在实际教学过程中，课题组研究者和实验教师一直在摸索如何从儿童问题出发，基于儿童的真实问题架构单元，实现“问题引领学习”视角下的单元整体设计。我们期望能够在一定程度上为一线教师实现问题引领下的单元教学提供可操作、可迁移的经验与策略。基于此，总结提炼前期实践的路径，本书 10 个案例均从单元具体概念及学生分析、TUKE[②]单元学习目标及学习结果表现、学生学习的关键问题、单元学习任务、单元学习评价等

---

① 更多论述请参看本丛书中的《问题引领数学学习：内涵与实践策略》（张丹、于国文著，教育科学出版社 2021 年 8 月出版）第四章。

② TUKE四个字母分别代表迁移、理解、知能、情感四个维度的目标，详见后文介绍。

方面对单元整体设计进行了深入的介绍，并呈现特色案例，展现了基于儿童真实问题构建单元学习的宝贵教学经验。以下具体对每个部分进行解释说明。

每个案例一开始就重点阐述了在单元主题确定的过程中，该单元在小学数学教学内容中的地位、教师在单元教学中存在的困惑，以及在“问题引领学习”视角下的基本做法。它可看作对每个案例的导读，使读者对整个案例有全貌性的了解，后续可以再细致阅读。

1. 单元具体概念及学生分析

这部分包括单元具体概念和学生分析两部分。在确定了单元主题后，该部分将大概念在单元的背景下进行具体化，形成单元具体概念，以集中体现单元所学内容的核心、过程中形成的思想方法和思维方法等教育价值。单元具体概念一旦形成，将统领整个单元的学习。接下来是调研学生的能力基础和好奇的问题，本书这部分不仅会对调研结果有具体描述，更会将调研结果对单元设计的启示阐述出来。

2. TUKE单元学习目标及学习结果表现

单元学习目标对进行单元学习必不可少，制定单元学习目标的过程也是帮助教师叩问本单元将实现什么样的意义理解与自主迁移的过程。本书中的单元学习目标有四个维度，包括需要掌握的知识和技能目标（知能目标，K目标）、依据具体概念设定的意义理解目标（理解目标，U目标）、迁移目标（T目标），以及情感态度价值观目标（情感目标，E目标），构成“TUKE单元学习目标”。

制定学习目标后，需进一步思考的问题是：什么样的学习结果可以说明学生实现了学习目标，特别是理解意义和自主迁移？

基于此，每个案例在TUKE目标后都附上了学习结果表现，以检验单元学习目标的达成情况。

3. 学生学习的关键问题

学生学习的关键问题可以看成单元具体概念和单元学习任务之间的桥梁。关键问题的确立有助于在设计单元教学任务时，使任务指向单元具体概念，避免具体概念和任务脱节，同时也避免教师设问随意、细碎、缺乏整体把握的弊端。基于此，在描写关键问题时，采用表格形式，将单元具体概念和关键问题对应起来，但并不强调一一对应，这样的呈现既体现二者的一致性，也方便读者阅读，以“整数乘法”单元为例，呈现如表 1 所示。

表 1　单元具体概念和对应的关键问题示例

单元具体概念	关键问题
1. 基于乘法的意义和数的意义可以对数进行拆分，从而寻求多位数乘法的计算方法。 2. 在多样的拆数方法的持续学习中，整十数拆数法表现出普适性，它是数的十进制及位值制的价值体现。 3. 利用点子图等模型可以帮助进行拆分，从而寻找合理的算法，并追求简洁、通用的算法。 4. 本单元的学习经验也将会迁移至后续学习中，发展学生的运算能力。	1. 多位数乘一位数，可以怎么计算？各种不同算法的道理是什么？ 2. 不同算法之间的联系与区别是什么？ 3. 为什么要按照整百、整十这样拆数？如何用竖式进行表达？ 4. 我们还能解决哪些计算问题？

需要说明的是：对“问题引领学习”而言，学生思考的关键问题不仅来自教师提出供学生思考的问题，更包括学生在情境体验基础上自己提出的问题。

4．单元学习任务

在确立了关键问题之后，根据学生的年龄特点和学习规律，将关键问题进行进一步分解，同时梳理分析教材中的学习任务，得到一个单元的学习任务序列。本书中将单元学习任务以图表的形式呈现，分为三列，分别是关键问题、学习任务序列、课时，如图1所示。

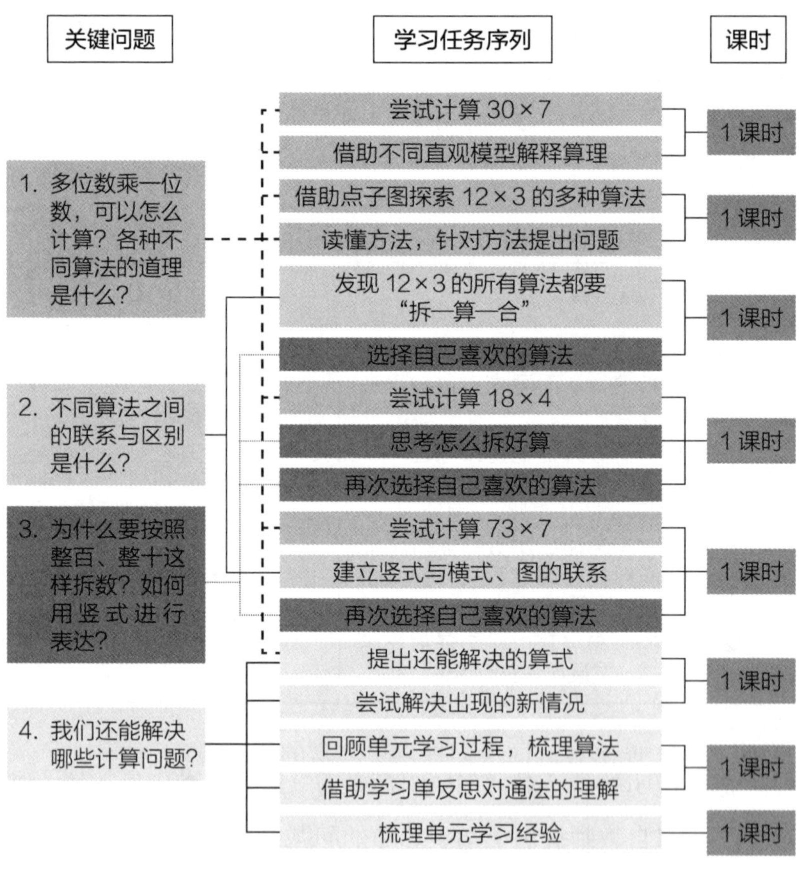

图 1　单元学习任务框架示例

在图表之下，会具体阐述单元学习任务的设计思路，阐述时主要说清以下几个问题：什么样的学习任务能够达成预期学习结果？什么样的学习任务能够更好地激发学生思考？学习任务的顺序和课时如何安排？等等。

5．单元学习评价

单元评价是单元学习必不可少的环节。在TUKE单元学习目标及结果表现确定后，仍要持续思考：什么样的学习表现或结果可以说明学生实现了学习目标，特别是理解意义和自主迁移。在设计评价任务和评价标准时，主要参考学习结果表现。评价任务既可以在课堂中利用课堂观察、互动交流、学习任务单等对学生的学习表现进行即时评估，也可以在学习后用纸笔测试、访谈等形式对学生的学习情况进行评估。此外，对于一些知识技能方面的学习结果，也可以借助教材习题来进行考查。

6．特色案例

限于篇幅限制以及为让读者有更好的阅读收获，每个单元都呈现了一个特色案例。这些特色案例有的是着重体现理解意义和自主迁移的一节课，也有的是围绕同一具体概念的几个核心任务。每个特色案例分为两部分：一是课前思考，二是课堂写真。

以上就是对本书十个案例每个环节及环节间逻辑关系的具体说明。为了能给教育同人们提供更丰富的实践视角，本书在单元类型选择上也有所考量。在“问题引领学习”中，通常将单元分为四种类型：知识单元、能力单元、项目单元和兴趣单元。本书所选案例涵盖了这四种单元。

具体来说，知识单元有：感悟运算的意义及联系的“乘、除法的认识”单元；能力单元有：发展运算能力的“整数乘法”单元、发展量感的“认识厘米和米”单元、发展空间观念和推理能力的“长方体的认识和度量”单元、促进推理能力和空间观念迁移的“圆柱和圆锥”单元、讲推理故事学习推理、发展推理能力的“推理”单元；兴趣单元有：用儿童感兴趣的问题引领的“认识三角形和四边形”及“多边形的面积”两个单元；项目单元有：在解决实际问题中发展应用意识的“共享速度空间”单元和在实践活动中“认识比”单元。

提出这四种单元并不是为将单元进行简单区分，因为这四种单元之间也存在着一定的交叉，而是为了帮助老师们思考单元设计的基本出发点。

总之，本书中的案例从问题引领的视角出发，诠释了如何进行单元整体设计和单元教学实践，期望能为基于儿童真实问题构建单元整体教学提供一些值得借鉴的思考与做法，也恳请广大读者批评指正。

付丽

第一章

“乘、除法的认识”单元：感悟运算的意义及联系①

① 作者（单元整体设计）：北京市房山区教师进修学校张艳，北京市第十二中学朗悦学校闻鹏。

乘、除法的意义是学生学习乘、除法的开始，是后续学习数的运算和解决问题的重要基础。运算意义的学习受到了广大教师和研究者的重视，在教学实践和研究领域取得了一些宝贵的经验与成果。同时在实践中我们也发现，学生对乘法运算和除法运算有很多好奇，如何基于儿童的好奇开展教学，促进学生对意义的理解？学生在学习乘、除法的意义后，往往认为乘法就是乘法，除法就是除法，乘法与除法在学生的头脑中是割裂的，如何基于联系促进学生对乘、除法意义的理解？于是我们针对小学二年级教学内容乘、除法的意义及运算之间的联系等进行了主题式单元备课。

“乘、除法的认识”单元并不是教材中的自然单元，研究团队力图把对乘法和除法的初步认识统整思考，进行主题式单元整体设计。在这个主题单元中，包括乘法的初步认识、除法的初步认识、乘法与除法联系的感悟、等号的再理解、运算意义的迁移等内容。在实际教学中，教师可基于单元整体设计的思路，将具体的学习任务在不同的自然单元实施，也可在同一单元实施。

单元具体概念及学生分析

一、单元具体概念

本主题单元备课希望体现出乘、除法初步认识的整体性，特别是凸显乘、除法运算之间的联系，更进一步，包括加、减、乘、除四则运算之间的联系，让学生感受到每一种运算不是“孤岛”，运算之间有着纵横贯通的联系。把握联系有助于学生理解运算的意义，并利用这种联系解决更多的问题。同时，鼓励学生能够基于自己的真问题，促进对乘、除法意义的理解。

概念 1　相同加数连加等情境可以用乘法来表示，平均分、连减相同数的情境可以用除法来表示。

结合实际生活，让学生体会到生活中有很多“一对多”的现象，比如一张桌子配 4 把椅子，一只手有 5 个手指，一只青蛙有 4 条腿等。希望能让学生体会到，人们经常会遇到相同加数求和的现象，加法与乘法是有密切联系的，相同加数求和的加法算式，可以用乘法算式表示。同样地，对于平均分或者相同的减数连减，可以用除法算式表示。

概念 2　乘、除法运算之间是有联系的，利用这种联系可以更好地理解运算的意义。

学习乘、除法的意义时，要体会到乘法与除法意义的联系，比如一个情境既可以列乘法算式计算，也可以列除法算式计算。如一共有 24 个山楂，每串糖葫芦穿 6 个山楂，一共可以穿几串糖葫芦？它既可以用算式 $24 \div 6 = \boxed{4}$ 解决，也可以用 $6 \times \boxed{4} = 24$ 解决。让学生感悟到乘、除法不是孤立存在的，它们之间是有联系的，把握这种联系可以帮助学生更好地理解运算的意义。

概念 3　在乘、除法算式中，等号不仅指向结果，还表示等价关系。

学生在学习运算和解决问题时，对等号的理解多指向结果。因此，希望学生能够体会到等号的传递性，特别是等号还表示等价关系。史宁中教授提到，“等”有两个概念，一个是运算的结果，还有一个是表示量相等。因此，等号还有一个功能——等号在讲两个故事，两个故事量相等。如：左边有 3 个小方块，右边有 4 个小方块，哪边的小方块多？怎样使两边的小方块同样多？学生思考左边的小方块数量加上 1 个就和右边的小方块数量同样多，列算式是 $3 + 1 = 4$。这样就在无形中渗透了等号不仅指向结果，同时也表示等价关系，丰富了学生对等号的认识。在乘、除法意义的学习中，让学生在情境中体会等号表示等价关系具有重要的意义。

概念 4　根据运算意义及运算的联系可以解决很多问题。

在教学中要给学生机会运用运算意义和运算之间的联系解决问题。如学习乘法时，让学生体会到通过相同数连加能够得到所有乘法算式的积，认识到借助运算的意义能解决运算的所有问题。同时，借助乘、除法之间的联系，可以用乘法运算解决除法问题。再如后续要学习的更大数的乘法和除法，可以通过拆分将其转化为表内乘法和除法来解决，如 $48 \div 4$，可以拆分为 $12 \div 4 + 36 \div 4$。这既体现了表内乘法和除法的基础作用，又为学生在后续探索更多的计算和解决问题奠定了迁移的经验。

二、学生分析

学生对乘、除法意义的认识基础是什么？学生是否可以通过用加、减法解决问题为学习乘、除法奠定基础？儿童对乘、除法好奇的是什么？为此，我们开展了“乘、除法意义”的学前调研和学后调研。调研对象为北京市第十二中学朗悦学校二年级的 41 名学生。

1. 调研问题

（1）关于“乘、除法意义”的学前基础调研

“乘法的意义”学前调研问题如图 1–1 所示：

图 1–1 “乘法的意义”学前调研问题

“除法的意义”学前调研问题如图 1–2 所示：

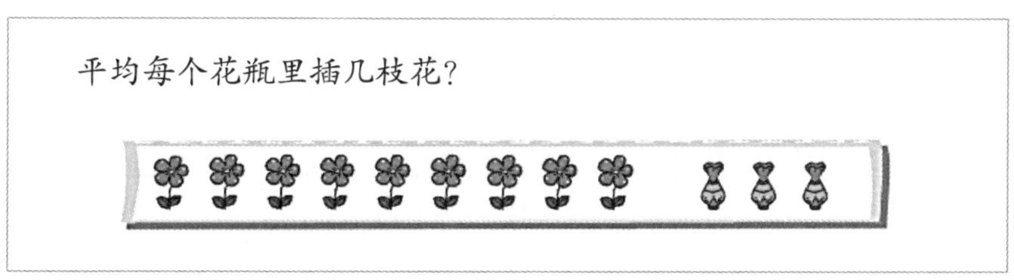

图 1–2 “除法的意义”学前调研问题

（2）学完“乘法的意义”和“除法的意义”后的调研

提出问题：一共有 24 个山楂，每串糖葫芦穿 6 个山楂，可以穿几串糖葫芦？

2．调研结果

（1）学生具备了学习乘法和除法的基础

对于“乘法的意义”学前调研问题，我们发现100%的学生都做对了，用加法解决的学生占95%，这说明他们具备了进一步学习乘法的基础；有5%的学生能用乘法解决，但并不能清楚地表达出乘法算式的意思，我们需要做的就是帮助他们把加法和乘法建立联系。

对于“除法的意义”学前调研问题，同样100%的学生都做对了。其中，利用画图方法解决问题的学生占60%，列出 $3+3+3=9$、$9-3-3-3=0$ 等加、减法算式解决问题的学生占38%，列出乘法算式 $3\times3=9$ 解决问题的学生占2%。我们发现，通过对平均分的学习，学生已经理解平均分的数学意义，并能够与加法算式、减法算式和乘法算式建立关联，具备了学习除法的基础。

（2）学习乘、除法意义后，再次让学生解决问题，学生解决问题的策略更为多样（见表1–1）

表1–1　学后调研问题作答结果

策略类型	百分比	典型作答
方法一：列减法算式	2%	24-6-6-6-6=0
方法二：列乘法算式	5%	4×6=24
方法三：列除法算式	93%	24÷6=4(串)

在学习乘、除法意义后，面对一个典型除法情境的问题，学生出现了多种解决问题的方法。93%的学生利用除法解决问题，5%的学生利用乘法解决问题，2%的学生利用减法解决问题。其中，54%的学生利用画图的方法表达出了算式的意义（见图1–3）。

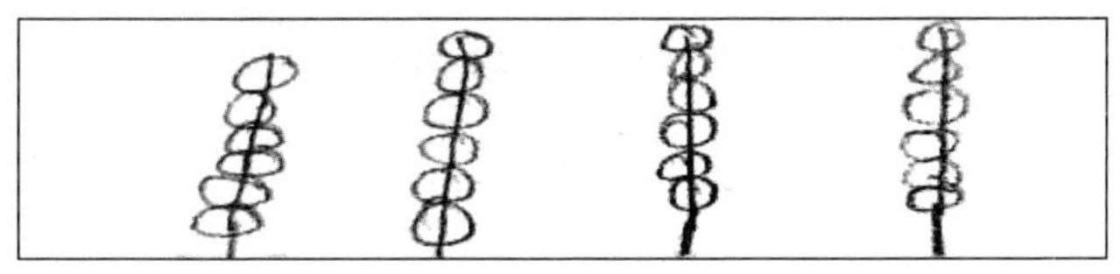

图 1-3　学生用画图的方法表达算式的意义

（3）74%的学生认为用乘法解决“平均分”的问题是错误的

在解决“穿糖葫芦”的问题后，教师对运用减法和除法解决问题的学生进行了访谈。74%的学生认为方法二，即用乘法解决“穿糖葫芦”问题是不对的，因为这是一个平均分的问题，而平均分的问题就应该用除法解决。我们发现，学习了除法后，大多数学生的思维固化在只要提到“平均分”就必须用除法解决，在他们的头脑中，乘法就是乘法，除法就是除法。可见，部分学生对乘、除法运算意义的关联缺乏感悟。

（4）学生提出了丰富而有价值的问题

调研中，学生提出了很多他们感到好奇的问题，这些问题都很有价值。比如，在学习乘法前，学生提出：“乘法到底是什么？学习乘法有什么好处？”这是学生对什么是乘法以及为什么学习乘法的好奇。还有学生提出乘法运算的问题，如：“乘法是怎么算的呢？乘法是比加法简单好算吗？”

在学习“除法的意义”后，学生提出了迁移类的问题，如：“更大数的除法我们能解决吗？”以上这些学生提出的真问题（见图 1-4），也是单元教学设计的宝贵资源，在后续单元教学设计中，将考虑把学生的问题作为学习任务的核心问题，引领学生开展学习。

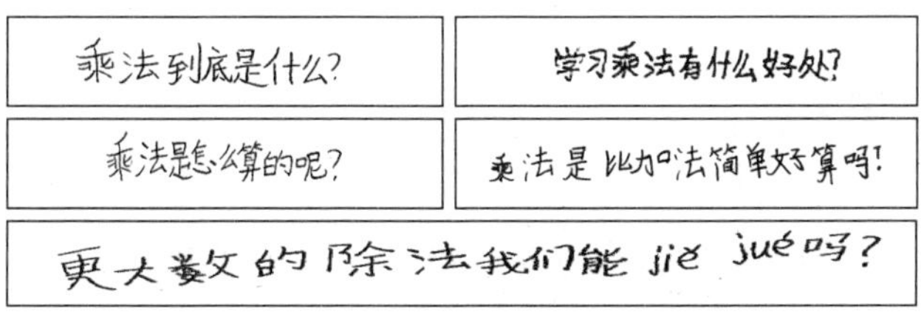

图 1-4　学生提出的真问题

TUKE单元学习目标及学习结果表现

一、TUKE单元学习目标

T（迁移）目标	利用对乘、除法的认识解决乘、除法运算的问题，并根据乘、除法的含义解决生活中的简单实际问题。
U（理解）目标	结合具体情境，经历乘、除法产生的过程，体会相同加数连加可以用乘法解决，平均分物等问题可以用除法解决。体会等号除了指向结果，也表示等价关系，认识到加、减、乘、除间是有联系的，除法是乘法的逆运算。
K（知能）目标	初步了解乘、除法的含义，能根据实际情境列乘、除法算式，会读写乘、除法算式，知道乘、除法算式各部分名称。
E（情感）目标	感受学习乘、除法运算的价值，体会乘、除法运算与生活的联系，在与同伴讨论、交流的过程中发展合作意识。

二、学习结果表现

①认识乘法和除法，能根据实际情境、图等列出乘、除法算式。

②能根据乘、除法算式，提出可以用此算式解决的实际问题。

③能根据乘、除法及其联系，解决简单的表内乘、除法实际问题。

④能在具体情境中，体会并表达等号所表示的等价关系。

⑤能将对乘、除法的认识迁移到乘、除法运算和解决更多的实际问题中。

学生学习的关键问题

对应单元具体概念，确定了本单元学生学习的关键问题（见表 1–2）。

表 1–2　单元具体概念和对应的关键问题

具体概念	关键问题
1. 相同加数连加等情境可以用乘法来表示，平均分、连减相同数的情境可以用除法来表示。 2. 乘、除法运算之间是有联系的，利用这种联系可以更好地理解运算的意义。 3. 在乘、除法算式中，等号不仅指向结果，还表示等价关系。 4. 根据运算意义及运算的联系可以解决很多问题。	1. 什么是乘法？ 2. 什么是除法？ 3. 乘法和除法之间有怎样的联系？ 4. 算式中等号两边分别表示什么？为什么可以用等号连接？ 5. 如何用乘、除法运算解决更多的问题？

“什么是乘法？”“什么是除法？”这两个问题是要帮助学生在具体情境下，初步认识乘、除法的意义。

“乘法和除法之间有怎样的联系？”，鼓励学生不但要体会乘法与加法的联系、除法与减法的联系，还要体会乘法与除法的联系。

“算式中等号两边分别表示什么？为什么可以用等号连接？”是要鼓励学生丰富对等号的认识，尤其是等号表示相等关系。

鼓励学生提出问题的活动主要体现在两个地方：**第一，在数学活动中提出自己好奇的问题。**首先初步认识乘、除法的意义，鼓励学生不断提出自己好奇的问题，在此基础上积累问题提出的经验。比如在学生初步认识乘法时，教师鼓励学生提出自己好奇的问题，学生提出的问题有：为什么要学习乘法？乘法怎么计算？用乘法可以解决什么问题？等等。**第二，鼓励学生在解决问题后不断提出新问题。**学生在初步认识乘法和除法后，解决了自己好奇的问题，教师鼓励学生再提出新问题。学生好奇的问题有：更大数的除法我们能解决吗？新问题引领学生继续深入学习。

单元学习任务

根据学生的年龄特点和学习规律，将上述核心问题进行进一步分解，同时梳理分析教材中的学习任务，得到了本单元的学习任务序列。这里所说的任务序列在实际教学时可能分布在不同的自然单元中。为了清晰地呈现本单元主题的任务序列，因此集中呈现系列学习任务。教学时可根据情况在不同的自然单元实施。

一、初步认识乘法任务序列（见图 1-5）

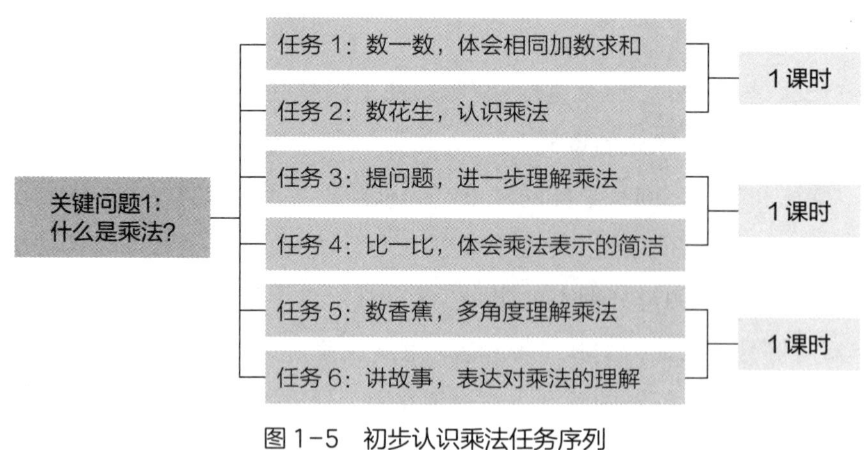

图 1-5　初步认识乘法任务序列

二、初步认识除法任务序列（见图 1-6）

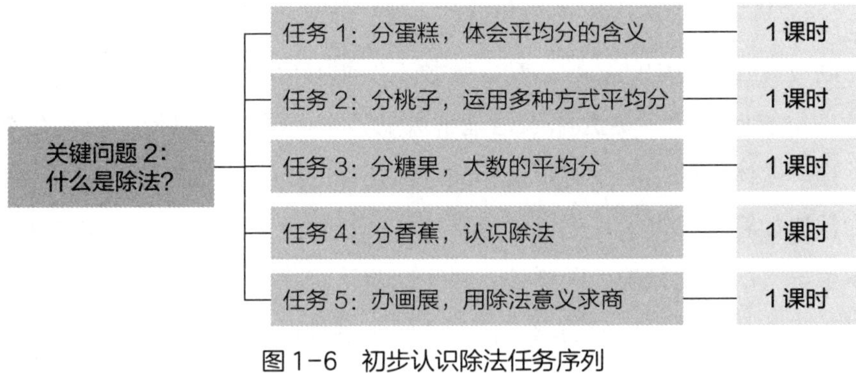

图 1-6　初步认识除法任务序列

三、体会联系、拓展迁移任务序列（见图 1-7）

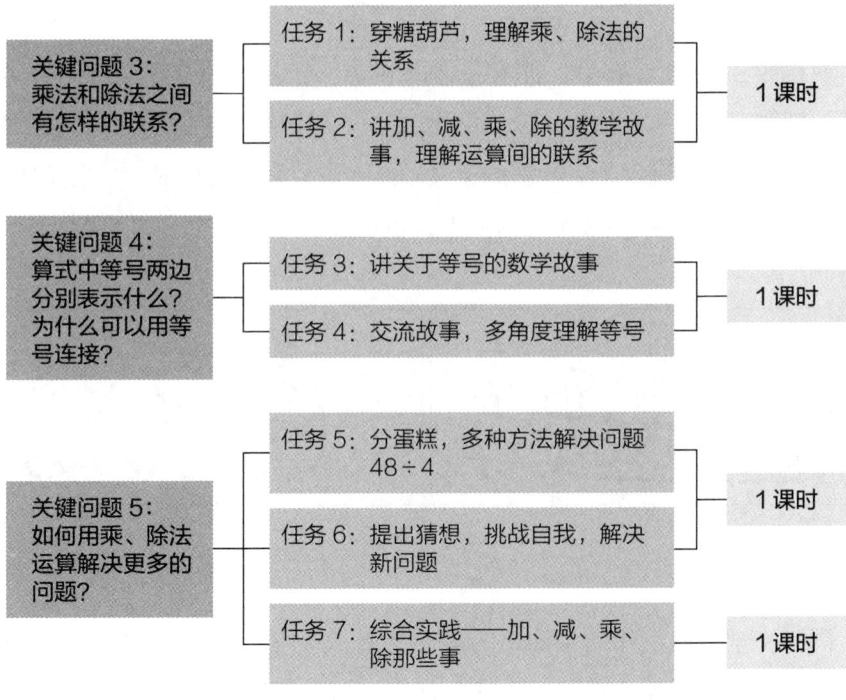

图 1-7　体会联系、拓展迁移任务序列

下面具体阐述主要学习任务的设计思路。

1. 通过丰富的活动促进学生对乘、除法意义的理解

创设现实情境中的数数活动。数数不仅能够帮助学生奠定认识新运算的基础，也能促进学生更为深入地理解数的概念。通过数桌椅、数鸡蛋等活动，让学生体会到生活中有很多相同加数连加的情况，数数的结果可以用相同加数连加算式来表示。充分地经历这样的数数活动，能够为认识乘法的意义积累丰富的活动经验。同样地，对于初步认识除法的任务，通过 3 课时，鼓励学生充分参与平均分的学习任务，经历多种形式、多种策略的平均分物的活动，尤其是在平均分的第 3 课时，鼓励学生对大数（50 颗糖果）进行平均分。丰富的、具有挑战性的平均分物的活动，能让学生积累学习除法意义的活动经验。

2. 从多角度帮助学生体会运算的意义

鼓励学生讲数学故事，让学生画一画、写一写，自主表达对乘、除法意义的理解。借助数学故事，鼓励学生表达、交流自己的想法，在相互交流与启发中，从多角度理解乘、除法的意义。如在讲故事的过程中，学生发现同样是 12 根雪糕，既可以讲 3 个 4 的故事，也可以讲 4 个 3 的故事（见图 1–8）。

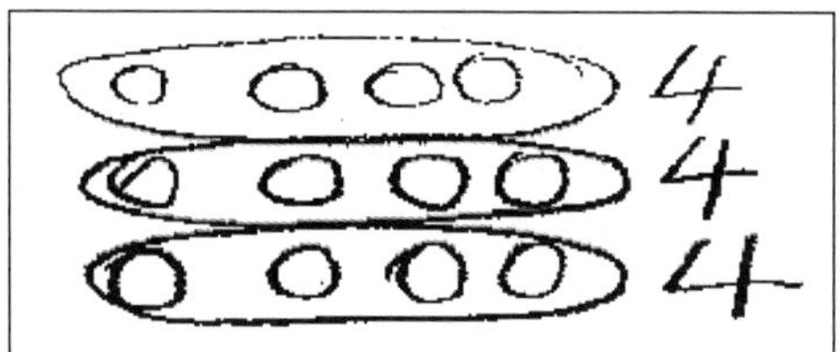

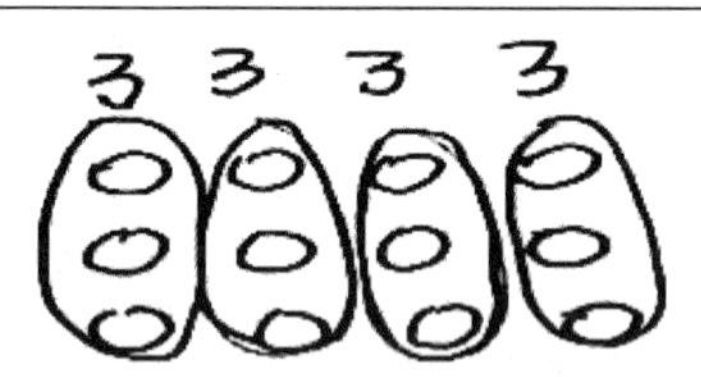

图 1–8　学生的数学故事作品

同时，学生通过作品中渗透的多种模型，感悟乘、除法运算与加、减法运算的联系，乘、除法运算与生活的联系。从多角度认识乘、除法运算，有助于学生理解乘、除法的意义（见图 1–9）。

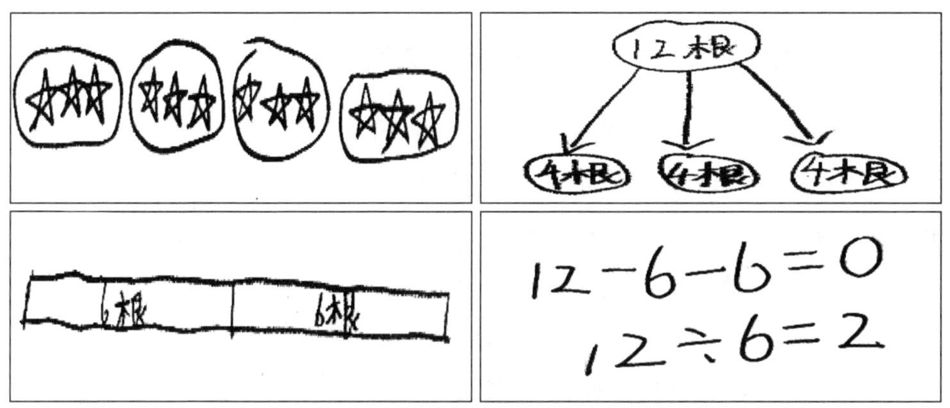

图 1-9　学生通过绘制模型理解乘、除法的意义

3. 鼓励学生发现和提出问题

在乘、除法意义的学习中，可以创设提出问题的学习任务，让学生提出自己好奇、有困惑的问题。如在初步认识乘法时，通过情境的体验和丰富的活动，学生充分体会到相同加数连加可以写成乘法算式，如 3+3+3+3+3 可以写成 3×5。基于学生对乘法已经有了初步的认识，教师鼓励学生对乘法提出自己好奇的问题。学生提出的问题有：既然加法也可以解决问题，学习乘法有什么好处？为了能够得到这个问题的答案，教师带领学生进入下一个学习任务。可见，学生在对学习对象有了一定的认识后，再提出问题，问题会更为深刻，学生的思考也更为深入。再如，学习除法后，教师鼓励学生提出对除法感兴趣的问题。学生提出的问题有：这个方法能解决三位数的除法吗？教师鼓励学生根据意义去探究，让学生利用除法的意义解决问题。学生发现基于意义能够解决很多的问题（见图 1-10）。

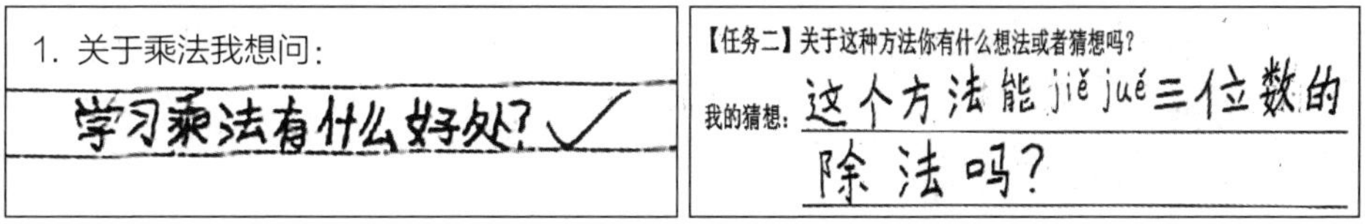

1. 关于乘法我想问：

学习乘法有什么好处？✓

【任务二】关于这种方法你有什么想法或者猜想吗？

我的猜想：这个方法能 jiě jué 三位数的除法吗？

图 1-10　学生发现和提出的问题

4．体会加、减、乘、除运算之间的关联

教师创设穿糖葫芦的学习情境（见图 1–11），设计沟通联系的学习任务，让学生感悟到加、减、乘、除间都是有联系的。

在这个情境中，大多数学生能想到用除法和画图的方式解决，也有部分学生用减法运算解决，少数学生用乘法运算解决（见图 1–12）。

图 1–11　情境图

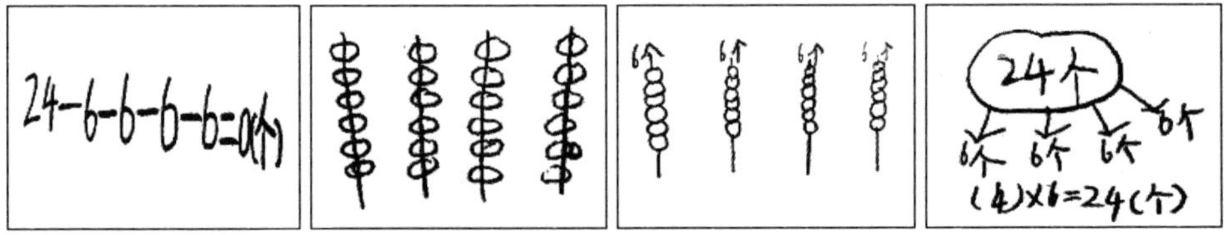

图 1–12　学生解决问题的作品 1

基于调研，我们知道学生能用多种方法解决这个问题。在课堂上学生也能够用减法、除法和乘法解决问题，并能用画图解释自己的方法，但是多数学生用除法来解决问题。课堂上，学生对用乘法解决的方法产生了热烈的讨论，他们普遍认为这个“穿糖葫芦的”问题不能用乘法解决，因为“平均分”的问题是不能用乘法来解决的，“平均分”必须用除法解决。教师适时让学生进行讨论：乘法算式表示的数量关系与这个问题有什么联系？与除法算式有什么联系？学生通过把乘法算式与情境、图、减法算式、除法算式进行勾连，发现加、减、乘、除之间是有联系的。最后，学生达成共识，乘法是可以解决这个“平均分”问题的，只要在乘法算式中用“□”标示出结果就可以了（见图 1–13）。在多样化解决该问题的过程中，学生的早期代数思维也得到了发展。

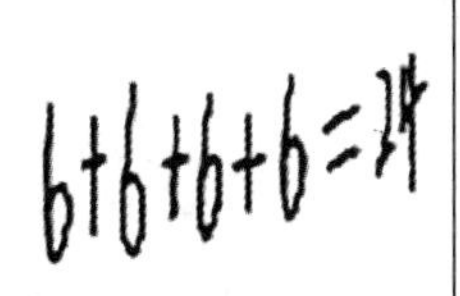

图 1-13　学生解决问题的作品 2

5. 在实际情境中丰富对“=”的再认识

教学中我们可以创设讲相等故事的学习任务，丰富学生对等号的再认识。这样的学习任务并不局限在讲乘、除法的相等的故事，而是以天平为基本的思维支架，鼓励学生借助“小天平称重量”的情境讲相等的故事，并用算式来表示故事。通过该任务，让学生体会到等号不仅指向结果，也表示等价关系。学生在讲故事、用等号连接相等故事的过程中，丰富了对等号的理解（见图 1-14）。

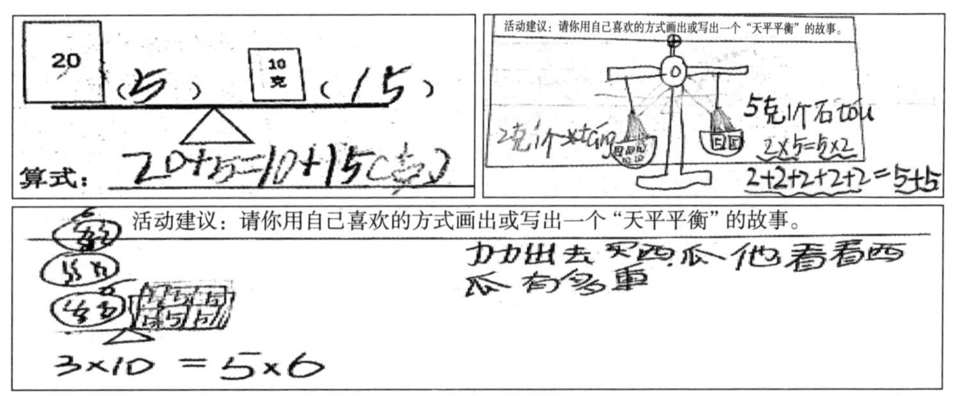

图 1-14　学生解决问题的作品 3

6. 在解决挑战性学习任务中促进学生自主迁移

根据学生提出的问题“更大数的除法我们能解决吗?”，创设迁移学习任务，鼓励学生探究 48 ÷ 4 的结果。通过现实情境的导入，借助点子图开展具有挑战性的学习活动，鼓励学生用自己喜欢的方法解决问题（见图 1-15）。

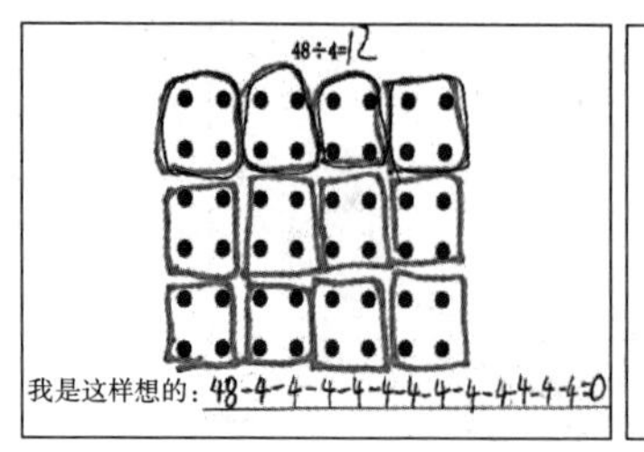

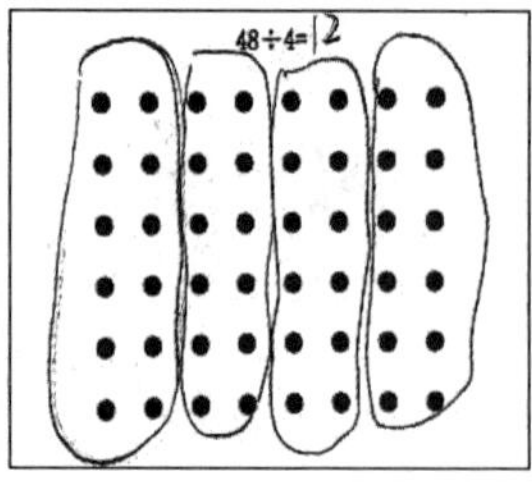

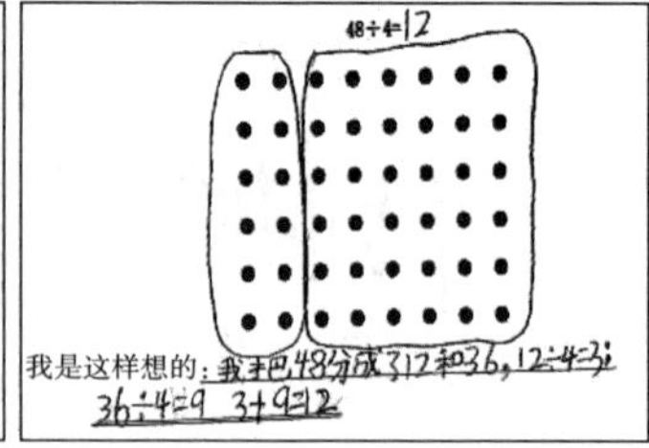

图 1-15 学生解决问题的作品 4

在学生作品中，有的学生用连减的方法解决问题，有的学生用平均分的方法解决问题，也有的学生借助拆分的方式，将大数除法转化为更小的数从而解决问题，实现了知识与能力的迁移。接着教师鼓励学生提问："如果接着想下去，你还想研究什么问题？你有什么小猜想？"学生提出："这样的方法是不是可以解决三位数的除法呢？"他们也提出了自己的猜想，只要用连减的方法，不管多大数的除法问题都能解决。通过完成挑战性任务和提出问题，学生学会自主运用意义解决更多的问题，同时也加深了对运算意义的理解。

单元学习评价

依据学生的学习结果表现，对"认识乘法和除法，能根据实际情境、图等列出乘、除法算式"等学习结果的评估，可以借助数学书上的习题进行考查。对本单元的重要内容进行评价，如理解运算意义、体会联系，以及迁移目标的实现，将重点设计评价任务和评价标准对学生进行考查。其中，评价任务既可以安排在课堂中，利用课堂观察、互动交流、学习任务单等对学生的学习表现进行即时评价，也可以安排在学习后用纸笔测试、访谈等形式对学生的学习情况进行评价。

评价任务一

学习结果表现 能根据乘、除法算式，提出可以用此算式解决的实际问题。

评价任务 请你根据 $4\times5=20$ 讲一个数学故事，可以画一画、写一写。

评价标准 （见表 1–3）

表 1–3 学生表现及评价量规

等级	A（优秀）	B（合格）	C（仍需努力）
表现	能根据乘法的意义讲数学故事，信息完整，数量关系正确，表达清晰。	能根据乘法的意义讲数学故事，数量关系正确，但信息不够完整或语言表达不够清晰。	能根据乘法的意义讲数学故事，但数量关系不正确。

评价任务二

学习结果表现 能根据乘、除法及其联系，解决简单的表内乘、除法实际问题。

评价任务 7 串糖葫芦卖了 63 元，平均每串糖葫芦卖多少元？分别用乘法和除法解决这个问题。

评价标准 （见表 1–4）

表 1–4 学生表现及评价量规

等级	A（优秀）	B（合格）	C（仍需努力）
表现	能根据乘法和除法的联系，用乘、除两种方法解决问题。	能解决问题，但是策略单一。	不能正确解决问题。

评价任务三

学习结果表现 能在具体情境中，体会并表达等号所表示的等价关系。

评价任务 请你用小天平称重量，讲一个相等关系的数学故事，并用算式表示出来。可以写一写、画一画、算一算。

评价标准 （见表 1–5）

表 1–5 学生表现及评价量规

等级	A（优秀）	B（合格）	C（仍需努力）
表现	能借助实际情境，讲一个相等关系的数学故事，并列出算式。	能讲一个相等关系的数学故事，并用算式表达等量关系，但是表达不够清晰。	数学故事、数量关系不正确，且不能用正确的算式表示。

评价任务四

学习结果表现 能将对乘、除法的认识迁移到乘、除法运算和解决更多的实际问题中。

评价任务 有 48 块蛋糕，平均分给 4 个班，每班分几块蛋糕？写一写、画一画，表示出你解决问题的过程。

评价标准 （见表 1–6）

表 1–6 学生表现及评价量规

等级	A（优秀）	B（良好）	C（仍需努力）
表现	能利用乘、除法的意义解决问题，并清晰地表达解决问题的过程。	能利用乘、除法的意义解决问题，但是表达不够清晰、准确。	无作答，或者不能正确解决问题。

本单元通过创设丰富的生活情境，让学生基于真实问题开展学习。如“我们为什么要学习乘法？”“我们能解决更大数的乘法问题和除法问题吗？”“乘、除法有怎样的联系？”等。在学习之前提出问题，让问题引领学生认识乘、除法；在学习之后再提出问题，让问题引领学生深入思考，感悟联系，迁移创造。就是在这样“提问、思考、探究、反思”，“再提问、再思考、再探究、再反思”的过程中，学生不断理解意义、感悟联系、获得经验。而学生自己好奇的问题能让学生具有持续的动力迎接挑战性任务，探究数学的奥秘。

特色案例

问题引领，在联系中理解运算意义①

本案例是学生初步认识乘法和除法后学习的内容。在教学实践中，可以安排在学生学完表内乘、除法后学习。本课注重帮助学生初步感受乘法和除法之间是有联系的，运用乘法和除法的联系可以解决很多问题。下面与大家分享本节课的设计思考与实践。

一、课前思考

通过调研，我们发现学生初步认识乘法和除法后，认为乘法和除法是两种截然不同的运算，它们之间的关系是对立的。如乘法是几个几，除法是平均分，平均分的问题只能用除法解决，用乘法解决是不对的。可见，乘法和除法在学生头脑中是割裂的，甚至认为这二者截然对立，解决问题时不可“越雷池半步”。这样的认识不利于学生对运算的理解，也不利于学生今后的问题解决以及对方程的理解和学习等。因此，在初步认识乘法和除法时，就要让学生感悟乘法和除法之间的联系，甚至是加、减、乘、除四则运算之间的联系。感悟联系也是在触摸运算的本质，同时也为学生发展早期代数思维埋下伏笔。

本节课创设“穿糖葫芦”的真实情境，让学生利用多种方法解决问题，在找不同方法的联系中，感悟运算之间的联系。同时，也通过讲故事的学习任务，让学生感悟到利用运算之间的联系能帮助我们解决很多问题。

① 作者：黄城根小学房山分校王辰，北京市第十二中学朗悦学校闻鹏。

二、课堂写真

镜头一 多种方法尝试“穿糖葫芦”

教师创设“穿糖葫芦”的现实情境（见图1–16），鼓励学生解决任务一的问题。

图1–16 任务一教学情境

为了呈现学生的问题解决过程，并帮助学生开展小组活动，我们为学生提供了如下的活动建议。

活动建议

1 独立思考：尝试解决问题。

2 小组合作：每一位成员说说自己的想法。你最欣赏谁的方法，就在谁的方法下面画一颗星星。

教师则通过巡视适时对有需要的学生提供支持。小组活动结束后，全班进行交流。下面是师生之间的交流片段。

生1 我是用连减的方法计算的，从24里连续减6，一直减到0，一共有4个6，所以可以穿4串糖葫芦（见图1–17）。

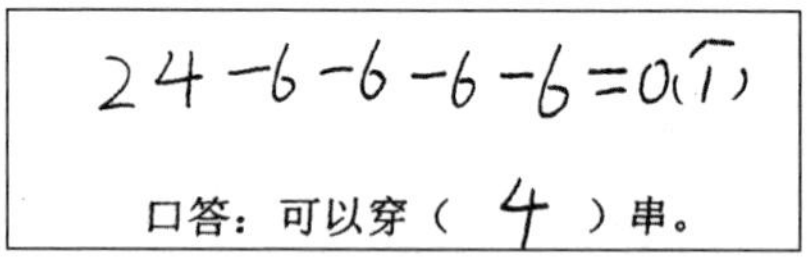

24-6-6-6-6=0(T)

口答：可以穿（4）串。

图1–17 学生解决问题的作品5

生2 我用了24个山楂，每6个穿一串，穿了这样的4串。一共是4个6，所以可以穿4串糖葫芦（见图1–18）。

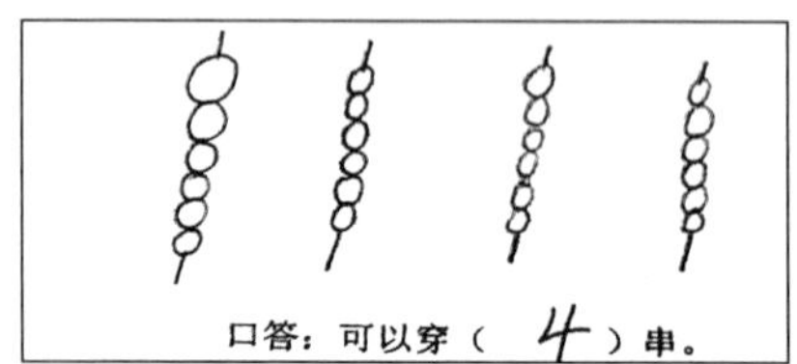

图1–18 学生解决问题的作品6

生3 我是这样想的：把24平均分，

按6个穿一串，就可以列除法算式24÷6=4来解决，所以可以穿这样的4串（见图1-19）。

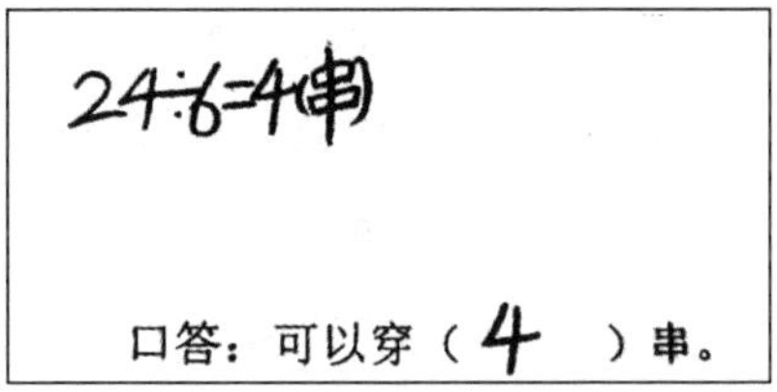

24÷6=4(串)

口答：可以穿（4）串。

图1-19　学生解决问题的作品7

师　为什么可以用除法解决？

生4　因为这是平均分的问题，所以可以用除法。

师　24、6、4分别表示什么呢？

生5　24表示一共有24个山楂，6表示每串糖葫芦穿6个山楂，4表示可以穿4串。

生6　我是这样做的。因为有24个山楂，6个穿一串，我就想几个6是24呢？通过4的乘法口诀我知道4个6是24，所以可以穿4串糖葫芦（见图1-20）。

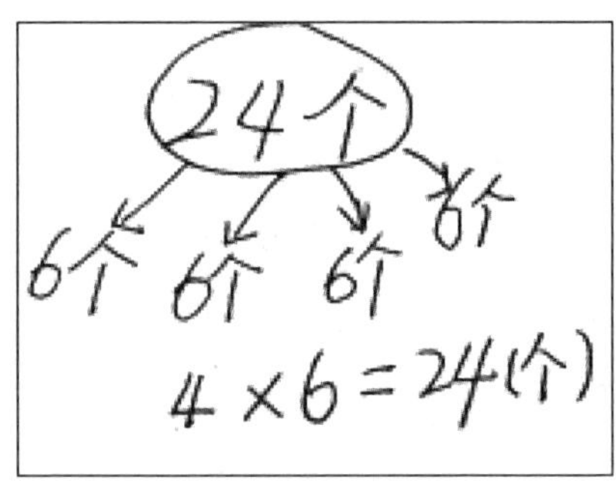

图1-20　学生解决问题的作品8

师　大家还有疑问吗？

生7　这个是平均分，为什么用乘法解决这个问题？

生6　因为乘法就是除法正过来，除法就是乘法倒过来，所以乘法和除法之间也是有关系的。用乘法也可以解决这个问题。

生8　你这个是在求4个6是多少，4个6是24，不是把24平均分成4份，每份是6。

生9　可是问题是可以穿几串，你的答案是24串吗？

师　是啊，你的答案在哪里呢？你能告诉大家吗？

生6　我的答案是4，我画一个方块，我就想几个6是24，4个6是24，所以方块里填4，可以穿4串（见图1-21）。

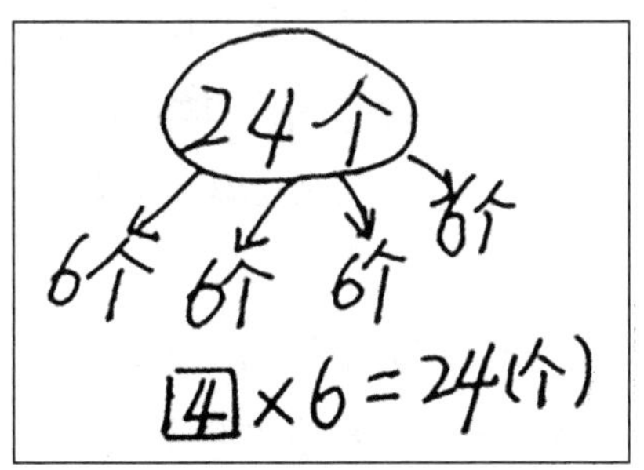

图1-21　学生解决问题的作品9

师　画上这个小方块表示答案，这

下就清楚答案在哪里了。谁能读懂这个算式的意思？

生10　每串糖葫芦有6个山楂，可以先想几串糖葫芦是24个山楂，是4串。

师　现在你们同意这个算式了吗？

生　（齐答）同意。

在探究的过程中，学生采用了多种方法解决“穿糖葫芦”的问题，并且在师生交流、生生交流中产生了新的好奇，使思考持续进行。

回顾刚才学生所用的方法，利用画图、连减、除法算式和乘法算式，都解决了同一个问题。那么，学生对这些方法会有哪些想法呢，下面是学生提出的思考。

生1　为什么同一个问题，我们既可以用乘法解决，也可以用除法解决呢？

生2　因为这两个算式中都有24、6、4，而且这三个数表示的意思都相同。24表示有24个山楂，6表示每串穿6个，4表示可以穿4串。

师　这三个数在除法算式和乘法算式中的含义是一样的，那说明乘法和除法之间似乎存在着……

生3　某种关联！

师　具体是什么关联？

生4　除法是把整体分解成几份，而乘法是把它们合在一块。

生5　除法是减法的简便运算，就是把整体分解成几份。乘法是加法的简便运算，就是把几份合起来。

通过交流学生们发现，原来加、减、乘、除能用来解决同一个问题，四种运算之间有着某种联系。

在教学中，教师为学生提供充分的探索空间，引导学生发问、思考、交流、再思考、再发问。在交流中，学生用大量儿童化的语言表达了乘、除法之间的关系，并且延伸拓展到乘法与加法的关系、除法与减法的关系。学生在理解乘、除法算式的同时，也为代数思维的发展埋下了种子。

镜头二 多种方法尝试“卖糖葫芦”

此时教师为了深化学生对运算联系的体会，继续沿用糖葫芦的情境，设计了“卖糖葫芦”的学习任务，即任务二。学生利用下面的学习单（见图1–22）进行独立思考，教师则通过巡视适时对有需要的学生提供支持。

卖糖葫芦

7串糖葫芦卖了63元，平均每串糖葫芦卖多少元？

活动建议：用多种方法解决问题。（2分钟）
方法1：________
方法2：________
口答：平均每串糖葫芦卖（　　）元。

图1–22 任务二“卖糖葫芦”学习单

学生独立思考后，给出自己的方法，并进行全班交流。下面是交流的片段。

生1 我是这样解决的（见图1–23）：7×9＝63（元）的意思是7串糖葫芦，每串9元，一共卖63元；63÷7＝9（元）的意思是63元除以7串糖葫芦，每串糖葫芦就是9元。大家同意我的想法吗？

活动建议：用多种方法解决问题。（2 分钟）
方法 1：7×9=63（元）
方法 2：63÷7=9（元）
口答：平均每串糖葫芦卖（ 9 ）元。

图 1-23　学生解决问题的作品 10

生 2　我有一个小疑问，方法 1 计算出的结果是 63，难道每串糖葫芦 63 元吗？

生 1　每串糖葫芦 9 元。

师　你能给大家指一指，答案在哪里吗？

（生 1 此时指向了除法算式中的 9。）

师　除法算式中的答案我们找到了，每串 9 元，乘法算式中的答案在哪儿呢？你能想办法让大家一眼就看出来吗？[教师递给了学生一支笔，学生在乘法算式中 9 的位置做出了标记（见图 1-24），生 2 的疑问也就此解决了。]

活动建议：用多种方法解决问题。（2 分钟）
方法 1：7×[9]=63（元）
方法 2：63÷7=9（元）
口答：平均每串糖葫芦卖（ 9 ）元。

图 1-24　改进后的学生解决问题的作品

通过任务二的学习，学生再次体会到乘法和除法可以解决同一个问题，只不过用除法算式解决问题时，答案在等号后面，而用乘法算式解决问题时，答案在算式里面。

镜头三 根据乘、除法算式讲故事

任务一和任务二的学习，都是给了学生既定的生活情境，鼓励学生根据情境列式解决问题。任务三则设计了一个反向思维活动，给出乘、除法算式，让学生根据算式讲数学故事。我们为学生提供了下面的学习单（见图 1–25），并首先引导学生理解任务三中两个算式的意思。

看算式，讲故事。

12 ÷ 3 = [4]，3 × [4] = 12

活动建议：
1. 独立探究：这两个算式可以同时表达什么数学故事？请你画一画或写一写。（2 分钟）
2. 小组交流：在组内分享你的数学故事，如果故事有问题，请改正。（3 分钟）

图 1–25　任务三“看算式，讲故事”学习单

师　　看到这两个算式，你有什么发现吗？或者你有什么想说的吗？

生 1　我发现这两个算式一个是乘法一个是除法。

生 2　它们的数都是一样的。

生 3　我发现这两个算式能让我一眼就看出来答案是 4。

师　　一眼就能看出来答案是因为这两个算式的答案有标记。

在理解学习任务的基础上，学生通过写一写、画一画，讲起了数学故事。以下是学生的作品展示（见图 1–26）。

图 1-26　学生的数学故事作品

学生在创编数学故事的过程中，感受到一个情境可以列两个算式——一个除法算式，一个乘法算式，只不过思考的顺序有所不同。

回顾本节课，一个小小的乘法算式引起了“波澜”，这个“波澜”来自学生思维上的冲突，而造成这一冲突的是乘法和除法在学生头脑中的割裂和对立。课堂上，在“一波三折、问题频出”中，学生感悟了运算的联系，触摸了运算意义的本质，这为他们继续学习运算打下了基础，积累了经验。

第二章

“整数乘法”单元：促进运算能力发展①

① 作者（单元整体设计）：北京市海淀区教师进修学校付丽，北京大学附属小学杨重生、李燕。

“多位数乘一位数”是小学数学三年级的重点学习内容，它是继乘法意义、乘法口诀后对整数乘法的进一步学习，包括两位数、三位数乘一位数的口算与笔算。这一内容不仅是对乘法的意义的再理解，对乘法口诀的应用，也是后续学习多位数乘多位数及小数乘法的基础。可以说，无论是知识上还是方法上，这个单元的学习都将为学生后续学习其他运算内容奠定基础。

在实际教学中，教师们也充分意识到不仅要让学生正确计算，还要理解运算的道理。更要进一步思考：如何鼓励学生自主寻找合理的计算方法？怎样使学生经历“多样算法—寻找通法—体会简洁”的学习过程？如何使学生体会整数运算的基本方法，为后续学习的迁移应用蓄力？

带着这些问题，本研究对“整数乘法”单元进行了重新思考，采用问题引领的学习方式，关注学生思维的生长和发展，引导学生对从算法多样化走向通法的研究过程进行反思，这样既能帮助学生巩固方法和算理，又能使学生体会通用法则的价值，迁移所学方法来计算更多的算式，发展运算能力。

单元具体概念及学生分析

一、单元具体概念

在确立单元具体概念之前，我们回到对“运算能力”的理解中。孙晓天教授曾将运算能力浓缩为八个字“理解算理，寻求算法”。因此我们可以将发展运算能力的目标拆解为两层：第一层是“理解算理，正确计算”，也就是理解运算的道理，能根据法则和运算律正确地进行计算；第二层是“寻求方法，合理简洁”，结合本单元，也就是寻求计算的方法，体会合理、简洁的整数乘法的基本途径。在此基础之上，本单元力求体现如下具体概念，统领本单元的学习内容和学习活动。

概念 1　基于乘法的意义和数的意义可以对数进行拆分，从而寻求计算多位数乘法的方法。

在寻求计算方法的过程中，学生将通过对乘法的意义和数的意义的理解，完成对数的拆分，将两位数乘一位数转化为一位数乘一位数或整十数乘一位数。例如，将 12×4 拆分为 $8 \times 4 + 4 \times 4$，或者 $10 \times 4 + 2 \times 4$，进而实现将新的运算转化为已学过的运算。

概念 2　在多样的拆数方法中，整十数拆数法表现出普适性，它是数的十进制及位值制的价值体现。

多样的拆数方法将持续出现在本单元的学习中，而如何能让学生在多样的拆数法中感受整十数拆数法的普适性，进而体会数的十进制及位值制在运算中的价值，感受运算对象的特点对算法的影响，也是本单元的活动设计需要关注的问题。

概念 3 **利用点子图等模型可以帮助进行拆分，从而寻找合理的算法，并追求简洁、通用的算法。**

算理的理解和算法的探寻过程离不开点子图等模型的支撑。模型能帮助学生进行拆分，体会“拆分后再合起来”的基本思想，还能帮助判断方法是否正确合理。

概念 4 **本单元的学习经验也会迁移至后续学习中，发展学生的运算能力。**

后续学习更大数的整数乘法，依然可以通过数的拆分将未知问题转化为已知问题来解决。同时，本单元使竖式作为通用算法“脱颖而出”，学生今后在更大数的乘法的探索中，依然可以迁移这样的思考过程。

二、学生分析

面对“整数乘法”这一学习内容，学生有哪些先期经验？他们对将要学习的内容又有哪些认识？带着对这些问题的思考，我们对学生进行了调研。

1. 调研设计

我们对北京大学附属小学三（8）班的 36 名学生进行了学习前调研，具体调研设计如表 2–1 所示。

表 2-1 “多位数乘一位数”学习前调研设计

调研问题	调研目的
1. 18 × 4 = ？你能解决吗？请把你的思考过程记录下来，让别人能读懂。	了解学生是否会解决“两位数乘一位数”的问题，以及计算的具体方法。
2. 18 × 4 = ？请你尝试借助点子图来解决这个问题。（第一个问题完成之后再向学生提供点子图。）	了解在解决两位数乘一位数问题中，点子图的直观模型是否能帮助学生更好地理解算理、发现算法。

2. 调研结果

（1）多数学生能正确计算，较少学生能说明竖式的含义

调研问题 1 的结果如表 2-2 所示。

表 2-2 调研问题 1 的结果统计

学生表现	计算方法			百分比
	竖式	拆数	4 个 18 相加或 18 个 4 相加	
正确计算	12 人	11 人	7 人	83.3%
不能正确计算	4 人	2 人	0 人	16.7%
用某计算方法计算的人数占正确计算总人数的百分比	40%	36.7%	23.3%	—

通过数据可以看出，有 83.3%的学生能正确计算，其中 40%利用的是列竖式的方法，36.7%的学生将 18 进行了拆分，也有些学生把乘法转化为相同加数的和来解决，占正确计算总人数的 23.3%。但是通过访谈我们发现，利用竖式计算的学生中，有 75%的学生并不能清晰地说明竖式中每一步的含义，只是知道有这样的一种方法并会按程序计算。

（2）点子图的使用有助于学生理解算理、发现算法

通过图 2-1 可以看出，借助点子图的帮助，所有学生都能得到正确的

结果，特别是前期利用竖式计算错误的学生，有了点子图之后，能够找到新的方法解决问题。通过访谈我们发现，更多的学生能够结合点子图的直观模型去解读算式中每一步的含义，说明直观模型的确能够帮助学生理解算理，发现更多的算法。本单元的学习也将充分借助点子图这一学习支架。

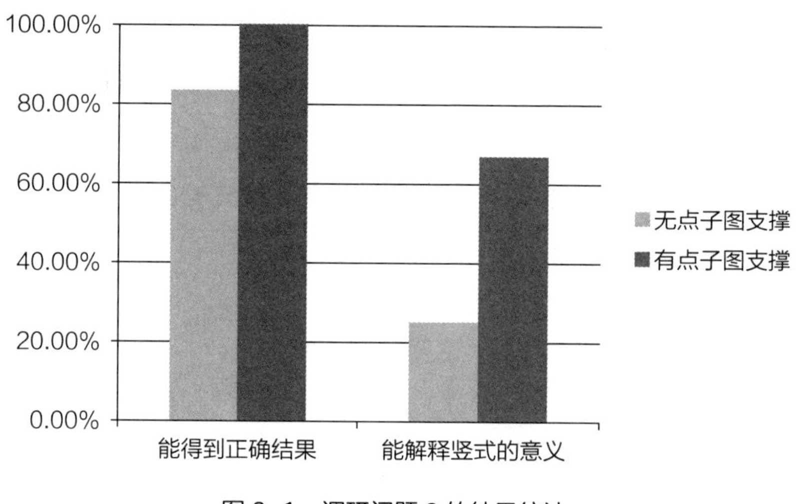

图 2-1　调研问题 2 的结果统计

TUKE单元学习目标及学习结果表现

一、TUKE单元学习目标

T（迁移）目标

能将两位数乘一位数的计算方法迁移至三位数乘一位数的学习中，在面对多位数乘多位数的问题时，尝试借助本单元的学习经验来解决。

U（理解）目标	借助点子图等直观模型，体会基于乘法的意义和数的意义可以对数进行拆分，从而寻求多位数乘法的计算方法。在多样的拆数方法的持续学习中，感受整十数拆数法表现出的普适性。
K（知能）目标	能正确计算多位数乘一位数，解释每一步运算的含义；能运用乘法解决生活中的简单实际问题，在面对具体问题时能够选择适当的方法。
E（情感）目标	养成“知其然更要知其所以然”的思维习惯，形成反思意识；在与他人的互动和交流中，逐步增强数学学习的自信心，发展数学学习兴趣。

二、学习结果表现

①能正确计算两位数、三位数乘一位数。

②在与同伴交流的过程中，能读懂他人的方法。

③理解乘法竖式每一步的含义。

④能运用乘法的有关知识和方法解决生活中的简单实际问题。

⑤能将两位数、三位数乘一位数的计算方法和本单元的学习经验迁移至解决更大数的计算中。

学生学习的关键问题

依据本单元的学习内容和教育价值，我们提炼了单元具体概念。同时，根据具体概念，确定了学生学习的四个关键问题，见表 2-3。

表 2-3　单元具体概念和对应的关键问题

单元具体概念	关键问题
1. 基于乘法的意义和数的意义可以对数进行拆分，从而寻求计算多位数乘法的方法。 2. 在多样的拆数方法中，整十数拆数法表现出普适性，它是数的十进制及位值制的价值体现。 3. 利用点子图等模型可以帮助进行拆分，从而寻找合理的算法，并追求简洁、通用的算法。 4. 本单元的学习经验也会迁移至后续学习中，发展学生的运算能力。	1. 多位数乘一位数，可以怎么计算？各种不同算法的道理是什么？ 2. 不同算法之间的联系与区别是什么？ 3. 为什么要按照整百、整十这样拆数？如何用竖式进行表达？ 4. 我们还能解决哪些计算问题？

以下对四个关键问题背后的思考进行阐述。

1．多位数乘一位数，可以怎么计算？各种不同算法的道理是什么？

本单元教学首先要解决的是如何计算的问题。学生需要借助人民币、点子图等不同模型探索计算方法，并尝试读懂他人的方法，思考这些算法背后的道理是否都是正确的，进而借助直观模型理解算理。

2．不同算法之间的联系与区别是什么？

我们鼓励学生通过对这个问题的思考，去体会数的意义、乘法的意义、乘法口诀、整十数乘一位数都是解决整数乘法问题的基本知识，了解“拆—算—合”是解决整数乘法问题的一般步骤。学生需要经历对这个问题的逐渐感悟和思考，才能理解拆分成整十数的方法具有普适性。

3．为什么要按照整百、整十这样拆数？如何用竖式进行表达？

面对不同的拆分方法时，希望学生能提出这样的问题：拆分成整百、整十数的方法和拆成其他数的方法有什么不同？另外，鼓励学生讨论如何用竖式进行表达，竖式与拆成整百、整十的关系。在对这些问题的思考和讨论中，拆成整百、整十数方法的普适性会有所体现，同时数的十进制表示的作用和价值也就凸显出来了，竖式作为一种笔算的表示方法，其简洁性也会有所体现。

4．我们还能解决哪些计算问题？

有了对前三个关键问题的思考，希望在此基础上学生能自主提出问题："我们还能解决哪些计算问题?"这个关键问题指向的是学完本单元后学生知识和能力的迁移。我们追求的目标不仅是学生会计算本单元的两位数、三位数乘一位数的乘法，还希望他们能迁移思考更大数的计算，去追寻解决多位数乘法的普遍适用的方法。

上面的四个关键问题，前三个关键问题鼓励学生在学习过程中自然提出来。第四个关键问题是一种延伸的思考，这个问题可以由教师提出来，也可以由学生组织自己的语言提出来，如学生可能会提出："计算更大数的乘法，也能用像这样拆分成整百数、整十数的方法来解决吗?"

单元学习任务

根据学生的年龄特点和学习规律，将上述关键问题进一步分解，同时梳理分析教材中的学习任务，得到本单元的学习任务框架（见图 2-2）。

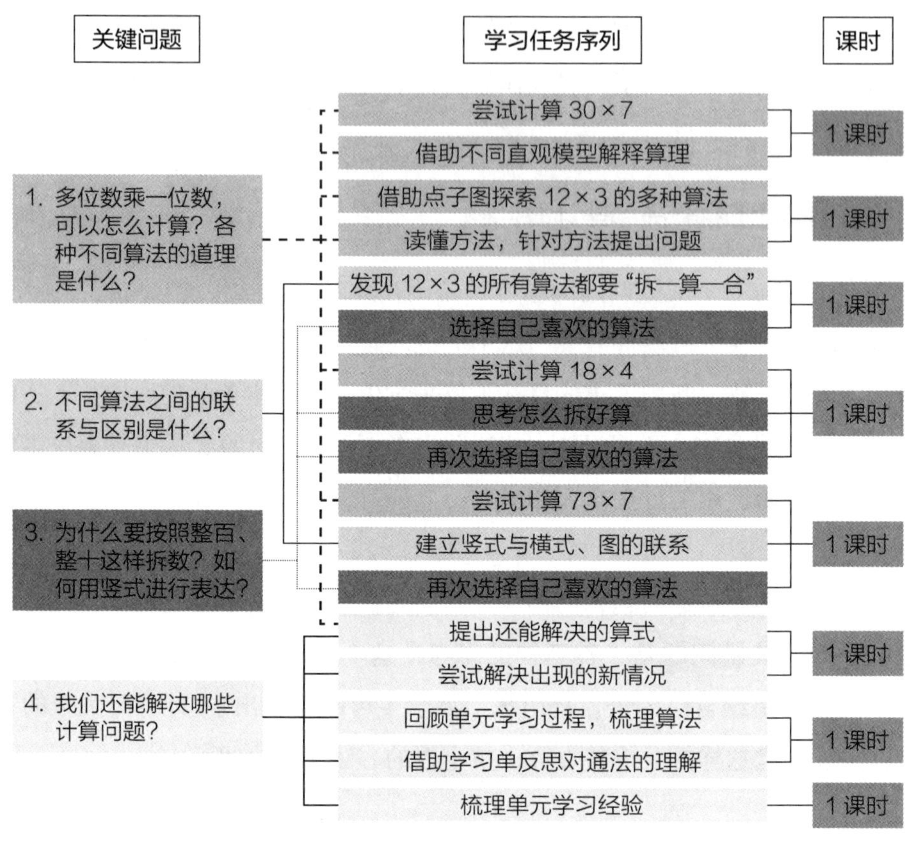

图 2-2　单元学习任务框架

下面具体阐述主要学习任务的设计思路。

1. 在发现、提出问题中，理解算理，感悟通法价值，发展运算能力

我们选择用“发现、提出问题”作为贯穿单元的主要学习路径，主要把发现、提出问题的活动设置在三个地方。

第一，在解决 12×3 如何计算时。面对多样化的算法，鼓励学生发现、提出问题，理解多种算法背后的算理，明晰多种算法间的联系。第二，在解决完 73×7 如何计算后。学生提出整数乘法运算的不同情况问题，感受在解决不同情况问题时通法的作用和价值。第三，在两位数、三位数乘一位数的算法探究结束后的反思课上。面对学习单上学生记录的最喜欢的算法的变化，学生发现、提出问题，反思从算法多样化走向通法的过程，为经验的迁移打好基础。

2．多种模型作为学习支架，帮助学生探索方法，并理解算理

本单元重点使用了两个操作类的学具：人民币和点子图。人民币模型具备天然的数十进制结构，易于帮助学生探索整十数乘一位数算法背后的算理。点子图模型贯穿整个单元的学习。在探索算法、理解算理的过程中，学生对点子图的结构特点与整数乘法之间的联系会形成一定的认识：都是先拆开再分别数每一部分的行、列各有几个点子，用乘法口诀或整十数乘一位数算出每部分有几个点子，再将各部分求和即可。有了这一经验的积累，学生就能逐步认识多位数乘法是“拆—算—合”的过程。

3．应用学习单记录学生最喜欢的计算方法，反思最喜欢方法的变化，促进经验迁移

在探究 12×3、18×4、73×7 如何计算时，解读各种算法后都会要求学生在所有算法中选择自己最喜欢的一种记录下来，并写出理由（见图 2–3），目的是帮助学生及时记录想法。每一次选择对学生来讲都是一次对算法的反思。此外，在单元反思课上，还将带领学生对三次选择进行整体回顾。通过对“你选择的方法有变化吗?”“你选择的理由有变化吗?”等问题的思考，学生反思自己对运算方法的认识和理解，促进经验的迁移。

学习单

题目	算法选择	理由
12×3		
18×4		
73×7		

图 2–3　学生三次选择计算方法的学习单

单元学习评价

我们依据学生的主要学习结果表现进行了本单元的评价设计。对“能正确计算两位数、三位数乘一位数”等简单学习结果的评价，可以借助书上的习题进行考查。对本单元的重要内容进行评价，如能读懂他人的方法、理解乘法竖式每一步的含义，以及迁移目标的实现，将重点设计评价任务和评价标准对学生进行考查。

评价任务一

学习结果表现 能正确计算两位数、三位数乘一位数。

评价任务 用竖式计算下面各题。

84×6　　243×4　　509×3　　7×308

评价标准 （见表 2-4）

表 2-4　学生表现及评价量规

等级	A（优秀）	B（合格）	C（仍需努力）
表现	四道题均能正确计算。	能正确计算出三道题。	不能正确计算出三道及以下。

评价任务二

学习结果表现 在与同伴交流的过程中，能读懂他人的方法。

评价任务 同学们在计算 12×4 时用到了一些不同的方法，如图 2-4 所示，找出其中图与算式对应不恰当的一项，并根据点子图写出对应的算式。

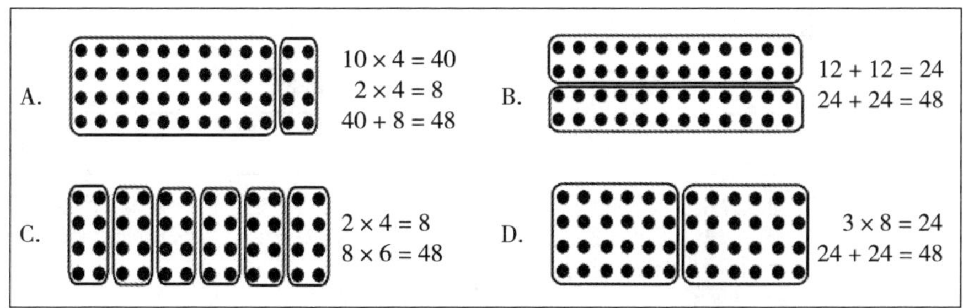

图 2-4　学生使用的不同计算方法

对应不恰当的是:____________，对应的算式应为:____________。

评价标准　（见表 2-5）

表 2-5　学生表现及评价量规

等级	A（优秀）	B（合格）	C（仍需努力）
表现	能做出正确判断，并能用正确的算式表达图意。	能做出正确判断，但不能用恰当的算式表达图意。	不能做出正确判断。

评价任务三

学习结果表现　理解乘法竖式每一步的含义。

评价任务　填一填，并说明方框中每一个数是怎样得来的（见图 2-5）。

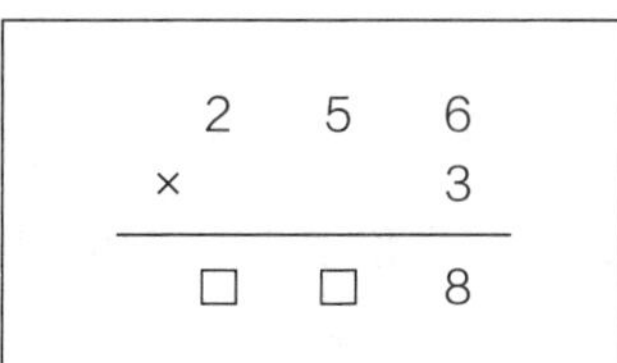

图 2-5　乘法竖式举例

评价标准 （见表 2–6）

表 2–6　学生表现及评价量规

等级	A（优秀）	B（合格）	C（仍需努力）
表现	能运用竖式的方法正确计算，并能说出每一个方框里的数是怎样得来的。	能运用竖式的方法正确计算，但对每一个方框里的数是怎样得来的阐述不够清晰。	不能运用竖式的方法正确计算。

评价任务四

学习结果表现　能运用乘法的有关知识和方法解决生活中的简单实际问题。

评价任务　170 名师生去郊游，租 4 辆载客量为 45 人的客车，够坐吗？

评价标准 （见表 2–7）

表 2–7　学生表现及评价量规

等级	A（优秀）	B（合格）	C（仍需努力）
表现	能理解题目中的数量关系，并能运用乘法的有关知识和方法解决，对每一步运算的含义都能清晰表述。	能理解题目中的数量关系，并能运用乘法的有关知识和方法解决，但对每一步运算的含义不能清晰地表述出来。	不能理解题目中的数量关系，或不能运用乘法的有关知识和方法解决问题。

评价任务五

学习结果表现　能将两位数、三位数乘一位数的计算方法和本单元的学习经验迁移至解决更大数的计算中。

评价任务　你有办法计算 12×24 吗？写出你的思考过程。

评价标准（见表 2-8）

表 2-8　学生表现及评价量规

等级	A（优秀）	B（合格）	C（仍需努力）
表现	能利用运算意义，通过拆分将两位数乘两位数转化为已学过的两位数乘一位数或用乘法口诀可以解决的问题。	有利用运算意义通过拆分解决问题的意识，但不能正确进行拆分或者拆分之后仍是两位数乘两位数。	没有利用运算意义通过拆分解决问题的意识。

本单元在力图实现发展学生运算能力的同时，基于学生的经验基础、好奇心，扩大探索空间，鼓励他们自主探索感兴趣的问题，帮助他们体会算法正确的重要性和通法的价值。在整个单元学习中，学生的好奇心越来越浓，在应用点子图拆分的过程中，“这么拆行吗？为什么可以这么拆？还可以怎么拆？怎么拆最方便？”的问题不断萦绕在他们的脑海中。学生在提出问题和解决问题的循序渐进中，对各种算法之间的关系、对数的十进制结构和通法之间的关系、对直观模型和运算之间的关系都越来越明晰了，这为学生在运算学习中迁移应用能力的发展奠定了基础。

特色案例

感悟算法，深挖算理，促运算能力提升①

本案例是整数乘法单元第二、第三课时的内容，安排在整十数乘一位数的学习之后，主要包含三个重要的学习任务：第一个任务是借助点子图探索 12×3 的多种算法，继而在读懂算法的过程中发现问题；第二个任务是在讨

① 作者：北京大学附属小学李燕、杨重生，北京市海淀区教师进修学校付丽。

论与解决问题的过程中发现所有算法都要“拆—算—合”；本节课最后学生还要选择自己最喜欢的算法，这是第三个重要的学习任务。

一、课前思考

在课前对学生的调研中发现，虽然有83.3%的学生能够正确计算出18×4的结果，其中有约44.4%的学生采用乘法竖式，但是在追问学生这样计算的道理的时候，多数学生却说不清。面对学生这种过早进入程序化阶段，只知操作步骤不明算理的情况，本课不急于给出乘法竖式，期待学生在发现方法、理解方法、反思方法的过程中，充分调动自身的认知，逐步感悟计算的基本途径。

第一节课以点子图为学习支架，激发学生发现更多算法。通过对方法的逐一解读，使学生了解看待问题的不同视角，初步对整数乘法运算的算理有所理解，并针对方法提出值得进一步思考与研究的问题。第二节课由学生提出的问题展开，在对方法进行深度交流的过程中，体会方法之间的联系与共性特征，并对不同方法的特点有初步的感悟。在此基础上，引导学生从众多方法中选择自己最喜欢的一种方法，记录自己对方法的认识及感悟。随着后续课时的进行，学生还将对方法进行比较、选择、反思，逐步感悟正确、合理、通用、简洁的方法，为将本内容的学习经验迁移至后续学习中做准备。

二、课堂写真

镜头一 初探方法，理解运算道理

教师呈现一个12×3的问题情境，学生尝试根据情境列出算式，并借助点子图解决问题（见图2–6）。

活动要求：

12×3=？

（1）先在点子图上圈一圈、画一画；

（2）边圈边用算式记录下你的想法。

图2–6 “12×3”的学习任务单

呈现学生的圈法及算式，鼓励学生读懂不同的方法（见图 2–7）。先独立思考，再全班交流。

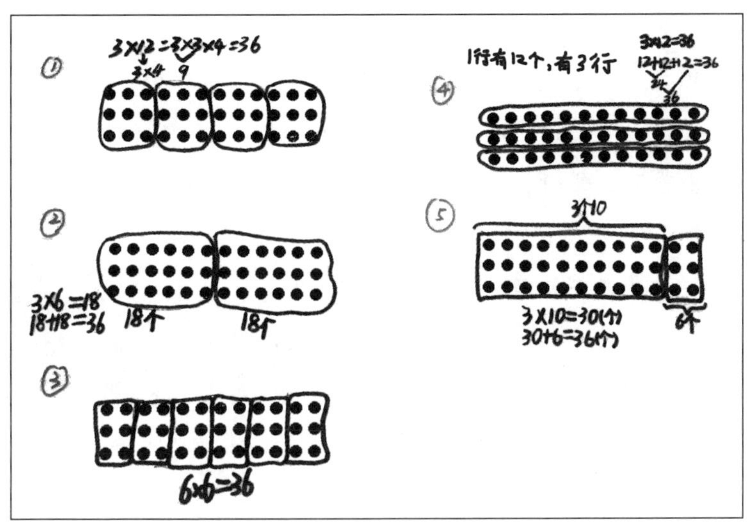

图 2–7　学生的多种计算方法

在读懂方法的过程中，建立图与算式之间的联系，弄清算式中每一个数是怎么来的，以及它们所代表的意义。同时，通过对“你是怎么想到的？”等问题的追问，引发学生对方法背后想法的关注。下面是课堂交流片段。

生 1　方法③我有点不太明白，算式里面的 6×6 是哪来的啊？

师　就是啊，题目明明是 12×3，怎么就变成 6×6 了呢？

生 2　哦，我懂了。（指着点子图）这里圈了 6 个圈，每个圈里都是 6 个点子。所以六六三十六，一共有 36 个点子。

师　你结合着图来看，就能知道这两个 6 的意思了。谁再来说说？

生 3　算式里的一个“6”表示有 6 个圈，另一个“6”表示每个圈里有 6 个点子，所以一共就是 36 个点子了。

生 1　哦，我明白了。不过为什么要这样圈呢？明明题目是要算 12×3，现在题目变成 6×6 了，这样行吗？

师　你提了一个特别有价值的问题！为什么要把 12×3 变成 6×6 来算呢？小作者是怎么想的呢？和你的同伴一起说一说。

……

生 4　其实还是那些点子，只不过重新组合了一下。

生 5　因为 12×3 不好算，所以把 12 拆开，拆成 6 个 2（指着图）。然后有 3 行，所以每个圈里就是 3 个 2，一共就是 6 个了。接着就变成 6×6 了。6×6 我们会，可以用乘法口诀，好算。

生 6　哦，他是想把我们不会的变成会的来解决！

师　的确是，乘法口诀是我们曾学过的，所以首先将 12 拆成 6 个 2，3 行为一组，每组 2×3 = 6 个，这样一共就是 6×6 = 36 个点子了。（将算式补充完整，见图 2-8。）

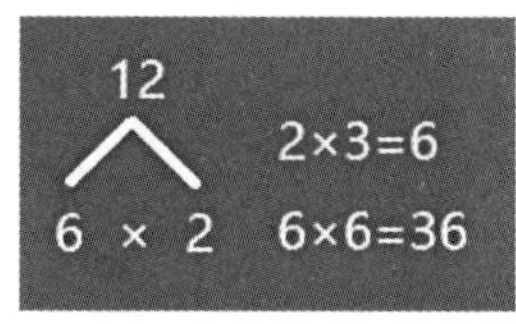

图 2-8　口诀算式

在这样的交流中，学生不仅理解了他人解决问题的方法，而且知道了为什么要这样想，以及这样想的好处是什么。当再次面对问题时，解决问题的角度就更加丰富了。在面对点子图时，有些学生只是无意识进行圈画，但当他们理解了方法背后的道理，再次操作时，就有了更加明确的思考方向。

镜头二　交流问题，叩问算法本质

在逐一理解了每种方法后，教师将所有方法再次呈现，引导学生针对方法提出值得进一步思考和研究的问题。经小组讨论，全班筛选出供课上进一步交流的问题（见图 2-9）。

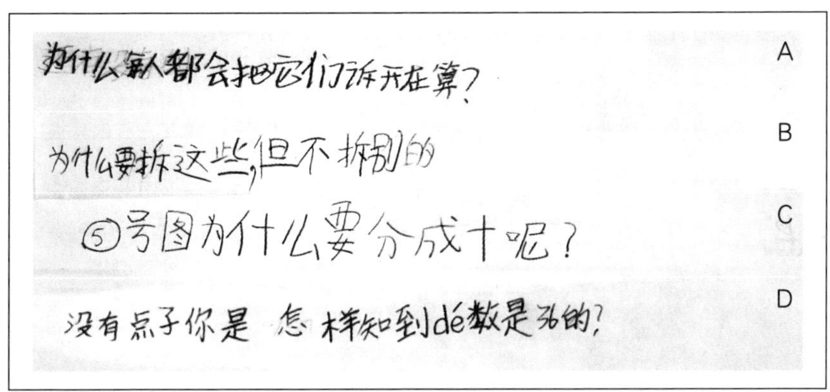

图 2-9 学生提出的问题①

学生提出的问题主要集中在四个方面，教学时先集中呈现，明确每个问题的思考角度和特点，之后再共同解决。

经过全班讨论，把问题A理解为“为什么都要拆?”。

师　这个问题是什么意思？他为什么要提出这个问题呢？

生1　他发现了这些方法都在拆。

师　是这样吗？我们再来一起看看。

再次回到方法，明确每种方法都是怎么拆的。

生2　方法①是把 12 拆成 3×4；方法②把 12 拆成 2 个 6；方法③把 12 拆成了 6 个 2；方法④有点奇怪；方法⑤好像也拆了，不过是把 12 拆成了 10 + 2。

生3　方法④也拆了，不过拆的不是 12，而是 3。

生4　拆开是为了好算，为了把不会算的变成会算的。

① 注：图中学生笔误，问题A中“诉”应为“拆”，“在”应为“再”；问题D中“到”应为“道”。

经过全班讨论，把问题B理解为“还有不同拆法吗?”。

师　他为什么要提出这个问题呢？他关注的是什么？

生5　他想知道还有没有其他方法。

师　他不想让我们局限在这几种方法上。那还有其他拆法吗？想不想再试试？

给每个学生再发一张点子图，尝试是否还有其他拆法。

呈现学生方法（见图 2–10）。

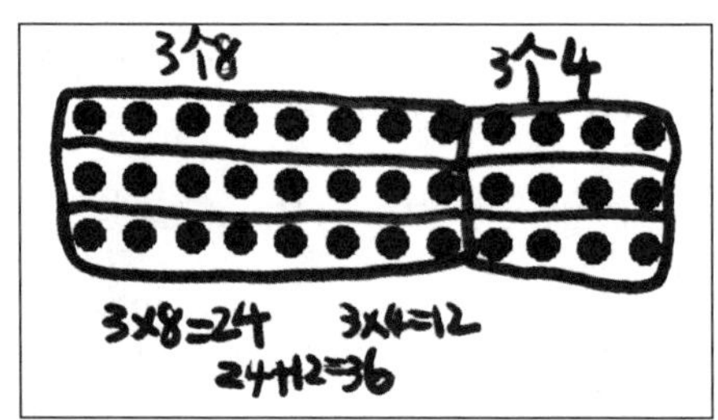

图 2-10　学生借助点子图想到的其他方法

师　你能读懂这个方法吗？

生6　左边是 3×8，等于 24，右边是 3×4，等于 12，再相加就是 36。

师　8 和 4 是从哪儿来的？

生7　首先把 12 拆成 8 和 4，这样再用 8 和 4 分别跟 3 相乘，就都变成乘法口诀了，很好算。

师　还有不同的拆法吗？

生8　我受到刚才这个方法的启发，还可以把 12 拆成 3 和 9，三三得九，三九二十七，9 加 27 等于 36。这样算也行。

生9　老师，还有不同方法，拆成 7 和 5 也行……

师　无论怎样拆，拆完后……

生　拆完后都要再算，然后再加起来。（教师板书“拆—算—合”。）

师　　都是这样吗？

（师生明确每种方法如何拆、算、合。）

……

提出问题C和问题D的学生已经初步具有了寻找通用方法的意识。但是，本节课并不要求所有学生立刻对这两个问题有所感悟，在整个单元的学习过程中，他们可逐步体会该方法。

通过对每个问题的思考角度和特点的追问，引发学生关注方法背后的思考，从而发现问题的共性特征，对算法背后的算理进行更深入的思考。同时，通过对拆法的进一步追问，使学生更加清晰地将新问题与旧知识联系起来，明确了解决新问题的基本依据：乘法意义、乘法口诀、整十数与一位数乘法。

第三章

“认识厘米和米”单元：抓住测量单位发展量感①

① 作者（单元整体设计）：北京市房山区教师进修学校张艳，北京市房山区城关小学李雪、王雪峰。

“认识厘米和米”是小学二年级的教学内容。本单元将引导学生认识长度单位厘米和米，初步建立 1 厘米和 1 米的表象，为进一步学习长度单位、刻画图形特征奠定基础。但是，在实际教学中，教师往往把教学的重点只放在“认识长度单位厘米和米、掌握正确的测量方法”上，而忽略学生对度量意义的感受。那么，如何引导学生感悟度量意义，发展量感？学生对这部分内容好奇的问题有哪些？

在思考这一单元学习价值和学生实际获得的基础上，我们确定本单元的主题为：在“好奇与探究”中感悟度量意义，积累测量经验。教学中，鼓励学生经历从自由选择“标准”测量课桌长度到统一“标准”测量，感受统一单位的必要性；在此基础上，基于他们感兴趣的问题引领后续学习，并设计实践活动不断帮助学生积累测量经验。

单元具体概念及学生分析

一、单元具体概念

“认识厘米和米”单元的学习是学生第一次接触长度单位，意图是让学生通过活动感受长度是对现实生活中物体长短这一属性的刻画，认识到单位的重要性，用单位的累积测量出长度。学生有了这样的经验和方法，就能够迁移到后续的其他长度单位及面积、体积等的学习中。具体来说，本单元力求体现如下五个具体概念。

概念 1　长度是对现实生活中物体长短这一属性的刻画。

本单元是学生认识长度单位的开始，首先需要认识长度的实际意义，即长度是对物体长短属性的刻画。学生将通过丰富多彩的活动获得对长度的体验。

概念 2　可以运用统一的自选单位通过累加对长度进行测量。

为了测量长度，首先要有单位，学生可以自选单位（往往是“非标准”的）来测量物体的长度。通过测量、交流等活动，学生将感受到选择同一个单位测量长度更容易描述测量结果。学生将经历从多个自选单位到运用同一个自选单位累加的过程，初步感受度量的意义。比如学生可能选择同一支铅笔的长、同一块橡皮的长、手一拃的长来测量桌子表面的长度，这些铅笔的长、橡皮的长、手一拃的长就相当于自选单位。

概念 3　由非标准单位统一到标准单位，体现了度量单位由多元到统一的过程；尺子是标准单位组合而形成的工具。

进一步地，为了交流方便，学生将体会到建立统一测量单位的必要性，正如学生形象而可爱的语言“我们需要全世界统一的橡皮”。在此基础上，学生将学习标准单位以及各单位之间的关系，体会它们的实际长度。同时，将多个 1 厘米的小棒组合形成尺子的雏形，在此过程中学生将体会到测量长度的工具尺子的形成过程，就是把标准单位累加起来的过程。

概念 4　为了实际需要，可以创造或选择合适的度量单位和工具进行测量。

通过设计测量教室宽、测量生活中的物体长度等活动，学生将体会到要根据实际需要，选择合适的长度单位。活动中学生产生对长尺的需求，感受长尺产生的必要性，在亲身实践中积累选择测量单位和测量工具的经验。如在选择测量单位和工具时，人们往往会考虑准确和方便等方面的因素：用较小的测量单位可得到更精确的结果，而用学生的直尺去测量教师的身高显然不是合适的选择。这些测量经验可以迁移到后续的学习中。

概念 5　测量时需要正确运用测量方法，认真进行测量。

本单元是测量内容的开始，因此帮助学生建立认真测量的意识很重要。在整个单元教学中，要指导学生选择合适的测量工具，运用正确的测量方法进行测量，并正确记录测量结果。同时，在实际操作中通过反思和交流，建立认真测量的意识。

二、学生分析

学生先期的测量经验是什么？在测量中有怎样的表现？他们对什么产生

好奇？为此，在本单元学习之前，我们对北京市房山区城关小学二（1）班 32 名学生进行了学情调研。

1．调研问题

①利用身边的物品量一量地砖的长，把测量的结果写出来。

②用直尺测量纸条的长度。

③对于测量长度，你有什么好奇或困惑的问题吗？

2．调研结果

（1）学生能自选单位进行测量

对于调研问题①，通过前测发现，有 65.6%的学生能够运用多个非标准单位测量。例如，有些学生选用纸条+笔（多种）+橡皮（多种）对地砖的长度进行测量（见图 3–1）。有 34.4%的学生能够选用统一的非标准单位对地砖进行测量，例如，用一拃、小棒等进行测量（见图 3–2）。

图 3-1　用多个非标准单位测量地砖长度

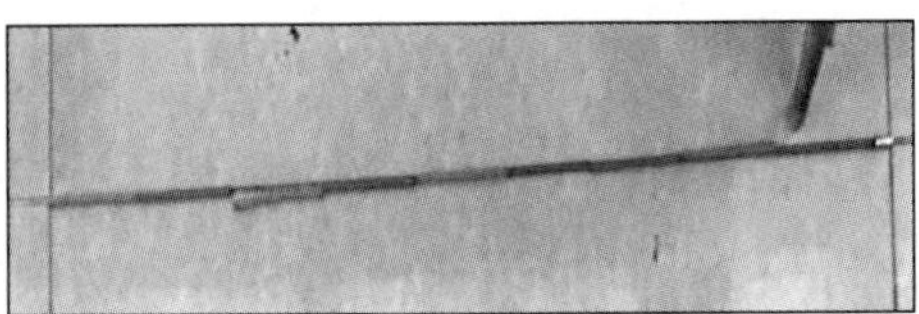

图 3-2　用统一的非标准单位测量地砖长度

（2）学生对“用直尺测量物体长度”既有经验，也存在一定的迷思

对于调研问题②，通过前测发现，有 56.3%的学生能够正确测量出结果。学生能从零刻度线开始，用尺子紧贴被测物体，并能正确读出数据。有 43.7%的学生不能正确测量出结果，表现为两种情况：一是学生在测量时没有从零刻度线开始（见图 3–3）；二是把 1 当起点进行测量，纸条的末尾到几厘米，就认为长度是几厘米（见图 3–4）。

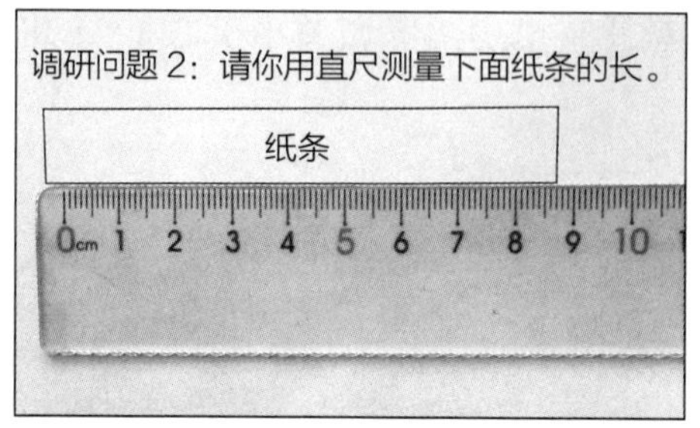

图 3-3 用直尺测量纸条长度错误 1

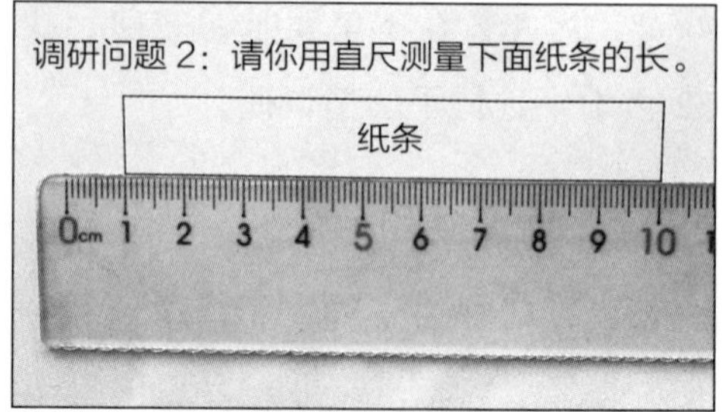

图 3-4 用直尺测量纸条长度错误 2

（3）学生对测量长度充满着好奇

通过学情调研和课堂观察发现，学生对测量长度有不少好奇和困惑的问题。

通过学情调研发现，很多学生知道尺子是用来量长度的，并对这个测量工具产生了好奇。“为什么会用尺子量？还有没有更长或更短的尺子？”学生对测量方法产生好奇，提出了“用尺子从哪儿开始量？怎样测量？”等一系列问题。我们惊喜地看到学生能够在测量方法最关键处提问，这些问题可以引领学生进一步学习正确的测量方法。学生还对测量单位产生好奇，有的学生听说过厘米这个词，他们提出了“厘米是什么意思？”的问题。

此外，在以往的课堂实践和访谈中，我们记录了学生的问题。比如，当学生分别选择铅笔、橡皮、数学书等工具测量课桌的长度时，学生提出“用多种工具进行测量时记录比较麻烦，有没有更简单的方法？”“有没有世界上一样大小的橡皮？”等问题。从这些问题不难看出，学生已经有统一度量单位的意识。又如在学习“米”这个单位时，学生提出“用厘米尺测量也可以，为什么要用‘米’做单位呢？”。从这个问题可以看出，学生还没有很好地感受到“米”这个单位产生的必要性。

总之，大部分学生有测量经验，特别是对测量有浓厚的兴趣。基于他们的好奇，设计什么样的学习任务有助于学生体会度量的意义、积累测量经验？为此，我们进行了单元整体设计。

⊕ TUKE单元学习目标及学习结果表现

一、TUKE单元学习目标

T（迁移）目标	遇到新的测量问题时能想到选用统一的标准单位进行累加得到测量结果，并愿意进行尝试。
U（理解）目标	认识到测量物体长度统一度量单位很有必要。经历尺子的形成过程，认识到测量结果是多个标准单位不断累加得到的。
K（知能）目标	认识度量单位厘米和米，能通过探究自主得到1米 = 100厘米，掌握正确的测量方法。能在具体的问题情境中恰当地选择度量单位、工具和方法进行测量，减少误差，提高测量长度的实际操作能力。
E（情感）目标	通过实践探索、小组合作提升学习兴趣，感受团队合作的乐趣；在解决问题的过程中，体会数学与生活的密切联系。

二、学习结果表现

①能够选用统一非标准单位测量物体的长度。

②能认识度量单位厘米和米，自主探究得到 1 米=100 厘米。

③能在具体情境中恰当选择合适的度量单位、工具和方法进行测量，有减少误差的意识，会用尺子测量得到正确的测量结果。

④能认识到统一单位的必要性，能利用度量单位根据具体情况灵活进行测量。

⑤能认识到尺子是由标准单位累加形成的。

⑥遇到新的测量问题时能选用统一的标准单位进行累加得到测量结果。

学生学习的关键问题

根据单元具体概念和学生的学习基础，本单元设计了如下关键问题（见表 3-1）。

表 3-1　单元具体概念和对应的关键问题

单元具体概念	关键问题
1. 长度是对现实生活中物体长短这一属性的刻画。 2. 可以运用统一的自选单位通过累加对长度进行测量。 3. 由非标准单位统一到标准单位，体现了度量单位由多元到统一的过程；尺子是标准单位组合而形成的工具。 4. 为了实际需要，可以创造或选择合适的度量单位和工具进行测量。 5. 测量时需要正确运用测量方法，认真进行测量。	1. 哪儿是物体（如课桌）的长？到底有多长？ 2. 大家的测量结果不一样怎么办？生活中哪些物体的长度大约是 1 厘米？ 3. 尺子是如何形成的？如何用尺子进行测量？ 4. 测量更长的长度，直尺不方便了怎么办？ 5. 如何根据实际问题选择合适的长度单位？

“哪儿是物体（如课桌）的长？到底有多长？”鼓励学生借助身边熟悉的物体，体会长度是对物体长短这一属性的刻画。在此基础上，鼓励学生尝试自选单位来测量物体的长度，在具体操作中感知测量结果就是单位累加得到的。

“大家的测量结果不一样怎么办？生活中哪些物体的长度大约是 1 厘

米?”这样的关键问题将引领学生体会统一单位的必要性，并在此基础上借助身边熟悉的事物感受 1 厘米的实际长度。

“尺子是如何形成的？如何用尺子进行测量?”教师给予学生充分活动的时间，鼓励学生加大探索空间，自制简易的厘米尺测量纸条的长度，感悟尺子就是由标准单位组合而形成的工具。然后，利用尺子开展测量，学习和应用测量长度的方法。

“测量更长的长度，直尺不方便了怎么办?”教师设计具有挑战性的任务，鼓励学生在解决此问题中“创造”长尺子。在制尺过程中，学生体会产生新单位的必要性，并体会新单位米的实际长度以及米与厘米的关系。

“如何根据实际问题选择合适的长度单位?”这一关键问题指向在实际情境中解决真实问题，学生根据实际问题选择合适的长度单位进行测量，进一步深入认识度量单位，积累测量经验，发展量感。

上面的关键问题中，“哪儿是物体（如课桌）的长？到底有多长?”由教师提出，其余关键问题鼓励学生在活动中自主提出。

单元学习任务

根据学生的基础、经验以及上述关键问题，结合教材中的学习任务，架构了本单元的学习任务框架（见图 3–5）。

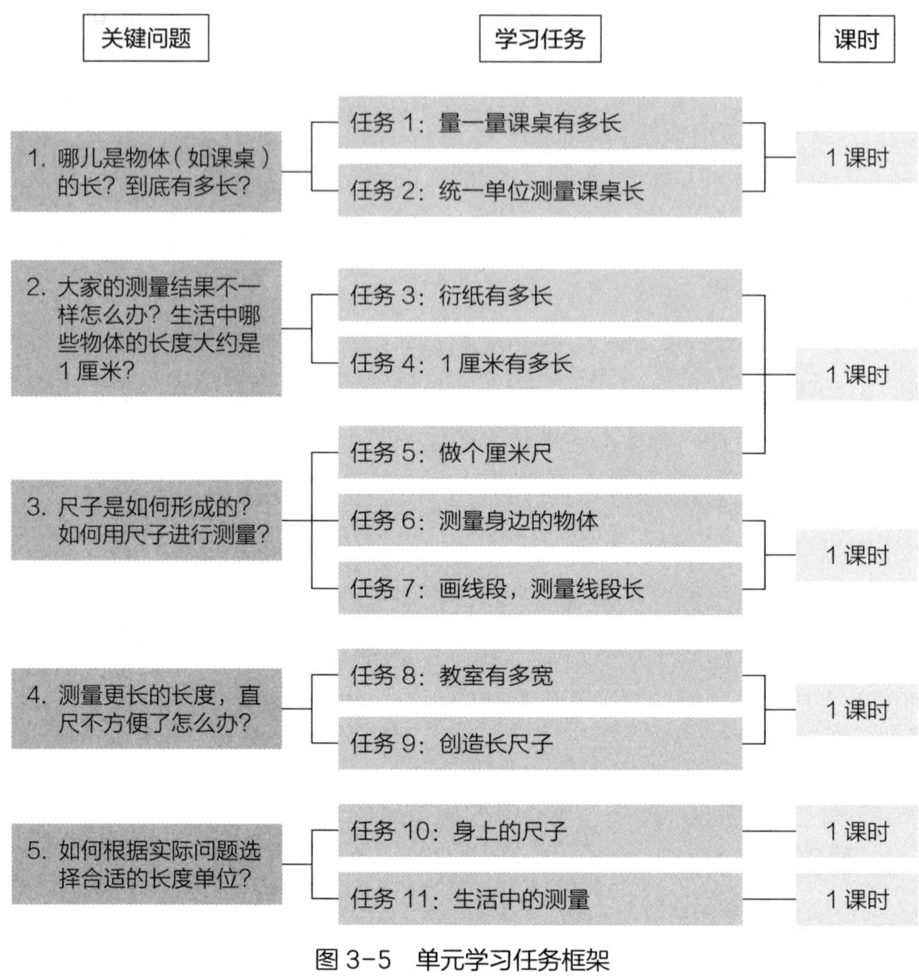

图 3-5　单元学习任务框架

下面具体阐述主要学习任务的设计思路。

1．抓住测量单位，体会度量的意义

单元伊始，教师设计了测量课桌有多长的活动，鼓励学生用自己喜欢的方式进行测量，学生选择了用数学课本的边长、铅笔、不同规格的橡皮、多种不同的物品等作为工具进行测量。在活动中，学生首先经历了从多个非标准单位测量同一长度的过程，进一步再经历从非标准单位到统一单位的过程，这体现了测量单位由多元到统一的过程。

在此基础上，认识标准单位厘米，鼓励学生借助 1 厘米小棒测量纸条的长，学生感受到测量的过程就是单位累加的过程，并体会了直尺的形成过程，认识了如何用直尺进行测量。

2．鼓励学生创造和迁移，体会新单位产生的必要性

在完成测量教室有多宽这一任务时，学生提出用直尺测量太麻烦，要是有一把长尺子就好了，于是教师鼓励学生迁移厘米尺的经验创造“长尺子”。在讨论各组制作的“长尺子”的过程中，认识新的长度单位“米”。通过先后三次测量活动，使学生感受到测量工具在测量中的便捷，体会其产生的价值。具体设计见后面的特色案例。

3．开展问题引领学习，激发学生不断思考

在本单元的学习中，教师通过丰富的测量活动促进学生不断发现、提出问题，并鼓励学生不断思考，分析和解决问题。如在学生初步建立了统一非标准单位的意识后，教师创设“小军需要一条三块橡皮长的衍纸”的真实情境，学生动手画三块橡皮的长后，鼓励学生通过观察大家的作品提出问题“我们画的都是三块橡皮的长，为什么不一样长?”，产生“需要全世界一样长的橡皮”的需求，感受到统一标准单位的必要性。在学生使用 1 厘米小棒接起来对衍纸进行测量、制作出简易的直尺后，鼓励学生提出好奇的问题：“尺子上为什么都是 1 厘米 1 厘米挨着的?”通过交流这一问题，学生理解了“用了多少根小棒，衍纸的长就是多少厘米”，感受到测量的过程就是单位累加的过程。

又如，学生在使用直尺、米尺测量时，会出现多种测量结果，此时教师再次鼓励学生提出问题：“怎么量才是对的?”从提出问题到解决问题，学生总结出正确的测量方法，建立了认真测量的意义。本单元以学生提出的问题贯穿始终，激发学生持续思考。

4. 在实践活动中应用，积累测量经验

本单元的一个重要目标是根据实际问题选择合适的测量单位和工具，正确记录测量结果。因此，在本单元的最后安排了实践活动鼓励学生进行应用。例如，在“身上的尺子”中，结合具体情境，鼓励学生通过测量认识“身上的尺子”，感受身上的尺子在生活中的作用。在“生活中的测量”综合与实践活动课中，鼓励学生选择感兴趣的物体进行估测、实际测量等活动，有的学生甚至想要测量花瓣一周的长度，在同伴合作中想到用绕绳的方法进行实际测量。学生在丰富的测量实践活动中积累测量的经验。

单元学习评价

依据学生的学习结果表现，对“用尺子测量”等简单学习结果的评价，可以借助书上的习题和上课学生的表现进行考查。对本单元重要的学习内容进行评价，将重点设计评价任务和评价标准进行考查。其中，既可以在课堂利用课堂观察、互动交流、学习任务单等对学生的学习表现进行即时评价，也可以在学习后用纸笔测试、访谈等形式对学生的学习情况进行评价。

评价任务一

学习结果表现 能够选用统一非标准单位测量物体的长度。

评价任务 利用课堂学习中的学习单进行评价（见表 3–2）。

表 3-2　用统一非标准单位测量课桌的长度学习单

测量内容	测量工具	测量结果
课桌的长度		

评价标准　（见表 3-3）

表 3-3　用统一非标准单位测量物体长度评价量规

等级	A（优秀）	B（合格）	C（仍需努力）
标准	能选用统一非标准单位进行测量，并且测量正确。	能选用统一非标准单位进行测量，但是测量时有缝隙或重叠，测量有误差。	不能选用统一非标准单位进行测量。

评价任务二

学习结果表现　能认识到尺子是由标准单位累加形成的。

评价任务　用 1 厘米小棒测量纸条的长度（见图 3-6）。

图 3-6　用小棒创造厘米尺

评价标准　（见表 3-4）

表 3-4　创造厘米尺评价量规

等级	A（优秀）	B（合格）	C（仍需努力）
标准	能够创造简易的尺子，并能说出它的长度就是几个 1 厘米的长。	能够创造简易的尺子，但不能说出它的长度就是几个 1 厘米的长。	创造的尺子中间有缝隙。

评价任务三

学习结果表现　遇到新的测量问题时能选用统一的标准单位进行累加得到测量结果。

评价任务　看图填一填（见图 3-7）。

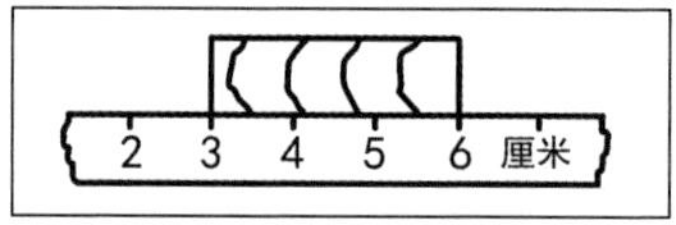

纸条长（　　）厘米

图 3-7　用直尺测量木块长度

评价标准　（见表 3-5）

表 3-5　用直尺测量物体长度评价量规

等级	A（优秀）	B（合格）	C（仍需努力）
标准	能准确读出测量的结果，并能说明理由。	能准确读出测量的结果，但不能说明理由。	不能准确读出测量的结果。

评价任务四

学习结果表现　能在具体情境中恰当选择合适的度量单位、工具和方法进行测量。

评价任务 测量学校花坛一周的长度，你选择哪些测量工具？想到了哪些测量方法？动手测量，把结果填入表 3–6。

表 3–6 测量学校花坛一周的长度学习单

选用工具	测量过程	测量结果

评价标准 （见表 3–7）

表 3–7 选用统一的标准单位测量物体长度评价量规

等级	A（优秀）	B（合格）	C（仍需努力）
标准	能选用合适的工具、合理的方法测量学校花坛一周的长度，通过测量得出准确结果。	能选用较为合理的方法测量学校花坛一周的长度，测量结果基本准确。	没有测量方法，不能正确测量。

本单元在分析单元具体概念的基础上，基于学生的兴趣和好奇，让学生在经历尝试自选单位测量、创造尺子、用尺子测量、实践应用的过程中，积累活动经验，发展学生的度量意识和量感，体会度量意义。在此过程中，学生的创造力、想象力得以发展，好奇心、求知欲逐步增强，发现问题、解决问题的能力稳步提升。

单元学习虽然结束了，但学生的问题激励着他们继续研究。“还有其他的测量长度的工具吗？我们还能测量什么呢？”学生们在研究测量花坛一周长度时想到了用自己的一步长、跳绳来测；在尝试测量地砖的大小时，学生迁移本单元的经验尝试自选单位去摆满地砖，刻画地砖的大小。学生用自己的知识和经验解决了新的问题，让学习真实而深入地发生！

特色案例

在迁移创造中感悟度量意义[①]

本案例是本单元第三课时的内容。“测量更长的长度，直尺不方便了怎么办?”在这一挑战性任务中，鼓励学生“创造长尺子”。在制尺过程中，学生体会到产生新单位的必要性，并体会新单位“米”的实际长度，以及米与厘米的关系。由于活动具有连贯性，且始终让学生在活动和体验中开展学习，因此本课时需要 60 分钟。

一、课前思考

“厘米尺能不能量黑板的长？怎么测量门的高度？测量更长、更宽的物体用什么工具呢?”这些是学生学习以厘米为单位进行测量后产生的问题。

真实的问题来源于真实的体验。在学习米这个单位时，教师创设测量教室宽度的实际情境，学生发现用厘米尺测量太麻烦了，于是产生了问题——有没有一把更长的尺子来帮助我们测量？怎么能得到更长的尺子？我们根据学生的问题，设计了“创造长尺子”的学习活动。

本节课让学生充分思考，经历选尺、制尺、修尺的过程，不断积累经验，使米这个单位逐步浮出水面。整节课学生在解决问题的过程中学习测量单位米，积累以米为单位进行测量的经验。

① 作者：北京市房山区城关小学任正英、李红斌、石月新。

二、课堂写真

镜头一 选尺测量教室的宽度

在上节课的学习中，学生经历了制尺（厘米尺）的过程，认识了长度单位厘米，获得了“几个 1 厘米就是几厘米”的经验，感受到直尺是非常方便的测量工具。上课伊始，教师首先呈现学生们曾经提出的困惑：“对于较长物体怎么测量呢？”并提出一个挑战性任务：如何测量教室的宽度？

师　对于完成这个任务，你们有什么想法？

生 1　我觉得用直尺测量有点麻烦，我想用数学书测量。

生 2　用直尺也可以。我想和同学合作，有人测量，有人记录，一起完成测量任务。

师　（追问）如果用直尺，可以完成测量任务吗？

生 3　可以不重复、不间断地多次测量，量一次记录一次数据，然后通过计算得出测量结果。

在此基础上，学生以组为单位进行分工讨论，结合本组同学的意见，自选工具测量教室的宽度，并填写如表 3–8 所示的学习单。

表 3–8　测量教室宽度的学习单

	选用工具	测量过程及结果
第一次测量		

图 3–8、图 3–9 呈现了两个小组的测量过程。

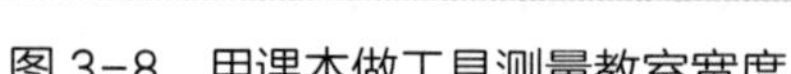

图 3-8　用课本做工具测量教室宽度

图 3-9　用直尺测量教室宽度

基于各小组的测量活动，教师适时组织了交流。

师　刚才不少小组都遇到了困难，在测量时你们遇到了什么困难？

生 1　我们用直尺测量，总是记不清测量的次数。

生 2　测量的次数太多了，真麻烦！要是有一把长尺子就好了。

师　（追问）你们有什么办法吗？

生 1　可以把几把短尺子接起来变成长尺子，测量起来就不麻烦了，也能方便记录。

生 2　我们可以创造出一个长尺子。

测量中遇到的困难引发了学生的思考，产生对长尺子的需求，感受长尺子产生的必要性。

镜头二　创造长尺子

“创造长尺子”是本课最核心的学习活动。在制尺活动中引导学生思考：制作多长的尺子合适呢？长尺子与简易直尺哪些地方相同？下面是学生们交流、讨论的内容。

生1　我们把几个20厘米的短尺接起来，变成一把更长的尺子，这样测量起来就方便多了，不用量那么多次了。

生2　我们准备制作一把60厘米长的尺子，因为我们刚刚测量了一块地砖的长是60厘米，教室的宽正好是9个地砖的长多一些。

生3　我们准备用几把15厘米长的尺子接成一把更长的尺子。

师　同学们有制作简易直尺的经验，想一想，除了考虑长尺子的长度，我们还要思考哪些问题?

生4　要在长尺子上标上起点。

生5　还要有刻度，1个格1个格的。

师　是呀！要在长尺子上标好起点和刻度，这样才方便测量、记录数据。

讨论、交流后，学生借助长纸条制作了不同规格的尺子，如图3–10所示。

第一种　剪出5条20厘米长的纸条，制成了100厘米长的尺子（见图3–10左上）。（开始是1厘米、1厘米地标记刻度，发现这样标记太麻烦，改成10厘米、10厘米地标记。）

第二种　用15厘米长的直尺标记刻度（量6次），最后一小段是10厘米。大尺子的长也是100厘米（见图3–10右上）。

第三种　30厘米一段、30厘米一段地标记刻度，制成一把90厘米长的尺子（见图3–10左下）。

第四种　将裁成的几个长条粘在一起，1厘米、1厘米地标记刻度，尺子长120厘米（见图3–10右下）。

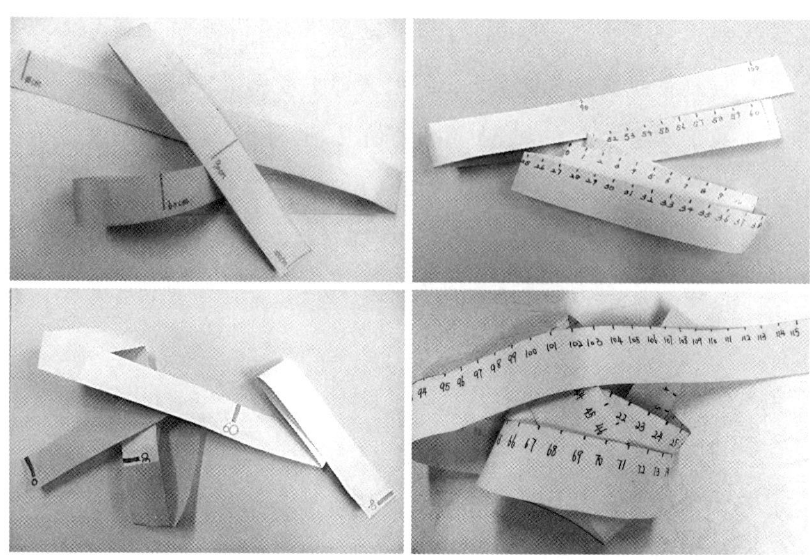

图 3-10　学生自制的长尺子

学生在创造长尺子的过程中，感悟长尺子也是由单位组合产生的测量工具。

镜头三　认识米尺

学生通过自制长尺完成第二次测量任务。教师提供学习单支持，鼓励学生用自己做的长尺子再次测量教室宽度，并组织大家进行交流。

组 1　我们知道 100 厘米就是 1 米，所以制作了 1 米长的长尺子，量了 5 次还多一些，教室的宽是 500 多厘米。我们觉得用 100 厘米长的长尺子测量更加方便，但是不能偷懒，还需要把每厘米都标出来才能测量出精确结果。

组 2　我们开始觉得长尺子长一些更好，我们制作的尺子就是 120 厘米，但是计算结果时发现，把几个 120 加起来，不太好算。

师　看来，每次都清楚地记录好起点和终点，也是可以得出测量结果的。但是大家也要考虑方便计算的问题。

此时，学生纷纷表示赞同。

师　（顺势出示米尺）其实，你们制作的100厘米长的尺子就是生活中的米尺。国际上把这样1米长的尺子叫作米尺，测量比较长的物体时，通常会选择“米”为单位。

教师引导学生认识长度单位“米”，找到米和厘米的关系：1米=100厘米。

师　大家在哪儿见过“米”这个单位？

生1　卷尺、软尺上都有“米”这个单位，现在我知道1米是多长了，测量的时候可以1米、2米、3米地测量，多方便呀！

师　原来，用米尺测量教室的宽度更加方便，请同学们动手把自己制作的长尺子修改成米尺。

学生动手修改长尺子。下面是学生交流的片段：

组1　我们把120厘米去掉一小段，改成了1米的尺子。

组2　我们可以将90厘米的长尺接上10厘米，改成1米的尺子，这样就更方便记录了。

组3　我们在尺子上补充了刻度，尺子的长度也是1米。

师　同学们将刚才制作的长尺改成了标准的米尺。下面，请大家利用手中的米尺再次测量教室的宽度，并填写好学习单。

图3-11、图3-12呈现了学生再次测量的过程，他们还用米尺和直尺配合准确测量了教室的宽度。

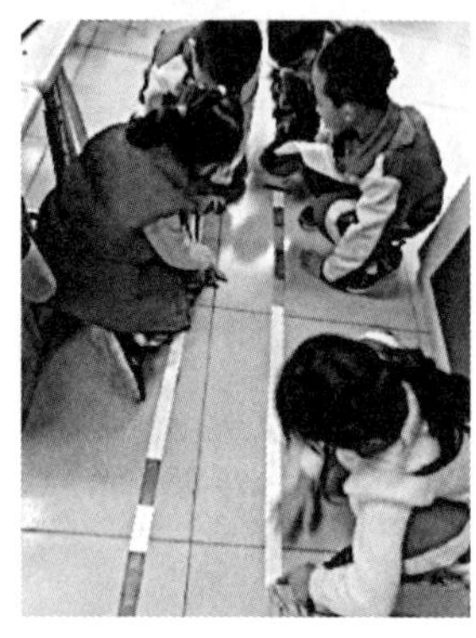

图 3-11　用自制米尺测量教室的宽度

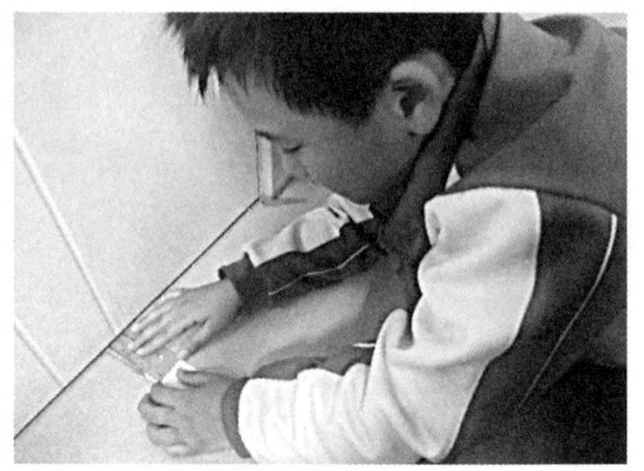

图 3-12　用米尺配合直尺精确测量教室的宽度

镜头四　反思收获

最后，教师引导学生回顾两次制尺、测量的过程，分享收获和新的好奇。下面是学生交流的片段：

生 1　直尺和米尺上都有刻度。

生 2　尺子都是从零刻度线开始测量的。

生 3　直尺是 1 厘米、1 厘米地组合在一起形成的尺子，1 米、1 米地组合在一起可以制成更长的米尺。

生 4　直尺和米尺是有关系的，100 厘米等于 1 米。

生 5　用尺子测量时，要记得测量一次做一次标记，大家分工、合作完成测量任务，量得特别快。

生 4　测量时要让尺子贴着边线量，一边量一边做标记，测量结果才准确。

生 5　测量过程中，如果剩下的部分不足 1 米，可以用直尺继续测量。

师　对于测量，你们还有哪些好奇的问题吗？

生 6　还有比米尺更长的尺子吗？我还想用它测量更长的物体。

生 7　我想知道尺子最长能量到多少？

生 8　人的身高是多少厘米？

最后用学生的收获和提出的问题引领他们继续思考，在这个过程中留下了他们宝贵的学习经验，也激发了他们持续研究的动力。

第四章

“长方体的认识和度量”单元：发展空间观念和推理能力[①]

① 作者（单元整体设计）：北京教育学院丰台分院李义杰，北京市丰台区师范学校附属小学韩影，北京市丰台区第五小学李思。

长方体是小学阶段学生系统认识立体图形的开始，也是进一步学习其他立体图形的基础。小学生由于缺少研究立体图形的经验，容易忽视各要素之间的匹配关系，导致空间观念与推理能力不强。怎样的学习过程能使学生获得刻画图形的经验？如何更好地促进学生发展空间观念和推理能力？学生发现和提出问题如何在单元学习中有机呈现？

在不断叩问长方体的学习价值和学生真实获得的基础上，本单元基于二维和三维图形的转化，安排了富有挑战性的想象、制作任务，帮助学生理解棱、面之间的匹配关系；鼓励学生对长方体的体积等提出猜想，并加以验证；基于学生的真实问题设计单元核心活动，用问题引领学习。

单元具体概念及学生分析

一、单元具体概念

长方体是学生在小学阶段首次接触的立体图形，其特征、表面积和体积的度量等结论需要在二维、三维图形的转化过程中获得，通过新发现和新猜想积累研究立体图形的经验，初步形成系统性研究的维度，并能迁移到新图形的学习中。因此，本单元力求让学生从以下三个方面得到思维发展，并以此统领本单元的学习内容和学习活动。

概念 1　通过展开与折叠、视图与还原、切割与堆积等，实现长方体与二维平面图形之间的相互转化，发展空间观念。

从做纸盒到剪纸盒、从画纸盒视图到猜纸盒、从切木块到纸片的叠加等挑战性活动的设计，突出体现了展开与折叠、视图与还原、切割与堆积是认识立体图形的重要途径。体与面的相互转化发展了学生的直观想象和推理能力，提供了解决实际问题的知识、思维方法和图形直观。希望学生能够体会到平面图形与立体图形的转化有多种不同的角度，全面掌握认识图形的方法。

概念 2　结合转化过程中图形之间的联系，通过推理可以获得长方体表面积、体积等的结论和猜想。

多角度的图形转化过程，为发现和猜想提供了丰富的表象和依据。不仅要掌握图形特征、表面积和体积等知识，还要有从多角度的探索中提出新发现和新猜想的意识与能力，感悟探索的乐趣和价值，在“猜想—验证—新猜想”的思维活动中体会度量思想，发展推理能力。

概念 3　利用与长方体相关的重要结论和方法，可以帮助我们解决生活中的很多实际问题。

通过解决实际问题，加深对长方体特征的认识，巩固侧面积、表面积以及体积的计算方法，丰富解决问题的策略；感受到长方体在生活中普遍存在，体会到学习长方体的价值，能用数学的眼光观察生活，用数学的思维思考生活，用数学的语言表达生活。

二、学生分析

学生对长方体想研究哪些问题？对长方体的先期认知基础是什么？为此，在本单元学习之前，我们对北京市丰台区第五小学五年级的 84 名学生进行了学情调研。

调研问题 1　关于长方体纸盒，你有什么想研究的数学问题吗？

调研问题 2　长方体纸盒有 6 个面。如果让你制作一个长方体纸盒，你想怎样设计这个长方体纸盒 6 个面的数据？可以写一写，也可以画一画。（为了制作方便，长度取整厘米数，不考虑衔接部分。）

通过调研，我们发现：

①学生能知道长方体相对的两个面完全相同，6 个面中有长方形或正方形，每个面的对边都相等，4 个角都是直角，长方体上有 8 个“角”。总的来看，对长方体的认识还停留在二维层面。

②参与调研的 84 名学生，按照自己设计的数据成功制作出纸盒的只有 4 人，占 4.76%。即便课外学过本单元知识的学生，也感到设计数据很困难，说明特征、公式的背记、习题的解答不能代替对面、棱匹配关系的认识与理解（错例见图 4–1、图 4–2）。

长是（5），宽是（3）的长方形，需要（2）个
长是（4），宽是（3）的长方形，需要（2）个
长是（3），宽是（2）的长方形，需要（2）个

图 4-1 学生设计作品错例 1

长是（5），宽是（2）的长方形，需要（2）个
长是（2），宽是（6）的长方形，需要（2）个
长是（6），宽是（7）的长方形，需要（2）个

图 4-2 学生设计作品错例 2

③在第一次设计制作的基础上，我们又从中挑选了 5 名思维层次不同的学生进行第二次设计测试，5 名学生的设计全部正确。这给了我们两点启示：学生在学习中出现暂时的困惑并不可怕，重要的是教师是否给学生反思和调整的机会；观察、想象、操作、反思是帮助学生建立“匹配”关系的有效活动。

基于此学情调研，研究团队不断反思与追问：

- 什么样的学习任务能够促使学生自觉关注面、棱之间的匹配关系？
- 什么样的学习任务能把要学习的知识变成学生研究的问题？
- 怎样把二维、三维图形转化进行整体设计，体现在不同的学习任务中？
- 怎样把“猜想—验证—新猜想”的学习目标落实在不同的学习任务中？
- 怎样把体会度量思想、发展空间观念和推理能力体现在单元结构化设计中？

基于上述追问，我们设计了本单元的学习目标和学习任务框架。

◈ TUKE单元学习目标及学习结果表现

一、TUKE单元学习目标

T 迁移目标	当遇到一个新的立体图形时，有从不同角度来刻画的意识，并得出有道理的结论。
U 理解目标	经历展开与折叠、视图与还原、切割与堆积等过程，认识到通过这些过程可以实现长方体与平面图形的相互转化；经历“猜想—验证—新猜想”的学习过程，认识到借助二维、三维图形的转化和图形之间的联系可以获得图形的特征及表面积和体积等的结论。
K 知能目标	认识长方体的特征、展开图，理解各要素之间的关系；理解体积、容积的含义，掌握测量体积的方法，感受体积的守恒性；认识度量单位的实际意义并建立表象，理解进率并能进行简单换算。掌握长方体表面积和体积的计算方法，能解决与表面积和体积相关的实际问题。
E 情感目标	感受二维、三维图形转化和单位度量的价值，养成独立思考、自主反思的学习习惯，体会数学与生活的密切联系。

二、学习结果表现

①通过展开与折叠、视图与还原认识长方体的特征及各要素之间的关系。

②利用长方体与二维图形的关系和长方体的特征，解决与长方体表面积相关的实际问题。

③能通过叠加（平移）、堆积的方法得到长方体，结合长方体形成的过程进行猜想、验证，得到长方体体积的计算方法，能正确解决有关长方体体积的实际问题。

④通过切割与堆积建立二维和三维图形之间的联系，对直柱体的特征有感悟、体积有猜想。

⑤能够梳理出本单元的知识、方法及活动经验，迁移长方体学法的经验。

学生学习的关键问题

对应本单元的具体概念，确定了本单元学生学习的四个关键问题（见表4–1）。

表 4–1　单元具体概念和对应的关键问题

单元具体概念	关键问题
1. 通过展开与折叠、视图与还原、切割与堆积等实现长方体与二维平面图形之间的相互转化，发展空间观念。	1. 长方体通过展开、从不同方向看、切割等，可以得到哪些平面图形？ 2. 如何通过折叠、还原、堆积等得到长方体？
2. 结合转化过程中图形之间的联系，通过推理可以获得长方体表面积、体积等的结论和猜想。	3. 从上面的活动中，可以获得长方体的哪些特征？获得表面积和体积等的哪些发现和猜想？如何验证它们？
3. 利用与长方体相关的重要结论和方法，可以帮助我们解决生活中的很多实际问题。	4. 用与长方体有关的重要结论和方法可以解决哪些问题？

“长方体通过展开、从不同方向看、切割等，可以得到哪些平面图形？”和“如何通过折叠、还原、堆积等得到长方体？”这两个问题对应了单元具

体概念的第 1 条，前者是从立体图形到平面图形的转化过程中认识长方体，恰好也解决了前测时学生提出的“长方体与长方形有什么区别和联系?”的困惑；后者是从平面图形到立体图形的转化过程中理解长方体的特征。在二维、三维图形相互转化的过程中，学生经历了想象、操作、反思、审辨等过程，有利于更好地发展空间观念，更深刻地理解长方体的特征。

“从上面的活动中，可以获得长方体的哪些特征？获得表面积和体积等的哪些发现和猜想？如何验证它们?”这个关键问题直接对应单元具体概念的第 2 条，引领学生自主经历“猜想—验证”的思维活动，发展推理能力，获得有关长方体认识和度量的重要结论。

“用与长方体有关的重要结论和方法可以解决哪些问题?”这个问题对应单元具体概念第 3 条，引领学生主动思考，尝试解决一些与生活相关联的实际问题，更好地帮助学生建立数学与实际生活的联系，提升数学的应用意识。

单元学习任务

根据学生的认知基础和学习规律，将上述关键问题进行进一步分解，同时分析梳理教材中的学习任务，得到了本单元的学习任务序列，进而形成单元结构框架（见图 4–3）。

“做正方体纸盒，认识体积、容积及其度量单位，理解进率”2 课时的内容前置到单元开始，为形成体积与纸片大小和叠加的高度有关系的新发现新猜想扫清知识障碍。棱长 1 分米的正方体纸盒占有的空间是它的体积，把 1 立方厘米的正方体装在棱长 1 分米的正方体纸盒里，通过行、列、层，数出能装下 1000 个 1 立方厘米的正方体，理解容积的含义。先从三个方向摆放 1 立方厘米或 1 立方分米的正方体纸盒，再算出摆满 1 立方分米或 1 立方米的正方体空间一共需要的纸盒个数，然后想象这些纸盒占有的空间。经历

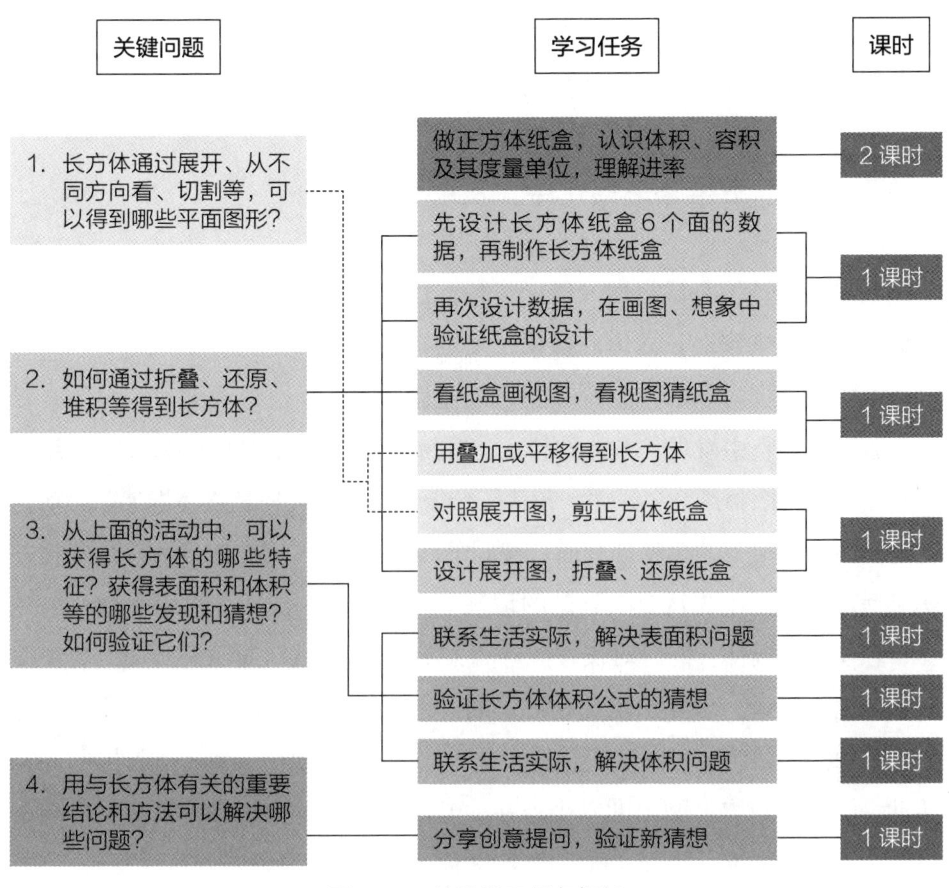

图 4-3　单元学习任务框架

摆、算、想的过程，不仅积累了从三个维度认识物体的经验，渗透了度量思想，还为验证体积公式的猜想做了方法的铺垫。

制作正方体纸盒的活动不仅为理解体积、容积、度量单位提供了支撑，还为后续制作长方体纸盒积累宝贵的经验。在前置活动进行后调研发现：有了制作正方体纸盒的经验，学生能自觉关注到棱、面的匹配关系，有 63.6%的学生能正确设计出制作长方体纸盒 6 个面的数据，其中 54.5%的学生设计的是有一组对面是正方形的长方体，设计出一般长方体的只占 9.1%，说明有三种面的长方体的匹配关系更复杂，这对学生来说仍然是有挑战性的学习任务。根据这样的调研结果，我们坚信：制作正方体纸盒的经验非常宝贵，前置内容的设计可行、有效。

下面具体阐述主要学习任务的设计思路。

一、在二维、三维图形转化中，发展空间观念

本单元设计了有挑战性的学习任务，让学生从不同角度经历二维、三维图形的转化，丰富对长方体的认识，发展空间观念。

“设计并制作纸盒”“想象并验证纸盒设计”活动，帮助学生在制作、想象、验证、调整中发现长方体的特征，理解点、线、面之间的关系。“看纸盒画视图、看视图猜纸盒”活动，替代了传统的“用小棍搭长方体框架”活动，促进学生从“棱”的角度理解面、棱间的匹配关系。“用叠加或平移得到长方体”活动，让学生先从三个方向的切割中体会截面的形状，再感受纸片的叠加、想象面动成体，同时对长方体空间大小有所猜想。“对照展开图，剪出正方体纸盒”活动，依据给定的正方体展开图的样子将纸盒剪开，促使学生想象，在边想边剪的过程中再次感悟“棱”与“面”的对应关系。“设计展开图”活动，学生面对自己画出的六个连在一起的正方形，比画着折叠，想象着还原。在这种降“维”与升“维”的交替中，学生的空间想象力得到发展。

二、在猜想和想象中，发展推理能力

本单元设计力求发挥单元“结构”的力量，促进知识的理解与能力的迁移。学生在“猜想—验证—再猜想”的活动中，积累学习立体图形的经验，体会度量思想，发展推理能力。

学生通过实验操作，建立体积、容积的概念，对空间大小有初步感知。通过往 1 立方分米的正方体中装 1 立方厘米的小正方体，借助“每行个数 × 行数 × 层数”，得到小正方体的个数，猜想体积与长、宽、高有关。学生通过堆积 1 立方厘米的小正方体验证和推导体积公式，发展了度量思想和

推理能力。此外，学生借着用叠加或平移得到长方体的活动，想象面动成体，发现能继续研究长方体的体积，猜想体积与底面积和高有关，在验证猜想的过程中完善了对体积的认识，为创意提问猜想直柱体体积的计算方法提供了可迁移的经验，发展了推理能力。

三、设计问题提出任务，促进学习投入

为了能够让学生保持探究兴趣，培养问题意识，本单元利用学习单，以“一条核心主线 + 三个问题提出活动”，设计单元问题提出任务。

核心主线 每课时完成后，每个学生都要把自己的新认识、新猜想写在学习单上，促使对长方体的认识逐渐丰富深刻，发展推理能力。

活动一 面对学生剪出或是设计的各种展开图，鼓励学生提出想研究的有价值的数学问题。

活动二 联系生活实际，提出能用表面积解决的真实问题。学生自主观察生活，提出多种与表面积有关的实际问题。有的问题与教材中练习题的能力要求相近，但情境更贴近儿童生活，比如：制作鱼缸至少需要用多少玻璃？制作字典、图书的封皮至少需要多大的铜版纸？（见图 4–4）有的问题更具有挑战性，比如：多个正方体堆在一起露出的表面积是多少？有接缝的长方体包装盒的用料是多少？（见图 4–5）这些可以作为感兴趣的学生的研究素材。

活动三 鼓励学生创意提问。单元复习时，学生提出新的猜想：“是不是任何直柱体的体积都能用底面积 × 高计算？”“任何规则的物体只要知道它的底面积和高，就能求体积吗？”“任何立体图形都是由底面图形不断叠加而成的。”……通过“猜想—验证—新猜想”的往复过程，不断引领学生学会思考，自主反思，积累学习立体图形的经验，培养创新意识和迁移能力。

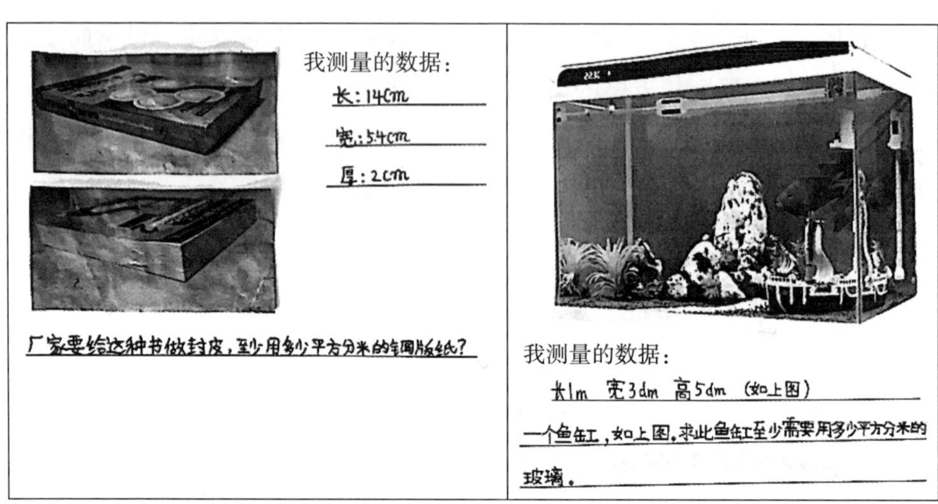

图 4-4　学生提出的与表面积相关的实际问题示例 1

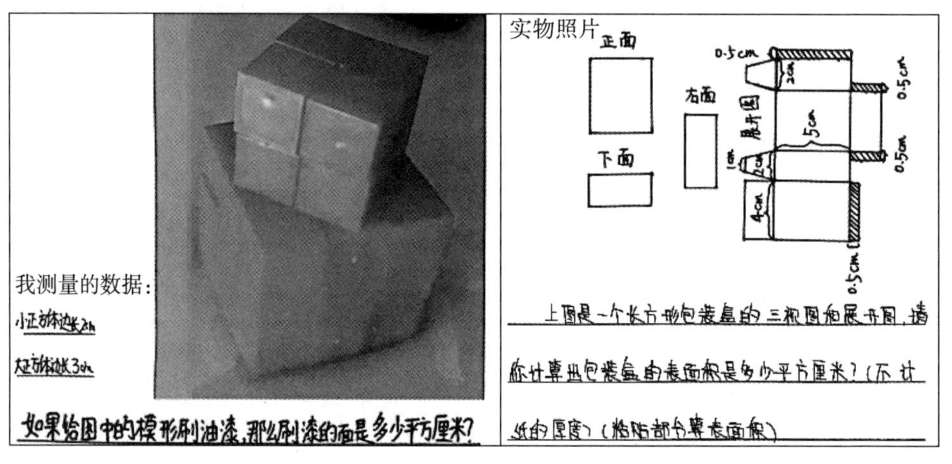

图 4-5　学生提出的与表面积相关的实际问题示例 2

四、促进理解与方法迁移，培养创新意识

本单元设计力求让学生从不同角度认识长方体的特征，在二维、三维图形的转化中构建面和体的联系，为后续解决表面积的实际问题积累活动经验，孕伏思维方法。面的垂直叠加和平移是从堆积的角度认识长方体，是对长方体体积公式合理猜想和验证的重要依据，是促进学生理解、迁移“底面

积 × 高”可以计算直柱体体积的重要表象积累。我们让学生带着问题走进长方体单元，又带着新问题走出单元的学习，把创新意识的培养贯穿单元学习的始终。

单元学习评价

依据学生的学习结果表现，对本单元的重要内容设计评价任务和评价量规进行考查。特别说明的是，学习结果表现①“通过展开与折叠、视图与还原认识长方体的特征及各要素之间的关系”中的两个方面都非常重要，因此用两个评价任务来完成对这个结果表现点的评价，即评价任务一和二对应学习结果表现①。此外，对于学习结果表现②和③中的运用长方体的表面积和体积的计算方法解决实际问题，可以借助教材中的习题进行考查；其他的评价任务分别和结果表现点一一对应。

评价任务一

学习结果表现　能从多角度（折叠、切割、堆积、平移等）清晰地表达长方体的形成过程，认识长方体的特征。

评价任务　我们从多个角度认识了长方体的特征和各部分名称，回顾研究过程，你可以通过哪些方式得到一个长方体？把你的想法详细记录在学习单上（见图 4–6）。

学习单

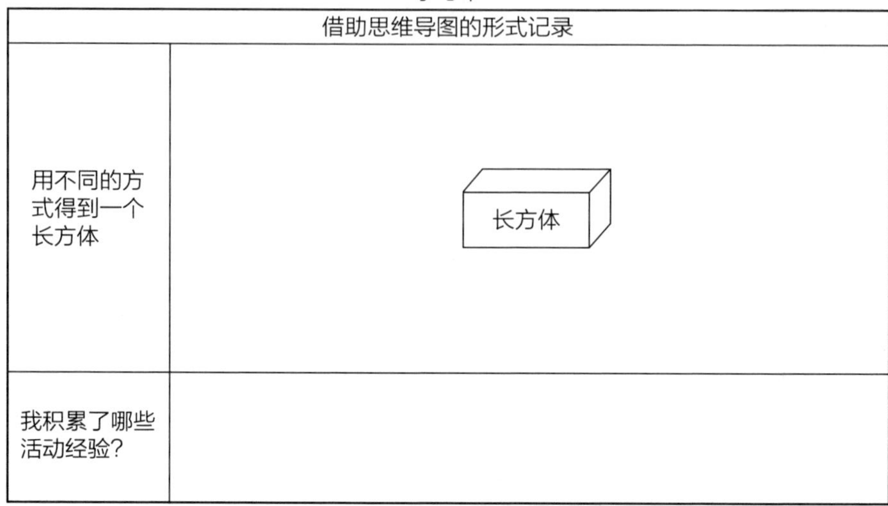

图 4-6　评价任务一学习单

评价标准　（见表 4–2）

表 4-2　学生表现及评价量规

等级	A（优秀）	B（合格）	C（仍需努力）
标准	能够从三个及以上角度表述长方体的形成过程，记录形成过程及图形前后之间的联系。	能够从两个角度表述长方体的形成过程，记录形成过程及图形前后之间的联系。	能够从一个角度表述长方体的形成过程，记录形成过程及图形前后之间的联系。

评价任务二

学习结果表现　通过展开与折叠、视图与还原认识长方体的展开图及各要素之间的关系。

评价任务　把长 16 厘米、宽 8 厘米的长方形纸作为长方体的一个或几个面，再配上几个什么样的面可以得到长方体？请你详细记录下来，并指出面与体之间的联系（见图 4–7）。

学习单

具体内容	
方案 1	用长 16 厘米、宽 8 厘米的长方形纸作为长方体的（　　）个面，还需要再配（　　）个面，具体如下：
方案 2	用长 16 厘米、宽 8 厘米的长方形纸作为长方体的（　　）个面，还需要再配（　　）个面，具体如下：
方案 3	用长 16 厘米、宽 8 厘米的长方形纸作为长方体的（　　）个面，还需要再配（　　）个面，具体如下：
我积累了哪些活动经验？	

图 4-7　评价任务二学习单

评价标准（见表 4-3）

表 4-3　学生表现及评价量规

等级	A（优秀）	B（合格）	C（仍需努力）
标准	能够设计三个及以上不同的配面方案，记录过程及图形前后之间的联系。	能够设计两个不同的配面方案，记录过程及图形前后之间的联系。	能够设计一个配面方案，记录过程及图形前后之间的联系。

评价任务三

学习结果表现　利用长方体与二维图形的关系和长方体的特征，解决与长方体表面积相关的实际问题。

评价任务　制作一个茶叶盒（见图4-8，单位：厘米）。

（1）在这个茶叶盒的侧面贴上一圈商标，这圈商标纸的面积是多少平方厘米？

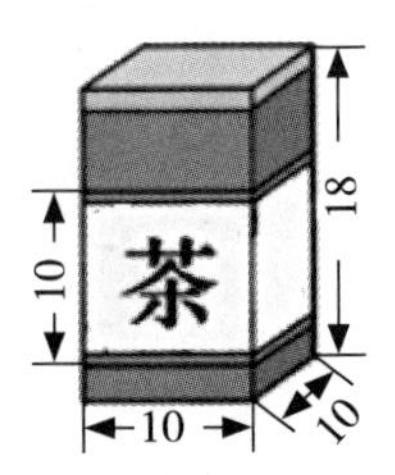

图 4-8　茶叶盒

（2）要包装这个茶叶盒，至少需要多少包装纸？（忽略接缝处）

评价标准 （见表 4–4）

表 4–4　学生表现及评价量规

等级	A（优秀）	B（合格）	C（仍需努力）
表现	能正确区分长方体的侧面积和表面积，能正确计算长方体的侧面积和表面积。	能正确区分长方体的侧面积和表面积，能正确计算长方体的侧面积，但不能正确计算长方体的表面积。	不能正确区分长方体的侧面积和表面积，不能正确计算长方体的侧面积和表面积。

评价任务四

学习结果表现　能通过叠加（平移）的方法得到长方体，结合长方体形成的过程进行猜想、验证，得到长方体体积的计算方法，对直柱体的特征有感悟、体积有猜想。

评价任务　长方体的体积还可以用底面积乘高来计算，你能想办法说明为什么吗？根据底面积乘高，王强有了新的想法（见图 4–9），你同意吗？请说明理由。

图 4–9　任务情境

评价标准（见表 4–5）

表 4–5　学生表现及评价量规

等级	A（优秀）	B（合格）	C（仍需努力）
表现	能将长方体的特征迁移到其他直柱体的特征上，从而理解底面积乘高的意义。	能将长方体面动成体的形成过程迁移到圆柱体，由此得到圆柱体体积的计算方法可以是底面积乘高的猜想。	能运用合适的方式，如文字叙述或画图等方式表达得出长方体体积公式的过程。

图 4–10 显示了等级C的学生的表现。

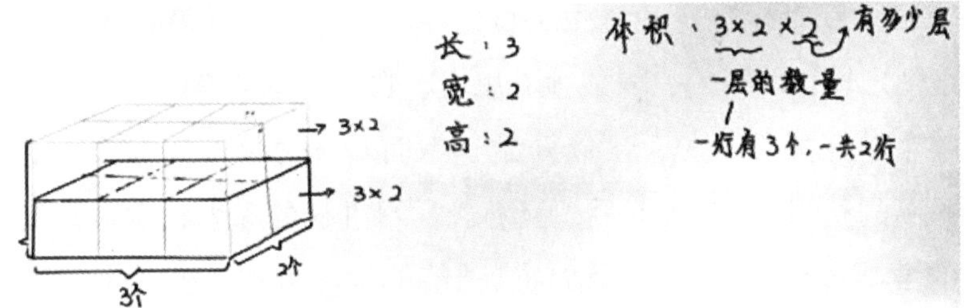

图 4–10　学生表现举例 1

图 4–11 显示了等级B的学生的表现。

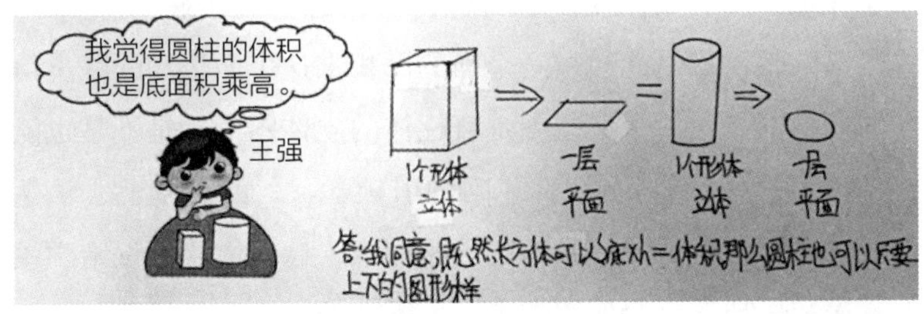

图 4–11　学生表现举例 2

图 4–12 显示了等级A的学生的表现。

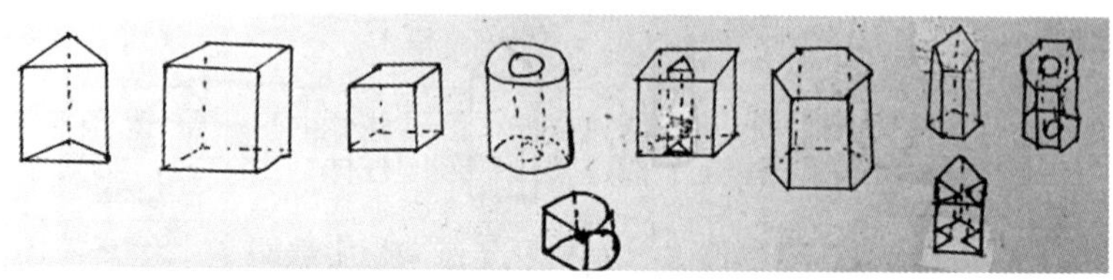

图 4–12　学生表现举例 3

本单元致力于在对长方体的认识和度量的学习中发展学生的空间观念和推理能力，鼓励学生经历“猜想—验证—新猜想”的学习过程，认识到二维、三维图形转化的价值，养成独立思考、自主反思的学习习惯。

在整个单元的学习中，虽然开始学生面对学习单上“有什么新发现？还有哪些新的猜想？”无从下手，但随着学习进程的深入，学生不仅喜欢反思自己的学习过程，还喜欢总结自己独特的学习方法，就像有的学生所写的：“经历了这个单元的学习，我学会了‘问题式代入法’，都是自己先提问，再有目的地上课，这样学习效果更好。还收获了学习方法三部曲：先猜想，再验证，最后得到结论。”

单元学习结束了，学生基于长方体引发的思考仍在继续：“像三棱柱这样的立体图形，是不是也能通过一个面的面积乘这个面运动的距离得到这个立体图形的体积？”“生活中一些不是直柱体的立体图形，是不是也能变成规则的直柱体来计算它的体积？”在“问题引领学习”的课堂上，学生逐渐愿意对自己遇到的问题进行深度思考和不断探索，这些体验不仅给学生带来了情感上的欢愉和乐趣，更给他们带来了思维上的进步和成长。

特色案例

二维、三维转化，发展学生的空间观念[①]

本案例是本单元第三至第四课时，通过不同途径实现二维、三维图形的转化。精选两课时特色镜头，与大家分享我们对本单元教学的思考与实践。

一、课前思考

“长方体的认识和度量”单元整体设计，通过展开与折叠、视图与还原、切割与堆积等操作，经历“二维与三维图形转化”的学习任务，使学生积累丰富的事实表象，以促进对表面积与体积的理解和迁移。本案例主要有以下三个方面的思考和实践：

第一，“设计并制作长方体纸盒”是本单元的核心活动。学生在制作纸盒前，要先设计数据，在制作过程中验证自己的想法，并适时调整。通过此活动促使学生自主反思，自觉地关注长方体各要素间的匹配关系。

第二，在看纸盒画视图、看视图猜纸盒的过程中，通过视图与还原的途径继续积累二维、三维图形转化的经验，发展空间想象力和推理能力。

第三，在想象中理解垂直叠加、平移、堆积都可以形成长方体，在面动成体的过程中，丰富立体图形的表象和经验，通过切割与堆积发展空间观念。

① 作者：首都经济贸易大学附属小学李丽，北京教育学院丰台分院李义杰，北京市丰台区第五小学卞婧。

二、课堂写真

镜头一　初次设计并通过制作验证

生活中有很多物体的包装盒是长方体的，这节课就请你亲自做一个长方体纸盒。

制作一个长方体纸盒需要 6 个长方形。这些长方形的长和宽你想怎样设计呢？把你的想法写在下面的学习单上（见图 4–13）。

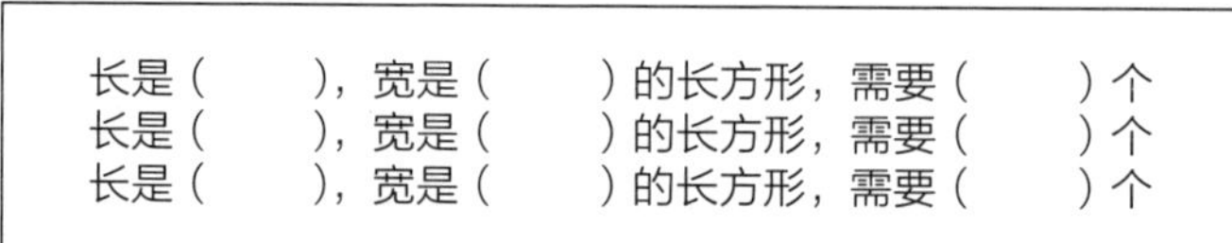

长是（　　），宽是（　　）的长方形，需要（　　）个
长是（　　），宽是（　　）的长方形，需要（　　）个
长是（　　），宽是（　　）的长方形，需要（　　）个

图 4–13　第一次设计的学习单

按照你设计的数据，在方格纸上剪下制作长方体的 6 个长方形图形，再粘贴成一个长方体纸盒。制作过程中，如果发现数据需要改动，就用另一种颜色的笔标出。图 4–14 是学生通过操作验证自己的设计，并适时调整。图 4–15 是学生自主反思调整后的学习单作品。

图 4–14　学生通过操作验证自己的设计

长是（5），宽是（2）的长方形，需要（2）个
长是（2），宽是（6）的长方形，需要（2）个
长是（6），宽是（5）的长方形，需要（2）个

图 4-15　学生自主反思调整后的学习单作品

先设计数据再制作长方体，是促进学生进行空间想象、发展推理能力的重要活动，同时这个制作活动学生很喜欢。制作前的数据设计，多数学生感到有困难或者不确信，这正激发了学生主动思考设计的面和形成的体之间的关系，自觉关注面、棱之间的匹配关系。

镜头二　再次设计并通过想象验证

在第一次设计并验证的基础上，再次独立设计制作长方体需要的图形，把思考填入学习单中（见图 4-16）。可以接着教师的设计，也可以全部独立设计。

长是（ 7 ），宽是（ 4 ）的长方形，需要（ 2 ）个
长是（　），宽是（　）的长方形，需要（　）个
长是（　），宽是（　）的长方形，需要（　）个

图 4-16　第二次设计的学习单

在学生独立设计后，展开全班讨论，鼓励学生通过想象验证他人的设计是否合理。下面是交流的片段。

师　你能看懂他们的设计吗？（见图 4-17）这次我们不制作了，就想象，你认为同学的设计可以制作成功吗？说一说理由。

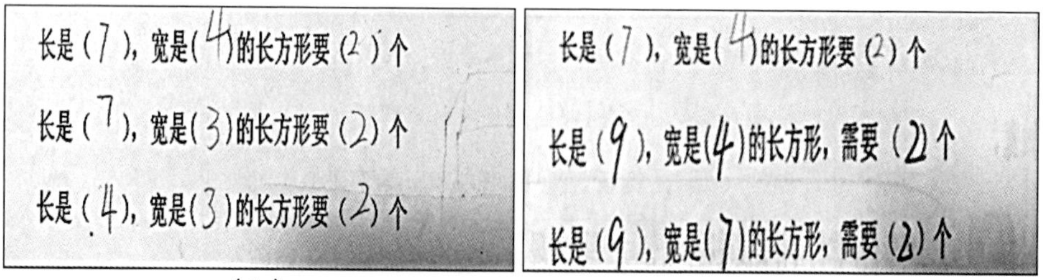

长是（7），宽是（4）的长方形要（2）个

长是（7），宽是（3）的长方形要（2）个

长是（4），宽是（3）的长方形要（2）个

（1）

长是（7），宽是（4）的长方形要（2）个

长是（9），宽是（4）的长方形，需要（2）个

长是（9），宽是（7）的长方形，需要（2）个

（2）

图 4–17　学生设计作品举例 1

生 1　　我认为，图 4–17（1）的这个设计可以。因为如果把长 7、宽 4 的长方形放在前后面，上面的一条边的长度就要跟前面的长 7 的这条边一样长才行，不然就对不上了。上面的长是 7 了，宽可以随便选。这个同学选 3 也可以。接下来就剩最后的一组左右面，为了跟前后面、上下面都对上，它就只能是长 4 宽 3 的长方形了（见图 4–18）。

师　　根据图 4–17 这两种不同的设计（见图 4–18、图 4–19），你有什么新的发现？

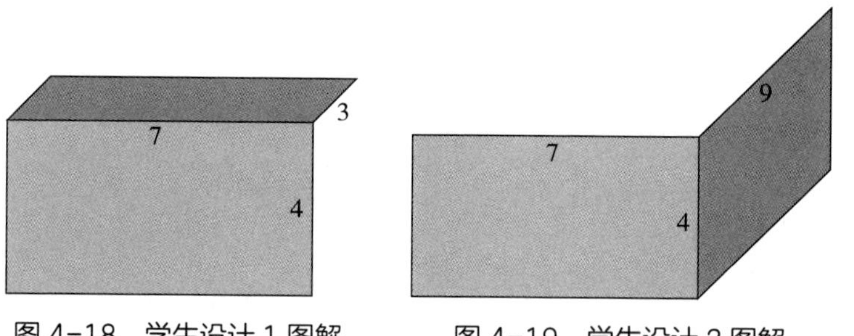

图 4–18　学生设计 1 图解　　图 4–19　学生设计 2 图解

生　　看来第一种面可以随便设计，第二种面里只有一条边可以变化，相邻的两个面确定了，第三种面的长和宽就都不能变了。

这时，教师顺势引导学生认识从同一个顶点出发的三条棱就是长方体的长、宽、高，积累通过长、宽、高确定长方体形状与大小的经验。

师　下面这两个同学的设计是否能成功制作长方体呢？请你想一想，又会有什么新的发现呢？（见图 4-20）

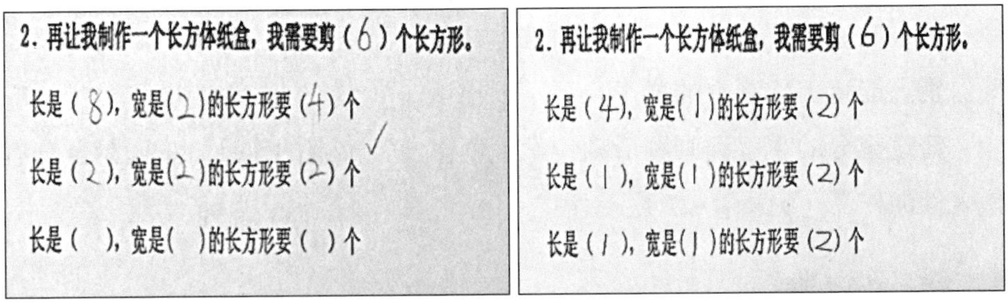

2. 再让我制作一个长方体纸盒，我需要剪（6）个长方形。

长是（8），宽是（2）的长方形要（4）个

长是（2），宽是（2）的长方形要（2）个 ✓

长是（　），宽是（　）的长方形要（　）个

2. 再让我制作一个长方体纸盒，我需要剪（6）个长方形。

长是（4），宽是（1）的长方形要（2）个

长是（1），宽是（1）的长方形要（2）个

长是（1），宽是（1）的长方形要（2）个

图 4-20　学生设计作品举例 2

学生通过想象再次进行了验证，在交流中发现：长、宽、高不一样的长方体有三种面，有一组面是正方形的长方体有两种面，只有一种面的长方体就是正方体。学生发现了具有不同特点的长方体之间的联系与区别（见图 4-21）。

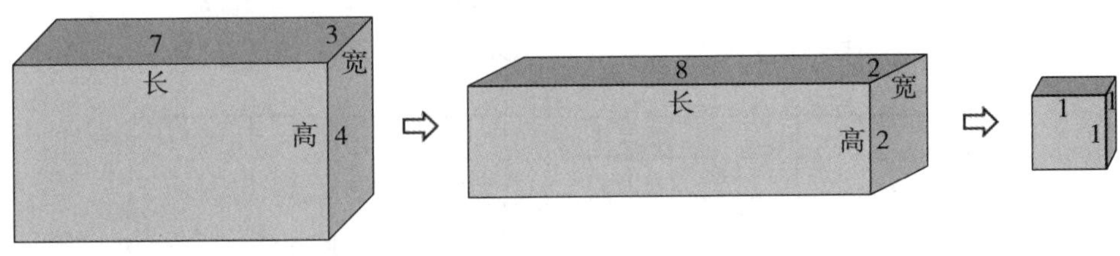

图 4-21　不同特点的长方体

第二次设计之后不进行实际制作，在核心问题“如果把设计的第一种长方形当作前后面，那么其他的面放在哪里？为什么？”的引领下，长方体的样子在想象与推理中终于立了起来，学生对面与面之间的匹配关系有了生动的理解，空间观念得到发展。当然，如果学生想象有困难，则可以鼓励学生有针对性地开展实践。

镜头三 看纸盒画视图，看视图猜纸盒

上节课学生用方格纸制作了长方体，本节课鼓励学生进行观察。选择一个观察方向进行观察，看到几个面就把这几个面画在方格纸上。画的时候要确保别人能猜出你纸盒的样子。

经过充分的观察和画图活动，学生创作出了丰富的作品，下面是部分有代表性的作品（见图 4–22）。

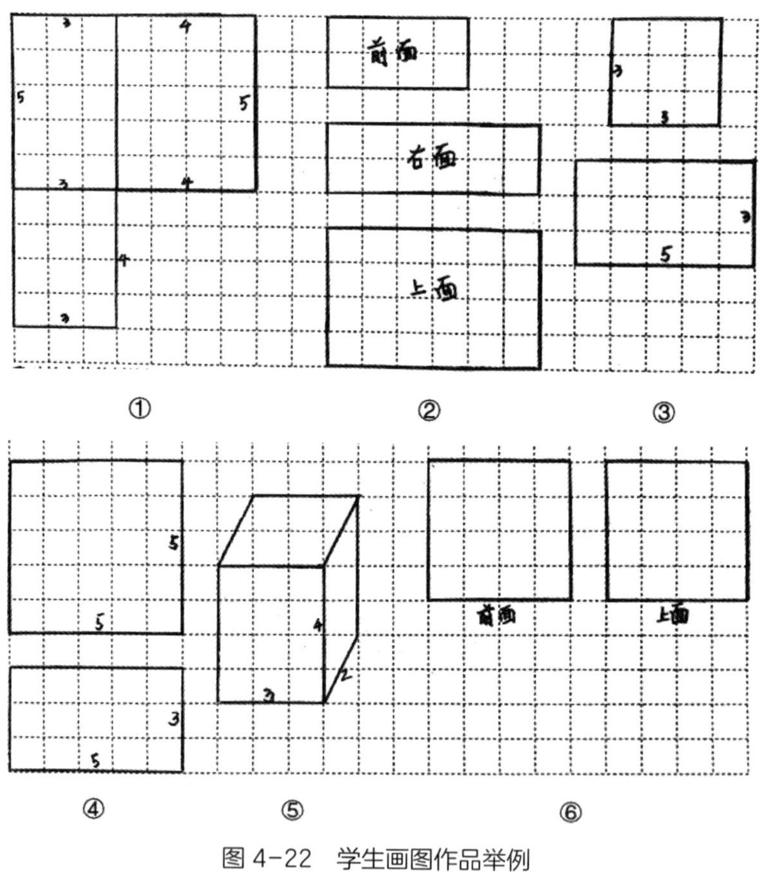

图 4–22　学生画图作品举例

在此基础上，进行了“猜纸盒”的活动。下面是师生交流的片段。

师　看作品②的图，你是怎么猜出纸盒的样子的？

生1　把长度相同的边拼在一起，这条边既是这个面的边，也是那个面的边，我们就能知道长、宽、高了。

生2　长方体有6个面，每个面都是4条边，4×6=24条边，可拼在一起组成长方体后，就剩下12条棱了，这是为什么呢？

生3　因为每两个面都相邻，邻边重合共用的一条边，就是棱。每条棱都数了2次，24条边平均分成2份，1份就是12条棱。

师　我们看作品③④都有5×3这个长方形，盒子怎么不一样？

生4　有3×3的正方形（作品③），说明5×3的这个长方形有4个，围一圈，拼接的是5这条边。

生5　这个纸盒（作品④）的正方形面是5×5，5×3的这4个长方形，围一圈，拼接的就是3这条边。

师　看来，这两种盒子都是有一组对面是正方形的特殊长方体。

猜纸盒也是促进学生进行空间想象、发展推理能力的重要任务。学生先看纸盒画视图，再看视图猜纸盒，再一次经历了从体到面、从面到体的思维活动，想象力在二维平面与三维立体的反复转化中得到提升。学生积累了视图还原的经验，丰富了长方体、正方体的表象认识。

镜头四　面动成体，再次认识长方体

让学生在长方体木块中找到完全相同的面（见图4-23），在交流想法中，想到可以有三个不同方向的切截方法，下面是师生交流的片段。

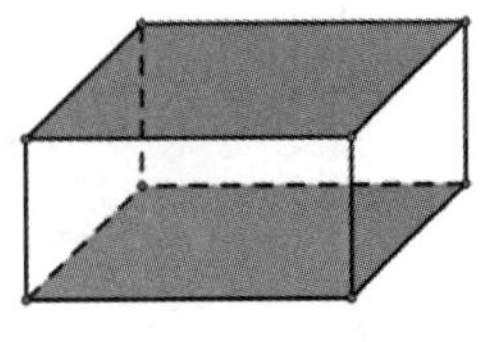

图4-23　长方体木块

师　你还能在这个长方体木块中找到和上、下面完全相同的面吗？你是怎么找到的？

生1　把木块切开！

师　怎么切？

生1　（配合手势比画）平行于上面和下面，水平地切开这个长方体，这个截面就和上面、下面完全一样。

师　（追问）像这样的截面有多少个？

生　无数个，因为切刀的位置可以有无数处。（几何画板演示见图4-24 ①）

师　生活中你们常用的什么物品就像这样，由无数个截面堆积形成长方体？

生　书、一包A4纸、一块木板等。

师　通过刚才的交流，你有什么新的想法？

通过对新想法的交流，学生联想到还可以平行于左右面、前后面切截，并边说边用手比画。教师借助几何画板的动态演示（见图4-24 ②③），直观展示学生的想法。

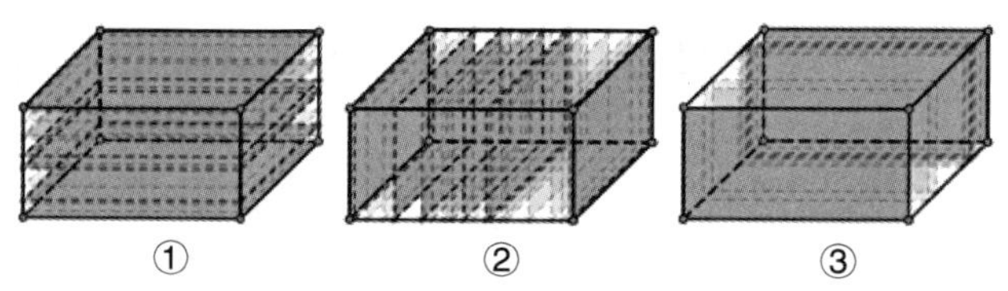

图4-24　几何画板动态演示

师　看完这三个小演示，你对长方体有什么新的认识？

生2　长方体是由无数个截面摞起来的。

生3　长方体深不可测，貌似看到上、下两个面，其实中间藏着很多很多和上、下面一样的截面！

生4　一个长方体，可以从三种方向去摞，这无数个截面就摞成了长方体。

师　（小结）长方体是三维立体空间图形，所以叫长方“体”，不同于原来的二维平面图形。

通过找长方体上完全相同的面，学生有机会大胆想象。学生语言中“摞起来”的描述，说明学生对通过面的叠加、平移得到长方体的方式已经有了真切的感受，积累了构造立体图形的表象和经验。

师　观察向长方体容器注水的过程（见图 4-25）。什么没有变化？什么发生了变化？

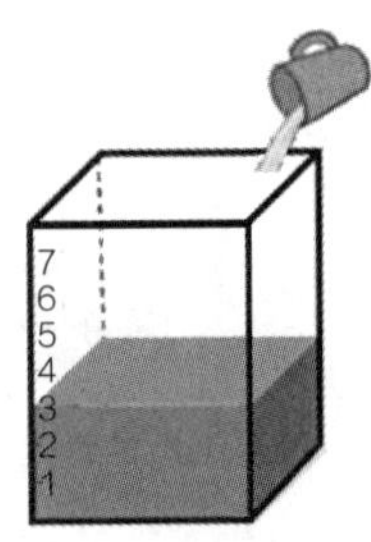

图 4-25　向长方体容器中注水

生 5　底下的面积没变，水的高度变了。

生 6　容器中水越来越多。

本堂课最后，学生直观感受到底面的面积和注水的高度与水的多少有关系，为探索长方体的体积积累了经验。

第五章

“圆柱和圆锥”单元：促进推理能力和空间观念的迁移①

① 作者（单元整体设计）：北京市海淀区中关村第三小学陈俊荣、马金鑫、刘建昕。

“圆柱和圆锥”单元是小学阶段“图形与几何”领域的最后一个单元，在这之前学生积累了丰富的图形操作和思维的经验，尤其是对于长方体、正方体的学习。那么在本单元中，如何使得学生对“图形与几何”的学习画上的不仅仅是个句号，还是一个充满好奇、想继续探索的问号或是叹号？进一步，除了获得具体的知识之外，如何在本单元使学生的能力得到更充分的发展？如何在二维图形与三维图形的转化之间让学生感受到获得新发现和进行新猜想的乐趣与价值？

在不断叩问圆柱、圆锥的教育价值和学生真实获得的基础上，我们对“圆柱和圆锥”单元进行了整体的设计与实践，让学生在“得到圆柱、圆锥”的核心活动中，实现二维图形与三维图形之间的相互转化，特别是在转化过程中不断产生新的发现、猜想，体会发现和猜想的乐趣与价值；在师生、生生的互动交流中获得对圆柱、圆锥的认识及其表面积、体积的结论，从而解决现实生活中的一些问题；在总结和反思中形成研究图形的系统性维度，并能迁移到新图形的学习中。总之，本单元力求基于学生的能力基础、发现和猜想，实现学生推理能力和空间观念的充分发展。

单元具体概念及学生分析

一、单元具体概念

圆柱、圆锥所涉及的图形特征、表面积和体积等有关知识，学生可以在二维图形与三维图形的转化过程中通过新发现和猜想自主得到，这不仅有利于学生空间观念的发展，也促进了学生推理能力的提升。同时，在探索图形转化的过程中，学生将逐步形成认识图形的维度，并在后续学习新的图形时进行迁移应用。

因此，本单元力求让学生在以下三个方面得到深刻的体会，并以此统领本单元的学习内容和学习活动。

概念 1　通过视图与还原、展开与折叠、切割与堆积、切割与旋转等可以实现圆柱、圆锥和平面图形之间的互相转化。

"得到圆柱、圆锥"的基础是对二维与三维图形之间联系的理解。希望学生能够体会到平面图形与立体图形的转化有多种不同的维度，全面掌握认识图形的方法。

概念 2　结合转化过程中图形之间的联系，通过推理可以获得圆柱表面积、体积与圆锥体积等结论和猜想。

图形转化过程中蕴含着丰富的新发现和新猜想。希望学生体会到，对于圆柱、圆锥的学习不仅仅是记住特征、表面积和体积等知识，还要能够从多角度的探索中提出新发现和新猜想。这不仅能帮助学生再次理解所涉及的知识，更能够促进学生感悟探索的乐趣和价值，发展他们的推理能力。

概念 3　利用与圆柱和圆锥相关的重要结论和方法，可以帮助我们解决生活中的很多实际问题。

通过解决实际问题，学生加深对圆柱、圆锥的认识，巩固侧面积、表面积以及体积的计算方法，感受圆柱与圆锥在生活中普遍存在，体会学习圆柱、圆锥的价值。同时在解决问题的过程中，培养用数学的眼光观察世界、用数学的思维思考世界的核心素养，丰富解决问题的策略。

二、学生分析

学生关于立体图形的基础有哪些？学生研究立体图形的思维路径是什么样的？能否通过圆柱、圆锥和二维图形之间的关系提出丰富的猜想，并在验证猜想的过程中获得更多的结论呢？为此，在本单元学习之前，我们对北京市海淀区中关村第三小学六（20）班35名学生进行了学情调研。问题如下：

①我们已经学习了长方体、正方体，六年级我们将学习新的立体图形——圆柱。如果学习圆柱，你打算从哪些方面研究它，请填在思维导图中。

②经历了用摞圆片的方法得到圆柱之后，写一写你对圆柱有哪些新认识和新猜想。

③经历了用旋转的方法得到圆柱、圆锥和学完圆柱的表面积、体积之后，写一写你对圆锥有哪些新发现和新猜想。

通过调研，我们有以下发现。

1．学生关于立体图形的经验丰富，但大多聚焦在立体图形知识上的延展

通过对调研问题①学生思维导图作品的分析，发现学生面对新的立体图形时，尽管也提到了展开等认识角度，但表面积、体积、展开图、公式是出现次数最多的高频词。由此可以看出，学生的思维路径更多的是立体图形知识上的延展（见图 5-1）。

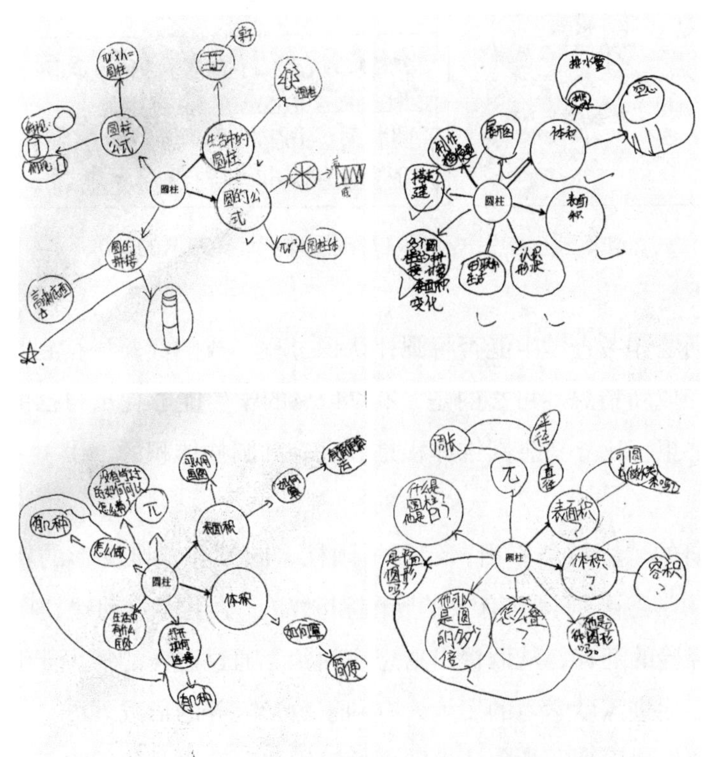

图 5-1　调研问题①部分学生思维导图作品

2．基于二维、三维图形之间的转化及动手操作，学生能够进行经验的迁移并产生新猜想

关于调研问题②，经过统计发现：在学生经历了用摞圆片的方法得到圆

柱之后，有 63.2%的学生对圆柱的体积公式有正确的认识和猜想，且有部分学生能够将自己的猜想过程描述得很清楚。有的学生依据圆柱是由无数小圆片摞起来得到的，猜想圆柱的体积等于底面积乘高（见图 5–2 左）；还有的学生依据圆柱是由无数小圆片累加形成的，想到了长方体也是由无数个小长方形累加形成的，迁移长方体体积的计算方法，猜想圆柱的体积也可由底面积乘高得到（见图 5–2 右）。

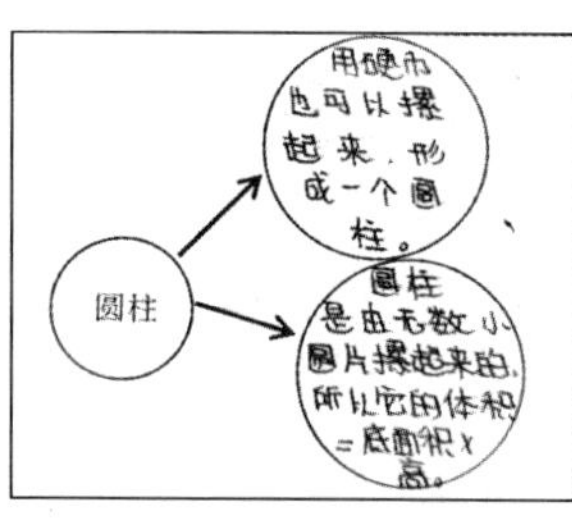

新猜想
长方体是由无数个长方形累加形成的，它的体积等于底面积乘高，
而圆柱可以看成无数小圆片累加形成，所以圆柱的体积也等于底面积乘高。

图 5–2　学生关于圆柱形成及体积计算方法的猜想

调研问题③考查学生能否将圆柱认识过程形成的经验迁移到圆锥，对圆锥的体积形成新猜想。可喜的是，有 74.6%的学生能够提出自己的新猜想，尽管有的猜想（比如猜想圆锥体积是等底等高圆柱体积的一半）还需要调整完善。

从调研的情况可以看出，经历了圆柱、圆锥和二维图形的转化过程之后，学生的学习经验得到有效的唤醒和激活，学生能主动建立图形间的联系，促进经验的迁移，从而提出猜想或问题。通过这样的猜想能够推动研究不断向前，促进深度学习的发生，有利于数学素养的形成。

同时我们也看到，学生认识图形的思维路径和方法仍旧需要经过不断反思和提炼。因此，我们需要鼓励学生形成图形认识的思维路径和方法，从而迁移到新图形的认识及相关问题的解决中。

⊙ TUKE单元学习目标及学习结果表现

一、TUKE单元学习目标

T 迁移目标	当遇到一个新的立体图形时，有从不同角度来刻画的意识，并得出有道理的结论。
U 理解目标	经历展开与折叠、视图与还原、切割与堆积、切截与累积的过程，认识到通过这些过程可以实现圆柱、圆锥与平面图形的互相转化；经历“猜想—验证”的探索过程，认识到利用二维、三维图形的转化和图形之间的联系，可以获得图形的特征及其表面积和体积计算公式等有关结论。
K 知能目标	理解圆柱和圆锥的基本特征、各部分名称，以及等底等高圆柱和圆锥各部分之间的关系，掌握圆柱表面积和体积、圆锥体积的计算方法，能解决与圆柱、圆锥相关的实际问题。
E 情感目标	感受二维、三维图形的转化和数学推理等的价值，获得自主探索、发现创造、乐于分享的情感体验，体会数学与生活的密切联系。

二、学习结果表现

①能将刻画立体图形的思维角度由圆柱迁移到规划圆锥和其他立体图形的学习中，并能提出新的发现和猜想。

②通过展开与折叠能认识圆柱的展开图，得出圆柱的侧面积、表面积的计算方法，会正确计算圆柱的侧面积和表面积。

③能通过摞（平移）的方法得到圆柱，结合圆柱形成过程以及联想长方体的体积推理过程进行猜想、验证，得到圆柱体积的计算方法。

④能通过旋转建立二维和三维图形之间的联系，并实现其相互转化。

⑤能猜想圆锥体积与圆柱体积的关系，并对猜想进行验证，最终得出圆锥体积的计算方法。

⑥能够运用圆柱、圆锥表面积和体积的计算方法解决实际问题。

学生学习的关键问题

对应本单元的具体概念，确定了本单元学生学习的四个关键问题（见表5-1）。

表5-1 单元具体概念和对应的关键问题

单元具体概念	关键问题
1. 通过视图与还原、展开与折叠、切割与堆积、切割与旋转等可以实现圆柱、圆锥和平面图形之间的互相转化。	1. 圆柱和圆锥通过展开、从不同方向看、切割等，可以得到哪些平面图形？ 2. 如何通过折叠、还原、堆积、旋转等得到圆柱和圆锥？
2. 结合转化过程中图形之间的关系，通过推理可以获得圆柱表面积、体积与圆锥体积等结论和猜想。	3. 从上面的活动中，可以获得圆柱和圆锥的哪些特征？获得关于表面积和体积的哪些发现与猜想？如何验证它们？
3. 利用与圆柱和圆锥相关的重要结论和方法，可以帮助我们解决生活中的很多实际问题。	4. 与圆柱和圆锥有关的重要结论与方法可以解决哪些问题？

“圆柱和圆锥通过展开、从不同方向看、切割等，可以得到哪些平面图形？”和“如何通过折叠、还原、堆积、旋转等得到圆柱和圆锥？”这两个问

题对应于单元具体概念 1，前者是鼓励学生经历从立体图形到平面图形的转化过程，后者是鼓励学生经历从平面图形到立体图形的转化过程。学生在二维和三维图形的相互转化的过程中不断进行想象和操作，发展了空间观念，同时也丰富了对圆柱和圆锥的认识。

“从上面的活动中，可以获得圆柱和圆锥的哪些特征？获得关于表面积和体积的哪些发现与猜想？如何验证它们？”这个关键问题直接对应了单元具体概念 2，引领学生经历“猜想—验证”的思维过程，发展学生的推理能力，获得有关圆柱和圆锥及其测量的重要结论。

“与圆柱和圆锥有关的重要结论与方法可以解决哪些问题？”这个问题对应着单元具体概念 3。探究这个问题的目的是引领学生研究圆柱和圆锥在日常生活中的应用，更好地建立数学与实际生活的联系，解决一些与生活相关联的实际问题，提升学生的应用意识。

根据表 5–1，鼓励学生提出问题的活动主要体现在两个地方：**第一，在数学活动中提出猜想。**首先通过圆柱、圆锥二维和三维图形转化的探索过程，鼓励学生不断提出自己的新发现和新猜想；在此基础上，通过新发现和新猜想进行经验的积累——认识图形的不同维度，并进行方法的迁移，鼓励学生迁移研究圆柱的经验，提出有关圆锥的新发现和新猜想。当然，学生对提出的猜想还需要进一步的验证。**第二，根据数学对象提出问题。**在学完圆柱、圆锥相关内容后，鼓励学生结合现实生活提出与圆柱和圆锥相关的数学问题，在此基础上梳理同学们提出的问题，并应用圆柱、圆锥的知识和方法尝试解决。

单元学习任务

根据学生的认知基础和学习规律，将上述关键问题进行进一步分解，同时分析梳理教材中的学习任务，得到了本单元的学习任务序列，进而形成单元结构框架（见图 5–3）。

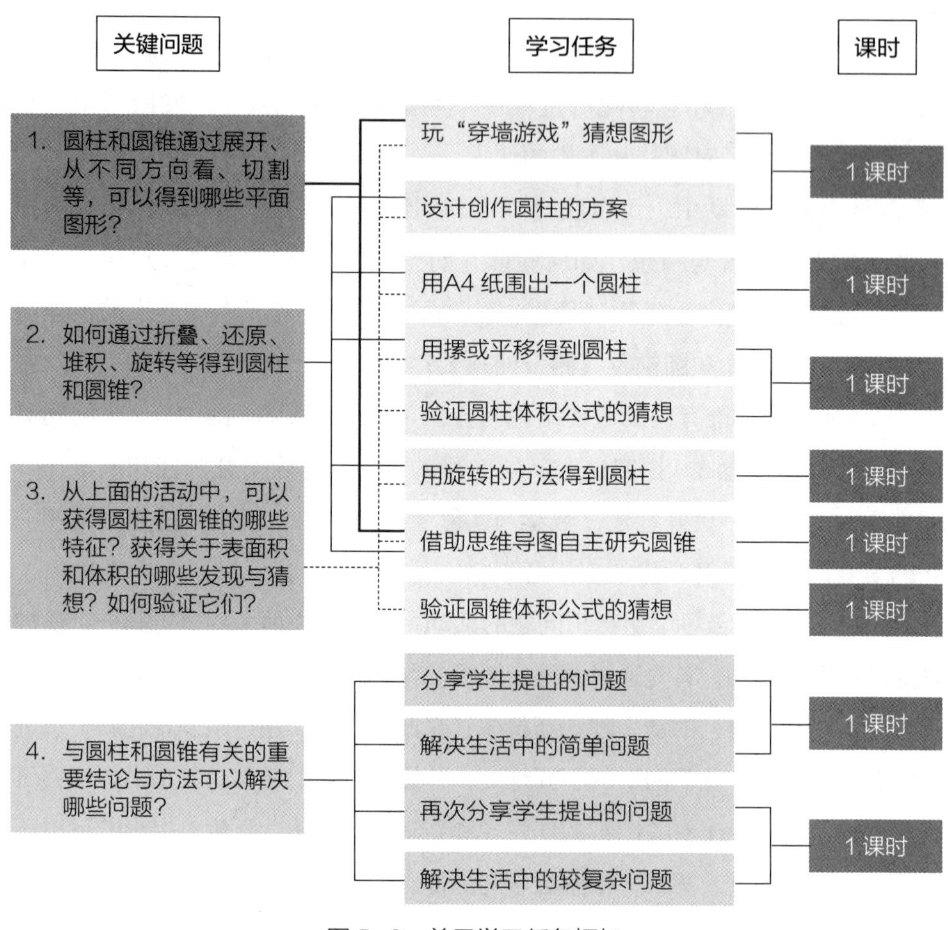

图 5-3　单元学习任务框架

下面具体阐述主要学习任务的设计思路。

1．动态操作活动，积累活动经验，发展空间观念

从“穿墙游戏”出发，思考什么样的立体图形能够“穿墙”留下这样的长方形（见图 5–4）。

通过“设计创作圆柱的方案”（见图 5–5），激活学生的学习经验，在围、摞（移）、旋转的操作活动中，不断进行直观想象和推理，将操作和思考两种经验相联结，发展学生的空间观念。具体设计见后面的特色案例。

图 5-4　立体图形“穿墙”后留下的长方形

学习单

用一些A4 纸制作一个能够“穿墙”的圆柱，希望大家在制作的过程中对圆柱有新发现和新猜想。

认真思考，看看谁有两种不同的得到圆柱的方法。

	需要的工具	制作的过程 （简单描述制作过程）	你是怎么想到的 （以前的生活或学习经验）
方法一			
方法二			

图 5-5　“设计创作圆柱的方案”学习单

2. 探究圆柱与相应二维图形的相互转化，发展推理能力

在设计、猜想的基础上实际操作进行验证，结合操作的经验，激发新猜想和新认识，发展推理能力。

如在第二课时“用A4 纸围出一个圆柱”（见图 5-6）中，鼓励学生用A4 纸围出“穿墙”能留下相应长方形的圆柱，尤其关注圆柱制作不成功时的调整和再尝试，以及整个过程中的新发现和新猜想。

学习单

用A4 纸围出一个圆柱	
所需图形	
制作中遇到了什么问题，又如何调整	
新发现新猜想	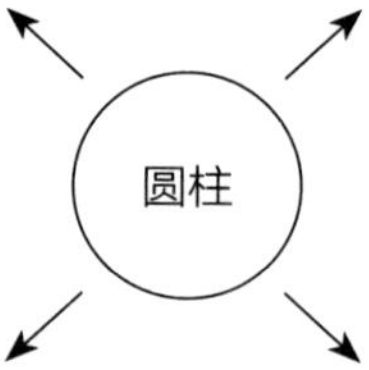 圆柱
怎么想到的	

图 5-6 “用A4 纸围出一个圆柱”学习单

学生经历了“观察—想象—操作—反思”的学习过程，感受到圆柱侧面与底面周长之间的联系，从而实现二维与三维图形的转化。这样既培养了学生自主研究、推理、反思的能力，也提升了空间想象的能力。

可喜的是，这样的学习活动还引发了学生真实的思考，学生提出了值得进一步思考的问题。比如有两种不一样的圆柱（见图 5-7），都可以符合条

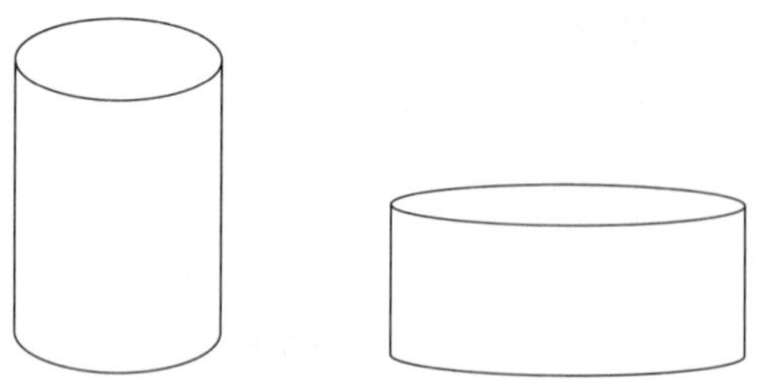

图 5-7 能符合条件“穿墙”的两种不同的圆柱

件“穿过”这面墙，学生自然地生发出这样的问题：“两种情况的‘穿墙圆柱’，哪种比较省纸?”

3．自主整体建构认识新图形的方法，类推探索圆锥

学生基于对圆柱学习的整体经验，类推学习圆锥的思维路径，利用学习单（见图 5–8）再次构建认识新图形的系统维度。该过程让学生自主提出对圆锥的认识和猜想，基于对圆锥体积的不同猜想开展实验验证。

学习单

借助思维导图自主研究圆锥	
	具体内容
研究的不同角度及新发现和新猜想	圆锥
怎么想到的	

图 5–8 “借助思维导图自主研究圆锥”学习单

4．应用结论，发现、提出问题并解决问题

结合现实生活情境，鼓励学生提出与圆柱和圆锥相关的实际问题。在梳理和解决问题的过程中，学生应用圆柱和圆锥的重要结论，教师适当补充、引入系列专题问题，让问题的解决和知识的应用走向深入。

单元学习评价

依据学生的学习结果表现，对本单元的重要内容设计评价任务和评价量规进行考查。特别要说明的是，学习结果表现①“能将刻画立体图形的思维角度由圆柱迁移到规划圆锥和其他立体图形的学习中”提到的两个方面的学习都非常重要，因此用两个评价任务来完成对这个学习结果表现的评价，即评价任务一和二对应学习结果表现①。此外，对于学习结果表现⑥“能够运用圆柱、圆锥表面积和体积的计算方法解决实际问题”，可以借助教材中的习题进行考查。其他的评价任务分别和学习结果表现一一对应。

评价任务一

学习结果表现 能将刻画立体图形的思维角度由圆柱迁移到规划圆锥的学习当中，并能提出新的发现和猜想。

评价任务 同学们在认识圆柱的过程中积累了很多认识图形的方法，并得到了一些结论。圆锥是小学阶段学习的最后一个立体图形，你打算用哪些方法认识它？你对它已经有了哪些认识？结合学习经验，你对它有哪些猜想？请你完成下面的学习单（见图 5-8），试着规划一下认识圆锥的过程。注意：猜想用另一种颜色的笔标识。

评价标准 （见表 5-2）

表 5-2　学生表现及评价量规

等级	A（优秀）	B（合格）	C（仍需努力）
表现	至少能通过三个维度（方法）规划认识圆锥的过程，表达已有的认知或猜想。	能通过两个维度（方法）规划认识圆锥的过程，表达已有的认知或猜想。	只能通过一个维度（方法）或只能从知识的维度规划认识圆锥的过程，表达已有的认知或猜想。

评价任务二

学习结果表现 能将刻画立体图形的思维角度由圆柱迁移到规划其他图形的学习当中，并能提出新的发现和猜想。

评价任务 我们刚刚结束了对圆柱和圆锥的研究。在这个研究过程中你一定积累了很多经验，掌握了很多研究立体图形的方法。同学们还发现，生活中有很多物品是圆台形状的（见图5-9），并且对圆台产生了浓厚的探究欲望。你打算怎样研究圆台？自己试一试，看看通过你的研究，你能得到哪些关于圆台的认识和猜想。把你的研究方法、结论、猜想或者问题，记录在下面的学习单中（见图5-10）。

图 5-9　生活中圆台形状的物品

学习单

	具体内容
研究的不同角度及新发现和新猜想	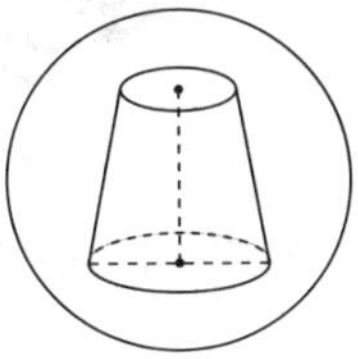
怎么想到的	

图 5-10　评价任务二学习单

评价标准 （见表 5-3）

表 5-3　学生表现及评价量规

等级	A（优秀）	B（合格）	C（仍需努力）
表现	能依据认识图形的四个维度（展开与折叠、视图与还原、切割与堆积、切割与旋转）规划其他立体图形的认识过程，能对图形的特征有初步认识，对表面积或体积有初步猜想。	能依据认识图形的两至三个维度规划其他立体图形的认识过程，能对图形的特征有初步认识，对表面积或体积有初步猜想。	只能依据认识图形的一个维度规划其他立体图形的认识过程，能对图形的特征有初步认识，但不能对表面积或体积有初步猜想。

评价任务三

学习结果表现　通过展开与折叠能认识圆柱的展开图，得出圆柱的侧面积、表面积的计算方法，会正确计算圆柱的侧面积和表面积。

评价任务　水果罐头厂会对罐头盒进行包装（见图 5-11）。

①绕这个罐头盒的侧面贴满商标纸，则商标纸的面积是多少？

②做这样一个罐头盒至少要用多少铁皮？（接缝处忽略不计）

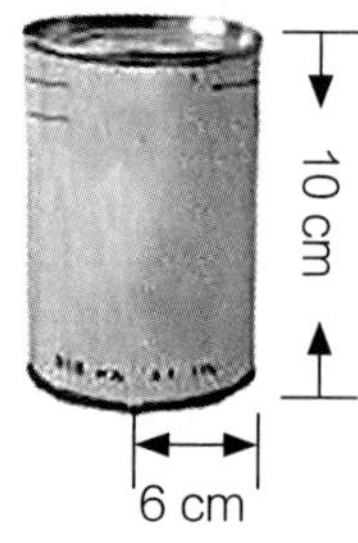

图 5-11　对罐头盒进行包装

评价标准 （见表 5–4）

表 5–4 学生表现及评价量规

等级	A（优秀）	B（合格）	C（仍需努力）
表现	能正确区分圆柱的侧面积和表面积，能正确计算圆柱的侧面积和表面积。	能正确区分圆柱的侧面积和表面积，能正确计算圆柱的侧面积，但不能正确计算圆柱的表面积。	不能正确区分圆柱的侧面积和表面积，不能正确计算圆柱的侧面积和表面积。

评价任务四

学习结果表现 能通过摞（平移）的方法得到圆柱，结合圆柱形成过程以及联想长方体的体积推理过程进行猜想、验证，得到圆柱体积的计算方法。

评价任务 我们把圆柱横切可以得到圆，如果把很多同样大小的圆摞起来能否得到圆柱呢？今天我们就一起动手，尝试用“摞”的方法得到底面直径是 8 厘米、高是 15 厘米的圆柱（见图 5–12）。

学习单

	具体内容
制作步骤	
困惑问题	
新发现新猜想	圆柱
怎么想到的	

图 5–12 评价任务四学习单

评价标准 （见表 5-5）

表 5-5　学生表现及评价量规

等级	A（优秀）	B（合格）	C（仍需努力）
表现	能得到制作圆柱的横切面圆形。能用切面一样大小的圆片通过“摞”的方法得到圆柱。能从平移的角度对圆柱和长方体建立起联系，提出关于圆柱体积的新猜想或新发现。	能得到制作圆柱的横切面圆形。能用切面一样大小的圆片通过“摞”的方法得到圆柱。能提出关于圆柱体积的新猜想或新发现，不能从平移的角度把圆柱和长方体建立起联系。	没能正确得到圆柱的横切面，不能用横切面一样大小的圆片通过“摞”的方法得到圆柱。

评价任务五

学习结果表现　能通过旋转建立二维和三维图形之间的联系，并实现其相互转化。

评价任务　想象并验证三角形、梯形、圆、半圆、平行四边形进行旋转可以得到怎样的立体图形。

评价标准 （见表 5-6）

表 5-6　学生表现及评价量规

等级	A（优秀）	B（合格）	C（仍需努力）
表现	能够想象出全部图形旋转后得到的立体图形，对同一图形有不同的正确猜想。	能够想象并验证四个图形旋转后得到的立体图形。	只能想象并验证两个图形旋转后得到的立体图形。

评价任务六

学习结果表现　能猜想圆锥体积与圆柱体积的关系，并对猜想进行验证，最终得出圆锥体积的计算方法。

评价任务　针对圆锥体积的计算有三类存在分歧的猜想：底面积 × 高、

$\frac{1}{2}$底面积×高、$\frac{1}{3}$底面积×高。请你思考：为什么会有这些关于圆锥体积的不同猜想？猜想的依据是什么？圆锥的体积到底该如何计算？我们又可以怎么验证？

学具准备 等底等高的圆柱和圆锥实物、等底等高的圆柱和圆锥容器、水、沙子、水槽、橡皮泥、天平等（学习单见图 5–13）。

学习单

班级：　　　　姓名：

需要学具	
验证方法	
注意事项	
验证结果	
新发现 新问题	

图 5–13　评价任务六学习单

评价标准（见表 5–7）

表 5–7　学生表现及评价量规

等级	A（优秀）	B（合格）	C（仍需努力）
表现	能够明确说明三类分歧产生的原因，并能够借助圆柱与圆锥之间的关系，通过测量实验的方法得到圆锥的体积公式。	借助圆柱与圆锥之间的关系，能够通过测量实验的方法得到圆锥的体积公式。	没能建立圆柱与圆锥之间的关系，不能想到通过测量实验的方法得出圆锥的体积公式。

本单元在力图实现学生空间观念和推理能力发展的基础上，鼓励学生在自主得到圆柱、圆锥的学习活动中，通过二维与三维图形之间的互相转化，提出自己的新发现和新猜想，并关注这些新发现和新猜想，体会发现和猜想的乐趣。

在整个单元的学习中，虽然学生的学习热情出现过起伏，但随着学习进程的深入，学生慢慢体会到了发现和猜想的乐趣。就像有的学生所说的："有一件事很让我头疼，那就是每次上课的'必须'环节——写新发现和新猜想。每次看到学习单，我感觉自己的脑袋慢慢变大。我总是看着它发呆，不过偶尔也能写出一两个好问题。直到有一天，我突然想明白了，有好的问题、好的猜想是很重要的，因为，只有有好的猜想才会试着验证。在那个过程中，我也学到了该怎么想问题。即使你的猜想开始是错误的，也没有任何关系。总之，猜想是非常重要的。"

单元学习结束了，学生对圆柱、圆锥的讨论仍在继续，他们又围绕在"问题角"旁边，继续讨论同学们提出的其他问题："水杯为什么做成圆柱状？""水井为什么设计成圆柱状？""铅笔头为什么削成圆锥状？""羽毛球为什么要设计成圆锥状？"这既体现了提出问题、发现和猜想的乐趣，也体现了本单元的学习效果，更加凸显了问题引领学习的重要性。

特色案例

自主探究圆柱，积累活动经验，发展推理能力[①]

本案例是圆柱学习的核心部分，我们在学生自己规划"如何用一张A4纸得到一个圆柱"的基础上，依次设计了"用A4纸围出一个圆柱"、"用摞或平移得到圆柱"和"用旋转的方法得到圆柱"这三个课时，主要目的是让学生结合操作体验活动，获得圆柱特征、表面积和体积的重要结论，激发出新发现和新猜想，形成圆柱与相应二维图形转化的系统性认识维度，积累活动经验，发展推理能力。

① 北京市海淀区中关村第三小学李京华、宋立亭、施宝春。

一、课前思考

回顾学生以往学习立体图形的历程可以发现，虽然学生经历了相关的学习活动，但给学生留下较深印象的还是表面积、体积等知识，探索的过程和刻画立体图形的角度印象不深。因此，我们希望通过创设系列的学习任务来推动学生学习经验的整体建构，从而形成认识立体图形的系统维度，并迁移到圆锥的研究中。本案例主要有以下三个方面的思考和实践。

第一，设计“得到一个圆柱”的核心活动，引导学生聚焦圆柱展开研究，并初步形成二维与三维图形转化的系统性认识维度，为后续的自主探究奠定基础。

第二，探究圆柱与相应二维图形的相互转化。在二维、三维图形的相互转化过程中，发展空间观念和推理能力。

第三，鼓励学生提出问题，分享问题，并进行反思。让学生经历“猜想—验证”的思维过程，培养学生发现和提出问题、分析和解决问题的能力，积累活动经验。

二、课堂写真

镜头一　用围的方法得到指定的圆柱

在第一课时学生自主规划得到“穿墙”圆柱的基础上，本案例是第二课时，鼓励学生验证“用围的方法得到指定的圆柱”，并借助学习单（见图5–6）进行记录，画出制作指定圆柱所需要的图形，并标出数据。如果一次没成功，记录出现的问题和需要调整的地方，再去尝试；最后思考经历这个过程后对圆柱有什么新发现和新猜想。

学生制作完成后，对圆柱的认识和猜想更加丰富。

发现 1：圆柱的侧面展开图是个长方形，这个长方形的长和宽分别相当于圆柱的底面周长和高。

生 1　我用两个直径是 8 厘米的圆作为圆柱的上、下底面。最开始我想用长 8 厘米、宽 15 厘米的长方形作为圆柱的侧面，但是我围了之后发现，高合适，就是圆柱有点瘦，底面有点小。我进行了调整，长不应该是直径，而应该是圆的周长才行。

生 2　我是先观察，想象如果把侧面直着剪一刀，打开是什么样子。长就是底面周长，宽是高才行。（边用圆柱演示、边讲解。）

师　这两个同学的结论是一样的，思路有什么不同吗？

生 3　一个直接围，一个是先想展开图，再围。最终的结论都是长方形的长等于圆柱的底面周长，宽是圆柱的高。

生 4　我制作的圆柱是扁扁的。底面直径是 15 厘米，高是 8 厘米，横着放进去。需要两个直径 15 厘米的圆和一个长（15×3.14）厘米、宽 8 厘米的长方形。

师　大家能想象一下刚才几位同学说的这两个圆柱长什么样吗？请同学们把你们做的圆柱拿上来给大家分享一下（见图 5-14）。

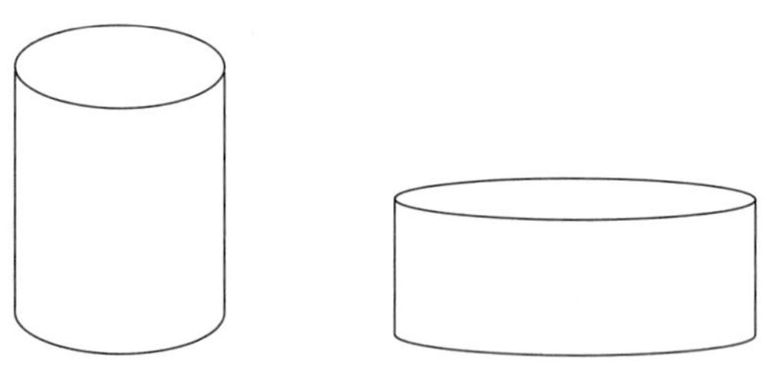

图 5-14　能“穿墙”的两种不同的圆柱

发现 2：计算圆柱侧面积、表面积的方法。

生 1　在用展开图制作圆柱的过程中，我发现展开图的面积就是圆柱的表面积。

师　同学们在做的过程中已经渐渐地认识到了圆柱的表面积，怎么求圆柱的表面积？

生2　首先求两个底面，再加上长方形的面积。长方形的长是底面圆的周长，宽是圆柱的高，所以圆柱的侧面积就是底面周长乘高。

生3　首先，圆柱是由两个圆和一个长方形组成的，两个底面的面积是$2\pi r^2$，侧面积是πdh，表面积就是$2\pi r^2+\pi dh$。

发现3："穿墙"圆柱的两种情况，哪种比较省纸？

生1　我猜想，高圆柱表面积比矮圆柱表面积要小（见图5-15）。高圆柱的底面直径是8厘米，矮圆柱的底面直径是15厘米，高圆柱的底面积要比矮圆柱的底面积小多了。

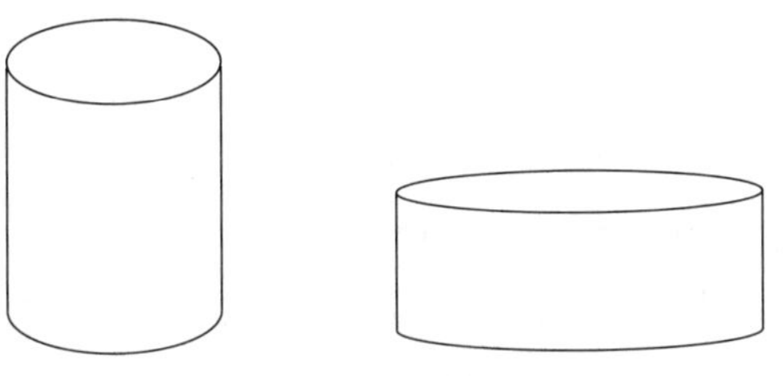

图5-15　高圆柱（左）和矮圆柱（右）

生2　不能光比底面积，还要比侧面积呢。它们两个的侧面积还没比呢。

生3　两个侧面积是一样大的。高圆柱侧面积是$8\pi\times15$，矮圆柱侧面积是$15\pi\times8$，结果是一样的，所以侧面积一样。

生4　你说的我听懂了，看着不一样，实际上它们的侧面积是一样的。

生5　我还想说一说"它们的侧面积为什么是一样的"。我发现这两个圆柱的纵截面是一样的，都是长15厘米、宽8厘米的长方形。侧面积公式是πdh，d、h分别是15厘米、8厘米中的一个，根据乘法交换律，它们的结果就是一样的。（教室里响起了赞赏的掌声。）

师　大家的掌声代表很赞同和欣赏他的分享。数学是需要刨根问底的，不仅要知道是什么，还要知道为什么。

生6　现在我知道了，它们两个侧面积一样，哪个底面大，表面积就会大。

学生经历"观察—想象—操作—反思"的学习过程，深入思考圆柱侧面与底面的关系，理解了圆柱表面积的计算方法。在这个过程中，学生进行自主发现、自主调节、自主总结，付出了认知努力，实现了与圆柱有关知识的自主建构。

镜头二　用摞或移的方法得到指定的圆柱

在本课时中，学生们由摞山楂片想到用摞圆片的方法可以得到圆柱（见图5–16）。学生用手里的A4纸，剪一剪，摞出指定的圆柱，边制作边思考对圆柱有什么新发现、新猜想或困惑。

图5–16　生活中摞山楂片

生1　我在摞完之后有了一个新猜想，我觉得圆柱的体积应该和这个摞起来的小圆片面积以及圆柱高度有关系。

生2　你是怎么确定跟这两个数据有关系的呢？

生3　我也有这样的想法。在摞的过程中，我想到了圆柱是由无数个像这样的圆片组成的，就像长方体是由无数个小长方形形成的那样。我们知道长方体的体积是底面积乘高，所以我觉得圆柱的体积也是底面积乘高（见图5–17）。

新猜想
长方体是由无数个长方形累加形成的，它的体积等于底面积乘高，
而圆柱可以看成无数小圆片累加形成，所以圆柱的体积也等于底面积乘高。

图 5-17　关于圆柱体积的猜想

生 2　原来如此，在这里底面积就是这个小圆片的面积。通过你的说明，我也把长方体的体积和圆柱体的体积建立起了联系，圆柱体积就是底面积（πr^2）乘高（h）。

学生将摞圆片的过程与长方体的形成过程建立联系，并产生了圆柱的体积也是底面积乘高的猜想。圆柱的横切是认识圆柱的方法手段，同时把横切后的每个圆累加起来又可以形成圆柱，这是从切割与堆积的维度对圆柱认识的一次飞跃，进一步沟通了二维与三维图形之间的联系。

镜头三　用旋转的方法得到指定的圆柱

在本课时中，教师提供学习、生活中的两个现象：将一条线段沿圆心旋转形成一个圆和生活中的旋转门（见图 5-18），启发学生思考：如何通过旋转得到能够“穿墙”的圆柱？

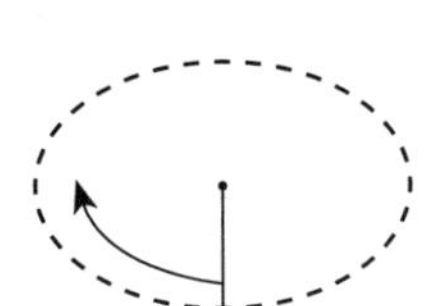

图 5-18　经过旋转得到相应的图形

生 1　我剪的是一个长 15 厘米、宽 4 厘米的长方形。高就是轴，沿着它旋转 360°就形成了圆柱（见图 5–19 左）。

生 2　你是怎么确定这个长方形的长和宽的？这明明是个平面图形，怎么形成圆柱了？

生 1　长方形的长是圆柱的高，长方形的宽就应该是它的半径，沿着高旋转，半径旋转成一圈就是一个圆，也就是圆柱的底面。

生 3　我补充：长方形的宽旋转形成底面，长方形的长旋转形成侧面。

生 4　我剪的是一个长 15 厘米、宽 8 厘米的长方形。我把上下两条宽的中点连线当作轴，这样旋转 180°就可以了（见图 5–19 右）。

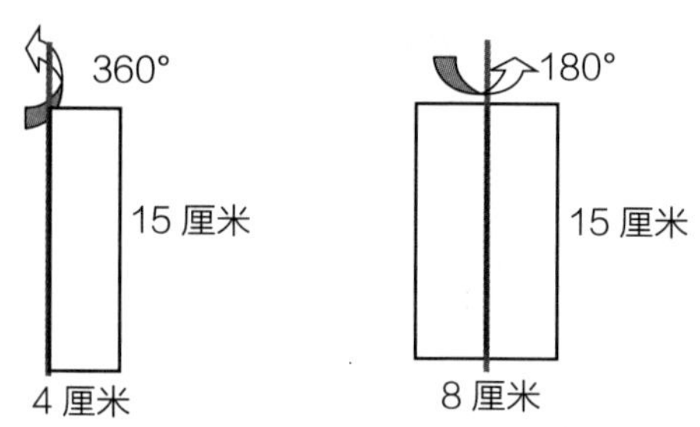

图 5–19　旋转得到指定的瘦圆柱

生 5　这两种方法有什么不同？

生 6　选择的长方形不同，旋转的角度就不同。

生 7　我有不一样的想法。刚才你们旋转得到的是瘦圆柱，我得到的是胖圆柱。长方形宽 8 厘米、长 15 厘米，把两条长的中点连线当轴旋转 180°就可以了（见图 5–20）。

师　大家闭上眼睛感受一下，你能想象得到吗？在这个过程中，你有什么新发现和新猜想？

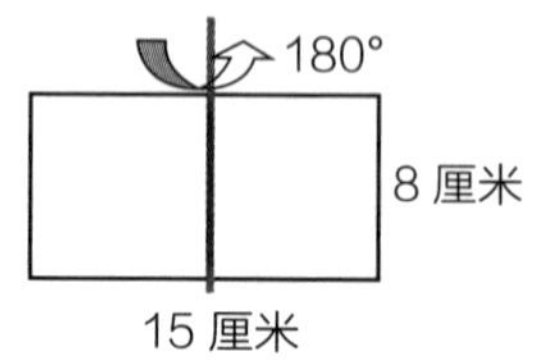

图 5–20　旋转得到指定的胖圆柱

生 8　圆柱是长方形旋转得到的，只是长方形大小不同，旋转的角度也不同。

生 9　如果是三角形旋转能得到什么立体图形吗？

……

学生经历了想象、设计、制作和验证这几个环节，并在操作中思考对圆柱的新发现和新猜想。学生还基于“旋转得到圆柱”对体积计算方法产生了新猜想，认为圆柱的体积与旋转面和底面周长有关系。虽然通过验证发现猜想是错误的，然而这样的过程在学生的心中种下了“猜想”这颗数学思维的种子。正如学生所说：“一次次的猜想，一次次的验证，一次次的失败，一次次的重新来，虽然很辛苦，很累，但中间的过程可真有趣。”

在二维图形与三维图形的转化过程中，学生既掌握了研究的方法，也发展了空间观念。新问题的产生也将学生的学习引向了深入，并为后续圆锥的研究奠定了基础。

第六章

“推理”单元：讲推理故事学习推理①

① 作者（单元整体设计）：北京市东城区教育科学研究院王彦伟，北京市东城区史家胡同小学侯宇菲、左明旭。

推理既是数学的基本思想，也是人们生活和学习中经常使用的思维方式。“推理”这一单元是小学二年级的学习内容，要求学生能根据提供的信息进行判断、推理并得出结论，鼓励学生有条理地进行表达。分析教材发现，虽然教材编写者力求为学生提供生动、有趣的情境，但是有些情境离学生的生活较远，对学生来说较为陌生，不利于体验数学的思维过程、感悟数学思想方法。如何更好地助力学生学好本单元的内容呢?

结合学情调研，我们在情境创设上聚焦学生的实际需求，选择更符合学生生活经验、学生也更感兴趣的素材。如何进一步推动学生的推理能力得到提升呢？一个想法跃然纸上——为何不让学生自己讲推理故事呢？为此，我们尝试以学生讲推理故事为载体，设计更具挑战性的学习任务，激发他们学习的主动性。鼓励学生编写推理故事，在这个过程中让每个学生都有机会对自己最关心的问题进行真正的讨论，并逐步学会如何想得更清晰、更全面、更合理，从而感受逻辑推理的方法。

实践证明：让学生讲推理故事有助于学生有条理地思考和表达，有助于学生推理能力的发展。同时，学校（史家胡同小学）在这个单元的学习中也形成了自己的传统：利用上一届哥哥姐姐编写的故事学推理，然后自己编写故事，交流推选留给下一届的弟弟妹妹。

单元具体概念及学生分析

一、单元具体概念

本单元力求让学生从以下四个方面得到体会，并以此统领本单元的学习内容和学习活动。

概念 1　推理是根据已知信息有依据地得出结果的过程。

结合学生熟悉的生活情境，让学生了解推理的内容，初步感受推理的过程，即根据所提供的信息选择需要的内容进行分析，最终得出结论的过程就是推理。

概念 2　利用排除法，通过连线、列表等方式整理信息，分析信息之间的关系，进行推理。

学生在对具体问题进行推理分析和解决时，教师鼓励学生用自己喜欢的方式把思考过程和结论表示出来。学生可以借助文字、图画，或者连线、列表等方式，辅助思考过程，将自己的思维过程可视化。

概念 3　能够全面有序地思考问题，有条有理地表达推理过程。

学生的推理过程是其思维的活动，但是这种思维活动并不是外显的，教师在教学过程中可设计各种活动帮助学生将自己的思维活动外显出来，培养学生有根有据、有条有理地表达。推理能力的发展与语言的发展关系密切，两者是相互促进的。发展学生的推理能力，就要提高学生用数学语言合乎逻辑地进行讨论和质疑的能力。

概念 4 **在解决生活中的实际问题时，有主动推理的意识。**

推理能力在不同学段的表现，既有一致性，也有一个发展的过程，具有明显的阶段特征，小学阶段重在推理意识的培养。学生在推理的过程中，不仅能形成推理技能，而且能感悟推理思想，提升推理意识，促进数学素养的提升。

二、学生分析

在学习本单元之前，学生对逻辑推理是否有一定的认识和生活经验？面对具体问题时能否用自己的方式表达推理的过程？在了解了逻辑推理的基本含义并掌握一定的推理方法后，能否独立编写一个推理小故事？为此，我们对北京市东城区史家胡同小学二（9）班 40 名学生进行了单元前测，调研内容如下：

①请学生尝试解决下面的问题（来自人教版二年级上册数学教材），并把思考过程用自己喜欢的方式表示出来。

> 小冬、小雨和小伟三人分别在一、二、三班。小伟是三班的，小雨下课后去一班找小冬玩。小冬和小雨各是几班的？

②第一节课结束后，请学生独立编写一个推理小故事。

在参与前测的 40 名学生中，有 80%的学生可以完全正确地写出结论，并且借助文字描述、画图、连线、列表等形式呈现推理过程。出现错误的学生中没有一名学生的答案是完全错误的，他们只是在分析时遇到了小问题，这说明学生具有了独立完成推理任务的基础。从参与前测的学生中随机选择了5名学生进行访谈，发现学生对测试题目的情境缺乏兴趣，有2名学生特别希望自己能编写一些有趣的推理故事。学生的这个想法给了我们很大的启发。

进一步调研发现，第一节课结束后，部分学生可以独立编写推理故事，部分学生还存在不少困难，有的学生的故事只能呈现较为简单的推理过程，缺乏思维含量，比如："我家有4间屋子，厨房、卫生间、卧室和客厅。我的梳子不在卫生间和厨房，也不在睡觉的地方。猜猜我的梳子在哪儿。"还有的学生不知如何编写推理故事。

基于以上调研，通过分析发现：学生在生活中积累了较为丰富的推理经验，他们有着强烈的编写属于自己推理故事的意愿，但是在如何更好地编写推理故事上缺乏经验，需要教师适时的指导和帮助。

基于此，我们制定了本单元的学习目标。

TUKE单元学习目标及学习结果表现

一、TUKE单元学习目标

T 迁移目标

面对新的推理问题时，能够选择恰当的信息，分析信息之间的关系，采用适宜的方式进行推理，并能有意识地把这种推理力应用到学习和生活中。

U 理解目标

经历补充、修改故事的过程，初步习得编写推理故事的策略与方法，增强问题意识，提高提问能力；通过给同伴的推理故事点赞的活动，体会好故事的标准，进一步加深对推理的理解。

K 知能目标

借助生活中简单的事件，初步了解逻辑推理的含义；能够通过分析信息之间的关系，用一定的方法，如连线、列表等手段辅助推理；能够进行有根据的思考、有条理的表达，能读懂他人编写的故事，并编写出符合逻辑的推理小故事。

E 情感目标

在解决自己及同伴提出的问题过程中，获得成功的喜悦，激发对数学学习的兴趣和主动性，感受推理的作用和价值。

二、学习结果表现

①能够结合具体的情境，用自己的语言简单说明什么是推理。

②在解决具体推理问题时能够选择有用的信息，并有根据地分析信息之间的关系，进而借助连线、列表等方式做到有条理地表达自己的推理过程。

③能够选择生活中自己熟悉且感兴趣的素材编写合理的推理故事。

④能够感受好故事的标准。

学生学习的关键问题

依据单元具体概念和学生已有基础，确定了本单元学生学习的三个关键问题，具体如表 6–1 所示。

表 6-1 单元具体概念和对应的关键问题

单元具体概念	关键问题
1. 推理是根据已知信息有依据地得出结果的过程。 2. 利用排除法，通过连线、列表等方式整理信息，分析信息之间的关系，进行推理。 3. 能够全面有序地思考问题，有条有理地表达推理过程。 4. 在解决生活中的实际问题时，有主动推理的意识。	1. 你能解决上一届哥哥姐姐留下的推理故事吗？把你的想法用喜欢的方式表示出来，让别人能看明白。 2. 怎样编写一个合理的推理故事？要想编写一个合理的推理故事，需要注意些什么？你能编写出一个合理的推理故事吗？ 3. 你喜欢哪个推理故事？在你心中好的故事应该有哪些标准呢？

“你能解决上一届哥哥姐姐留下的推理故事吗？把你的想法用喜欢的方式表示出来，让别人能看明白。”这些关键问题在于让学生通过读故事学推理，鼓励学生把自己的推理过程尽可能清晰地表示出来，分析信息之间的关系，并有根有据、有条有理地表达。如果学生能够把自己的思维活动外显，说明他们已经具备了一定的推理能力。

“怎样编写一个合理的推理故事？”这个关键问题在于让学生通过编故事悟推理。“要想编写一个合理的推理故事，需要注意些什么？”这个问题在第二节课学生经历补充不完整的推理故事、修改逻辑有问题的故事后提出，目的是鼓励学生回顾两个学习任务，初步习得编写一个合理故事的策略和方法，即信息和问题完整、信息之间不矛盾、避免出现冗余信息。在此基础上，用“你能编写出一个合理的推理故事吗？”来鼓励学生自己编写故事。

“你喜欢哪个推理故事？在你心中好的故事应该有哪些标准呢？”这些关键问题在于让学生通过赏故事爱推理。在点赞活动中不断帮助学生梳理好故事的标准，让学生进一步理解推理。

单元学习任务

根据学生的年龄特点和学习规律，将上述关键问题进一步分解，同时梳理分析教材中的学习任务，得到了本单元的学习任务序列，进而形成单元结构框架，具体如图 6-1 所示。

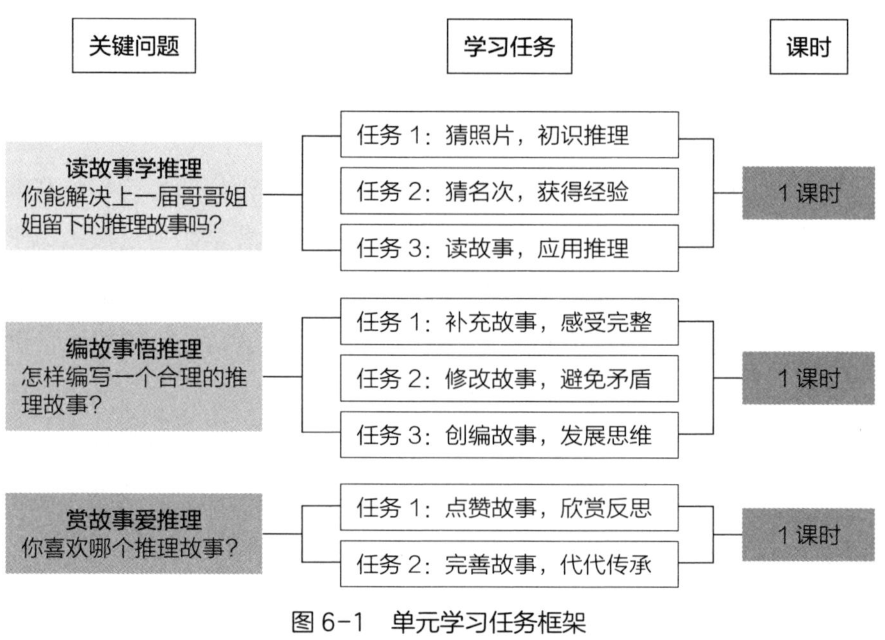

图 6-1　单元学习任务框架

下面具体阐述主要学习任务的设计思路。

一、在阅读推理故事的学习中解决简单推理问题

单元一开始，在初步感受什么是推理后，教师告诉学生这个单元首先要利用上一届哥哥姐姐们自己编写的故事学推理，希望大家学完后也可以独立编写类似的故事，让学生带着浓厚的兴趣开始学习。以上一届哥哥姐姐们编制的推理故事为学习的突破口，很好地激发了学生的学习欲望，使得推理的

学习在润物细无声中展开；同时也让学生体验到“数学就在我的身边，我就在数学之中”，让学生自然而然地喜欢数学，探索数学，增强对数学的兴趣和信心。

第一课时设计了“猜照片”、“猜名次”和“读故事”三个活动，学生初步感受什么是简单的推理，学会用连线、列表等形式帮助推理，能够有理有据地表达自己的推理过程。

二、在编写推理故事的实践中进一步理解推理

结合学情调研的实际情况，为了更好地帮助学生编写出有思维含量的推理故事，第二课时一共设计了三个学习任务。

首先，呈现一个上一级哥哥姐姐编写的不完整的推理故事，让学生在发现问题、补充不同的信息的过程中，明确一个合理的推理故事应该具备的核心要素：信息和问题都要完整。

其次，为了让学生编写的推理故事更符合逻辑，更有思维含量，教师又呈现了一个信息和问题看似完整但信息间有矛盾的推理故事。让学生在修改完善推理故事的过程中感悟：要想让一个推理故事合理，除了信息和问题要完整以外，还得做到信息之间没有矛盾，如果能避免出现冗余信息就更好了。

最后，让学生利用在补充、修改故事两个环节中积累的编写推理故事的经验，来编写自己的推理故事。

至此，我们发现在恰当的指导下，学生兴趣盎然，而且多数学生编写的推理故事合情合理。

三、在对推理故事进行评价的过程中运用逻辑推理

在学生独立编写完推理故事之后，组织学生互相读一读并尝试解决故事中的问题，在此基础上开展“为同学们的推理故事点赞”的学习任务。具

体而言，先在班上展出所有学生编写的推理故事，再分小组进行阅读和点赞。教师引导学生先仔细阅读每个故事，再具体写写你为什么喜欢它，最后总结学生的点赞理由，到底什么样的故事在孩子们心中是好的。活动最后把推选出来的作品让学生带回家装饰，留给下一届的弟弟妹妹们使用。

单元学习评价

依据学生的学习结果，对“能够结合具体的情境，用自己的语言简单说明什么是推理”等简单学习结果的评价，可以借助课后访谈进行考查。对于“在解决具体推理问题时能够选择有用的信息，并有根据地分析信息之间的关系，进而借助连线、列表等方式做到有条理地表达自己的推理过程”，可以借助书上的习题进行考查。对于“能够选择生活中自己熟悉且感兴趣的素材编写合理的推理故事”，可以根据学生编写出来的故事进行评价。对于“能够感受好故事的标准”，可以根据学生给推理故事点赞和写点赞理由的情况进行评价。

评价任务一

学习结果表现 能够结合具体的情境，用自己的语言简单说明什么是推理。

评价任务 单元学习结束后访谈，鼓励学生用自己的语言说说什么是推理。具体见图 6–2 所示学习单。

学完这个单元后，你知道什么是推理了吗？用你自己的语言举例说一说。

教师记录：

图 6-2　评价任务一学习单

评价标准　（见表 6-2）

表 6-2　学生表现及评价量规

等级	A（优秀）	B（合格）	C（仍需努力）
表现	能够在具体的情境中用自己的语言准确表达推理的含义。	基本上能够在具体的情境中用自己的语言较为准确地表达推理的含义。	不能描述什么是推理，或者不能举出例子。

评价任务二

学习结果表现　在解决具体推理问题时能够选择有用的信息，并有根据地分析信息之间的关系，进而借助连线、列表等方式做到有条理地表达自己的推理过程。

评价任务　利用教材中的习题进行评估（见图 6-3）。

1. 欢欢、乐乐和笑笑是三只可爱的小狗。乐乐比欢欢重，笑笑是最轻的。你能写出它们的名字吗？

图 6-3　评价任务二

评价标准 （见表 6–3）

表 6–3　学生表现及评价量规

等级	A（优秀）	B（合格）	C（仍需努力）
表现	能够选择有用的信息准确分析信息之间的关系，借助连线、列表等方式进行推理并得到正确的结果。	能够选择有用的信息，能基本准确分析信息之间的关系并得到结果，但推理的过程不够清楚。	不能选择有用的信息，也不能有依据地分析信息之间的关系，推理过程混乱。

评价任务三

学习结果表现　能够选择生活中自己熟悉且感兴趣的素材编写合理的推理故事。

评价任务　独立编写一个合理的推理故事。

评价标准 （见表 6–4）

表 6–4　学生表现及评价量规

等级	A（优秀）	B（合格）	C（仍需努力）
表现	推理故事合理，信息完整不矛盾，语言表述清晰。	推理故事基本合理，所呈现的信息和问题比较完整，信息之间不矛盾，能够推理出结论，但语言描述不够清晰。	推理故事不合理，所呈现的信息和问题不完整，出现矛盾信息无法推出。

下面是评价任务三中三个等级的学生作品（分别见图 6–4、图 6–5、图 6–6）。

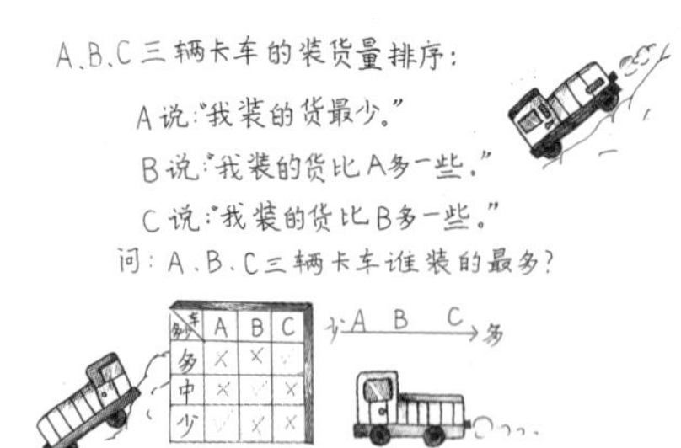

图 6–4　等级（A）

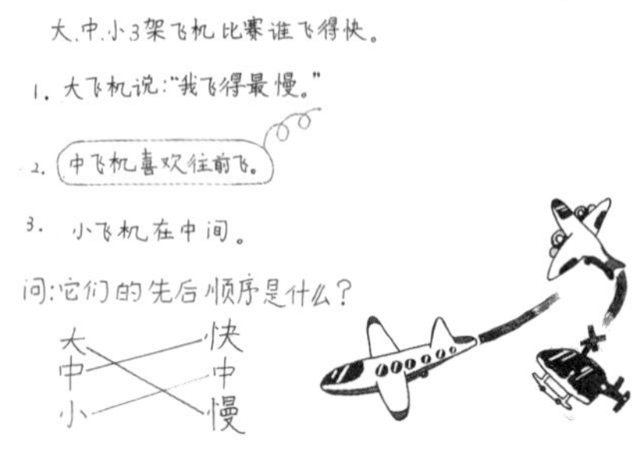

图 6–5　等级（B）

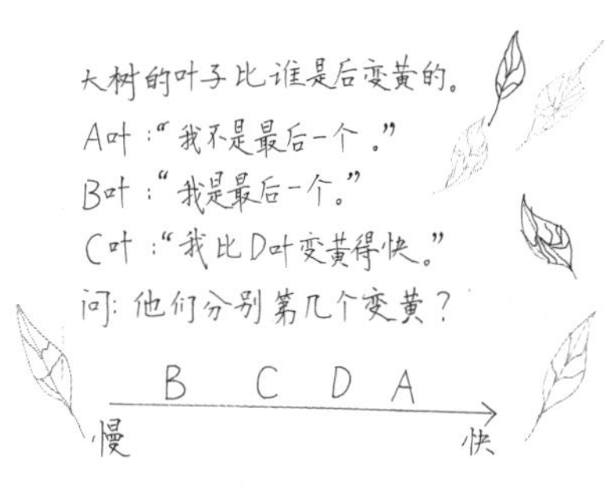

图6-6 等级（C）

评价任务四

学习结果表现 能够感受好故事的标准。

评价任务 给推理故事点赞。素材为课上学生编写的推理故事，形式为小组及班级交流。

评价标准 （见表6–5）

表6-5 学生表现及评价量规

等级	A（优秀）	B（合格）	C（仍需努力）
表现	能够识别出好的推理故事，并能用流畅的语言清晰表达他人作品的优点。	基本能识别出好的推理故事，能用基本流畅的语言清晰表达他人作品的优点。	不能识别出好的推理故事，不能对他人作品的优点进行清晰的表达。

本单元立足学生的生活经验，基于学生的推理基础、好奇心和能力发展，借助上一届哥哥姐姐所编写的推理故事学习推理，理解推理的含义，并在编写推理故事、评价推理故事的实践中获得推理能力的发展，激发学生学习的主动性。在整个单元的学习中，学生的兴趣高涨，不断编写、修改、完善、评价推理故事，获得推理能力的发展。单元学习结束后，大家对推理故事编写的讨论仍在继续，像“如何编写好的推理故事？怎样的推理故事算好故事？如何编写思维含量高的推理故事?”，尤其是针对“编写别人解不出来的推理故事”的讨论，持续了好长一段时间，这既体现了运用推理知识编写自己喜欢的推理故事带来的学习热情，也体现了本单元的学习效果。

特色案例

编引思考，悟得推理[①]

本单元设计了三个课时：第一课时是读故事学推理，第二课时是编故事悟推理，第三课时是赏故事爱推理。本案例呈现的是第二课时。

一、课前思考

通过第一课时的学习，借助“猜照片”、“猜名次”和“读故事”等活动，学生对什么是推理有了初步的认识，知道推理是根据已知信息有依据地得出结论的过程；初步感受了推理过程中的大前提、小前提和结论；面对简单的推理问题时，能结合具体的情境选取合适的信息，并借助多种途径分析关系得出正确的结论。同时，受上一届哥哥姐姐们编写的推理故事的启发，学生有了自己编写推理故事的内在需求。但是在具体的教学实践中发现：学完第一课时，直接放手让学生来编写推理故事，对学生而言难度较大。基于此，为了引导学生编出自己满意的推理故事，我们设计了第二课时，通过“补充不完整的推理故事”和“发现矛盾，修改推理故事”两个活动，让学生进一步明确推理故事中的信息和问题要完整，信息之间没有矛盾，避免冗余信息；在此基础上，依托先期积累的经验和知识，开始推理故事的创编。下面就是借助故事创编培养学生推理能力的教学实践。

① 作者：北京市东城区教育科学研究院王彦伟，北京市东城区史家胡同小学侯宇菲、左明旭。

二、课堂写真

镜头一　修改推理故事《猜猜大树年龄》

上课伊始，教师呈现了一个上一届学生编写的推理故事《猜猜大树年龄》。学生通过阅读发现：这个故事不完整，没有办法猜测大树的年龄，故事如图 6-7 所示。

图 6-7　学生推理故事作品《猜猜大树年龄》

那该怎么办呢？借助这个认知冲突，激发学生给这个不完整的推理故事补充信息的兴趣。能补充哪些信息呢？这个问题引发了学生参与的热情。学生通过小组合作，补充了不同的信息，将这个推理故事变得有趣又合理。

师　大家有想法了吗？我们一起来交流一下。

生 1　我补充的信息是——乙说："我的岁数是 18 岁。"

师　补充的这个信息可以吗？

生 2　这个信息补充得真好，借助这个信息，我就能推理了。这样知道乙是 18 岁了，而甲又不是最大的，所以，我知道甲 19 岁了。再结合题目中信息，丙就是 20 岁了。

生3　我和她想的不一样。我补充的信息是——乙说："我的岁数不是最大的，也不是最小的。"大家觉得我补充的信息可以吗？你们现在能推算出它们的年龄了吗？

生4　你补充的这个信息更有意思了，虽然不能直接看出乙的岁数，但是结合题目中的信息也能推理。既然它们三个的岁数分别是18岁、19岁、20岁，那么，根据乙不是最大的也不是最小的，一下就知道乙是19岁了。

生5　你分析得真好，这个虽然复杂了一点儿，但是更有意思了，需要我们找准信息，然后通过仔细的分析才能正确地推理出来。

师　大家真会推理，不仅找到了关键的信息，而且借助信息之间的关系做出了合理的判断，真了不起！

生6　这是我补充的信息——乙说："我的岁数不是最大的，但我比甲大。"

生3　你补充的信息感觉比我的要复杂，更有意思了。

生7　这次的信息不能直接得出结论了，我们要结合题目中的信息，还有甲说的话和补充的信息才能判断。

生8　我推出来了。既然甲不是最大的，乙也不是最大的，那丙就是最大的，丙就是20岁，甲和乙就是18岁和19岁了。又知道乙比甲大，所以乙是19岁，甲是18岁。

……

给推理故事补充信息的活动让学生结合自己的知识和经验，补充合适的信息，发挥了学生的主观能动性，也满足了他们的好奇心。在补充信息的过程中，学生深刻地体会到了信息完整的重要性。学生在补充信息的过程中也体会到，补充的信息不同，得出的结论也不同，采取的解决方法和途径也不同；关联的信息越多，越不容易推理，但会越有意思。同时，在反思交流的过程中，学生也进行了更加深入的思考，参与推理的兴趣也更加浓厚了。

镜头二　修改推理故事《比赛跑步》

在学生明确了合理的故事要做到信息完整后，教师又呈现了一个上一届学生编写的推理故事《比赛跑步》。这个故事的信息和问题是完整的，但是信息之间有矛盾，具体故事如图 6-8 所示。

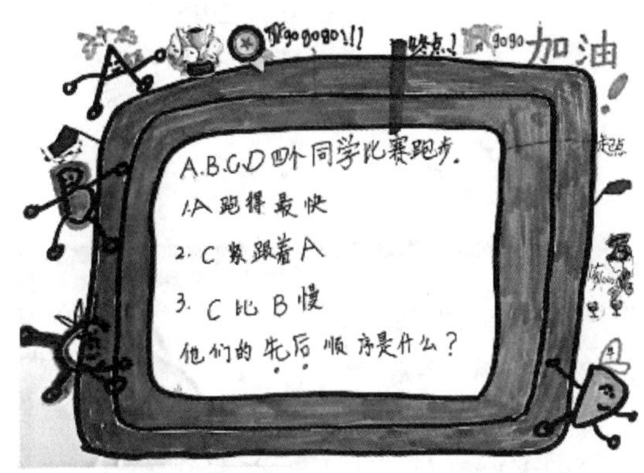

图 6-8　学生推理故事作品《比赛跑步》

师　　老师给你们准备了A、B、C、D四张卡片，你们可以一边读题，一边摆一摆、排一排。（学生尝试独立解决问题，很快很多学生发现了问题，纷纷举起了“小问号”卡片①。）

生 1　我觉得他没有说D是什么情况。

生 2　第一条信息说A跑得最快，所以A就在最前头；他又说C紧跟着A，C就应该跟在A后面。第三条说，C比B跑得慢，可是A和C是挨着的，B就不可能插进去了呀。

生 3　对，B没地儿放了！

生 4　D也没地方放呀！

师　　同学们认真关注了每一条信息之后，发现前后信息之间发生矛盾了，怎么办？

① 活动来自老师和学生的约定，即当学生们产生问题时，就可以举起“小问号”卡片。

此时全班学生已达成共识，要修改信息。学生在推理这个故事的过程中，通过借助手中的直观学具排一排，很快发现了故事前后逻辑出现了问题。发现问题的过程也是学生思考和推理的过程。

随后学生独立思考，在自己的学习单上进行信息的修改。修改完之后继续用手中的卡片摆一摆，检查改编后的故事逻辑是否合理，是否可以顺利推理出四个人的先后顺序。课堂上呈现了三大类故事改编的结果。

修改 1（见图 6-9）：

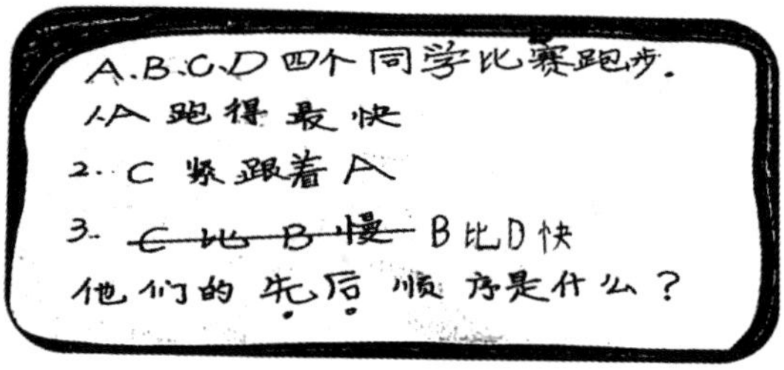

A.B.C.D 四个同学比赛跑步.
1.A 跑得最快
2. C 紧跟着 A
3. ~~C 比 B 慢~~ B 比 D 快
他们的先后顺序是什么？

图 6-9 学生修改后作品 1

对于这个改编，全班学生都很认可。

修改 2（见图 6-10）：

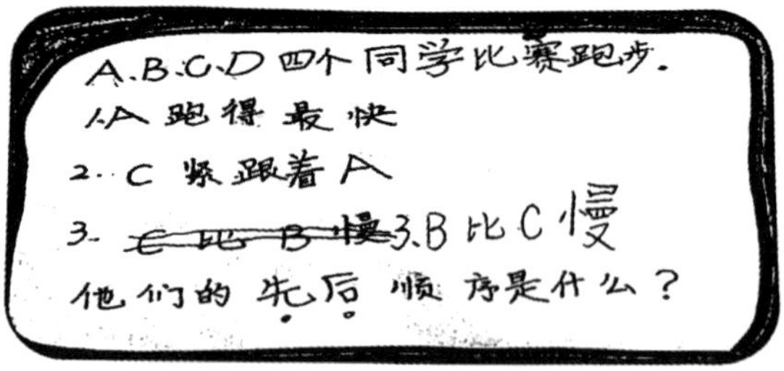

A.B.C.D 四个同学比赛跑步.
1.A 跑得最快
2. C 紧跟着 A
3. ~~C 比 B 慢~~ 3.B 比 C 慢
他们的先后顺序是什么？

图 6-10 学生修改后作品 2

对于这个改编，师生展开了激烈的讨论。

师　A和C的位置还是没变，怎么有这么多“小问号”？

生5　这条信息补充的是B比C慢，C在A的后面，B一定是在A后面，但是还有一个D。如果B在D的前面也是在C的后面，如果B在D的后面也是在C的后面。

生6　他这个说来说去D还是不知道在哪。

师　还是不能确定B和D的位置，看来他这么补充不合适。能不能在他的基础上再添点什么，让它变得合理了？

生7　D最慢。

至此，全班学生都认可了这个修改（见图6–11）。

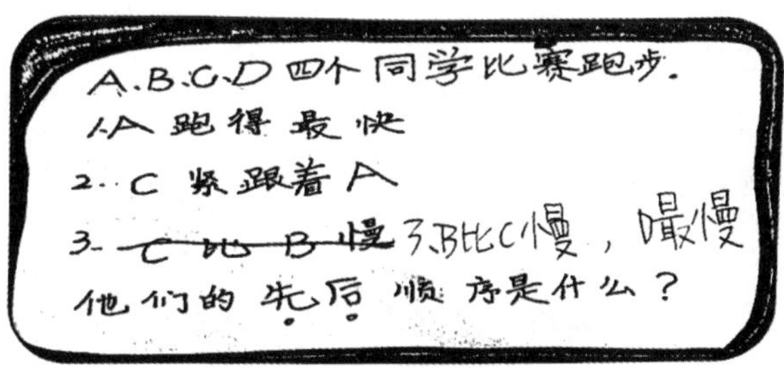

图6–11　学生修改后作品3

修改3（见图6–12）：

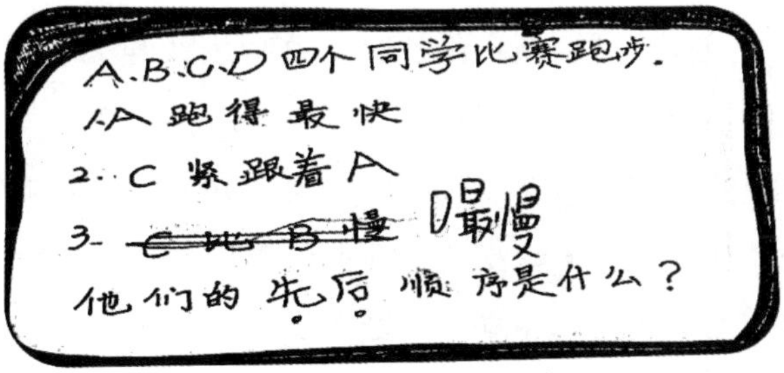

图6–12　学生修改后作品4

师　还有一位同学和我们刚才补充的特别像，他修改的也是第三条，看看两个有没有区别。

生8　他比之前少了一个“B比C慢”。

生9　他们两个的结果是一样的，只不过说法不一样。

生10　他们两个描述的都是一个信息，不过第一个同学那个描述多了半句话（见图6-11），有点麻烦。

生11　“B比C慢”我觉得是不用的，因为B肯定比C慢，C是紧跟着A的。

学生在教师分层次的引导下发现：要想让一个推理故事合理，除了信息和问题要完整以外，还得做到信息之间没有矛盾，尽量避免出现冗余信息。在修改、补充和不断完善信息的过程中，教师有意识地引导学生感受如何编写一个合理的推理故事。

镜头三　独立编写推理故事

该环节需要学生独立编写一个推理故事。首先给学生提供一些独立创作的时间，在一段悠扬的音乐声中学生开始进行创作。

学生完成故事的编写后，先自己进行推理看看是否合理，然后教师组织同桌互换，看看能否解决对方的问题，并把自己认为不错的好故事在全班进行展示。

在学生独立创作、同伴交流之后，教师组织全班学生进行分享和交流。以下几个作品当堂进行了展示（见图6-13）。

编一个合理的推理故事对二年级学生来说并不是件简单的事情。经过本节课的教师指导和师生、生生交流，我们欣喜地看到所有学生都编写出了推理故事，大部分学生的故事合理并生动有趣。

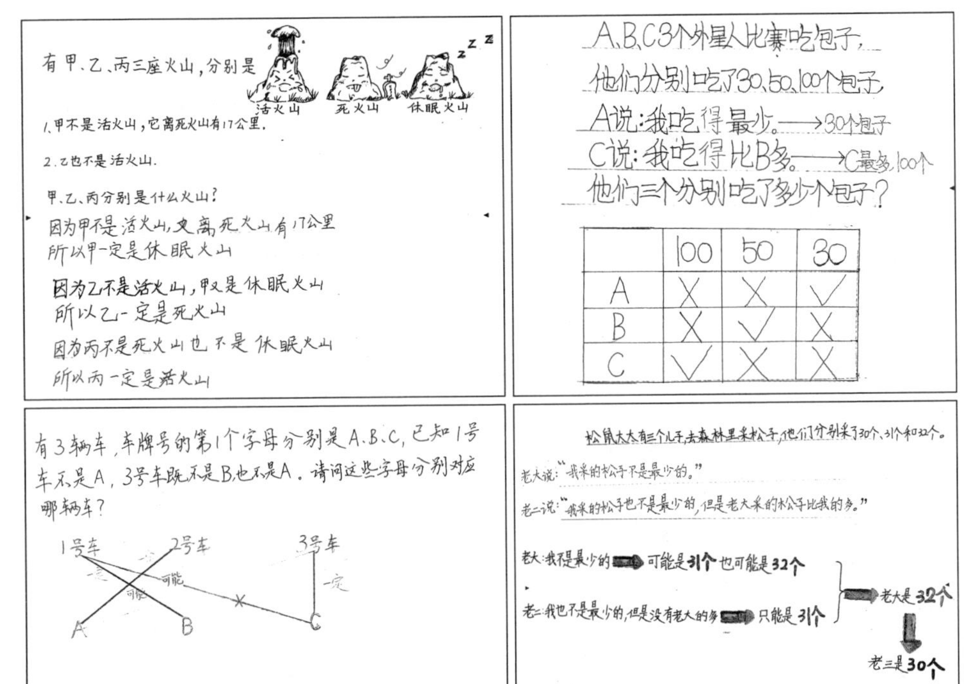

图 6-13　学生编写的推理故事

第七章

“认识三角形和四边形”单元：用儿童问题引领图形的学习①

① 作者（单元整体设计）：北京市海淀区实验小学陈丹萍、边靖。

“认识三角形和四边形”是四年级下学期的重点单元。这个单元所积累的图形研究的经验，可以迁移到之后的其他平面图形和立体图形的学习中。在以往的教学中，教师在该单元会安排大量的直观操作活动，引导学生细致地认识图形。但单元学习之后，学生对图形的认识碎片化，缺乏系统性，认识新图形时缺乏研究的视角。这样的现象引起我们的深思：图形认识究竟该认识些什么？学生对三角形和四边形有哪些好奇？如果用他们感兴趣的问题来引领整个单元，又将是怎样的学习路径？

在“问题引领学习”课题的指引下，我们对这个单元进行了整体设计与实践，开始尝试一种新的学习方式——以学生兴趣为中心的问题引领学习，即：基于兴趣，动态架构单元学习的内容框架；利用兴趣，生成问题空间引领深度学习；保护和延展兴趣，促进学习思考持续发生。

单元具体概念及学生分析

一、单元具体概念

本单元力求体现如下单元具体概念，并运用这些概念统领单元学习任务。

概念 1　用分类、分析的方法研究平面图形各要素之间的关系和图形之间的关系。

在“同中求异”和“异中求同”的分类过程中，学生既要关注图形中的共性，也要关注图形中的差异。不断地制定标准、遵循标准分类，就是不断地从直观图形中抽象出特征的过程。而分析主要是对图形各要素之间关系、图形与图形之间关系的分析，这也是多角度刻画图形的过程，从而将对一种图形的认识方法自主迁移到另一种图形上，这是高于知识本身的一种升华。

概念 2　通过观察、操作确认、度量计算、推理等活动，能进行对图形特征的猜想，并尝试验证。

在分析图形的特征时，基本的思维过程是“猜想—验证”。通过观察、操作确认、度量计算等可以获得对图形特征的猜想，然后尝试进行验证。获得图形认识的学习经验，需要置身于实践活动之中，在多次研究过程中不断反思积累。因此，提供可操作的、具有思维深度的实践活动必不可少。

概念 3 **活动过程积累的学习经验能发展空间观念和推理能力，并为实现迁移提供解决问题的知识、思维方法和图形直观。**

这一点阐明了本单元学习的重要价值，学生将在迁移运用图形的知识、思维方法、图形直观等解决问题的过程中体会研究的价值。比如，可以利用三角形的内角和来推理多边形的内角和，利用三角形三边的关系来猜想四边形中的关系，还可以运用所学内容来探索密铺中的问题……。在这些迁移的过程中，学生逐步感受到图形研究的内涵与价值。

二、学生分析

在四年级第一学期结束的时候，我们为四（7）班的 42 名学生设计了一个寒假活动——“图形总动员”（见图 7–1）。这个活动为什么叫“图形总动员”，而不是“三角形和四边形总动员”，是缘于对这个单元地位的思考。

图形总动员

【活动一】
生活中有很多图形，仔细找一找、看一看、摸一摸，你有什么感觉？想到了什么？
【活动二】
动手画一画、做一做、玩一玩，你又有什么感觉？又想到了什么？
【活动三】
经历了以上两个活动，相信你一定有了一些想法，可以记录在下面的表格里。

我的发现（或我的好奇）	
我最感兴趣（或认为最值得研究）的问题	
我提出这个问题的理由	

图 7–1　寒假活动单

如前所述，本单元是学生系统刻画平面图形的开始。作为起点，我们想先设计一个“宽口径”的活动，学生经历“活动一”和“活动二”，分别通过观察和操作，初步感知各种图形的特征，积累感性经验；“活动三”则是基于前两个活动的理性思考，培养学生的问题意识，同时也便于教师发现学生的兴趣点。期待这样的活动体验能为学生的后续学习埋下好奇的种子。

通过收集学生作品，我们有以下发现。

1．学生作品视角丰富，其兴趣点大多与生活体验息息相关

如图 7–2 所示，学生的作品中有制作的立体图形，也有画出和剪出的平面图形；有研究单一图形的，也有研究组合图形的。其中的“八角飞镖”是学生用 8 个平行四边形组合而成的，通过抽拉奇妙地将“八角飞镖”变成 1 个正八边形（如图 7–2 作品中的右下图所示）。可见，学生的兴趣不局限于书上的图形，这些丰富的作品源于他们的生活、实践与思考。

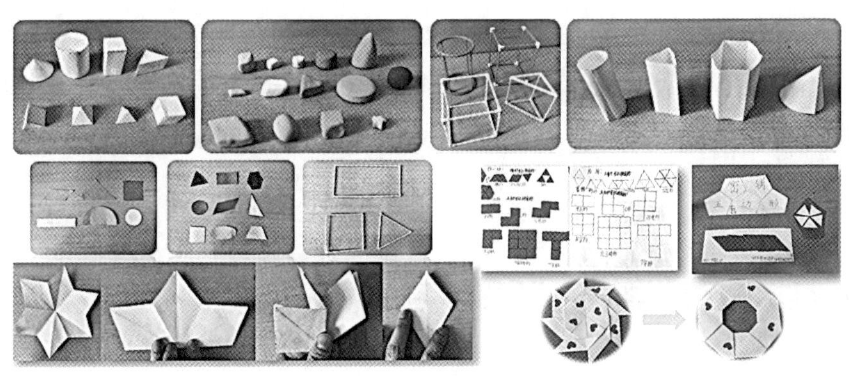

图 7–2　学生作品

2．学生好奇的问题丰富多样

经统计，我们收集到的学生好奇的问题共有 86 个，去重之后有 70 个。学生好奇的问题几乎涵盖了单元学习的所有内容，又超出了单元的学习内容。通过分类分析发现，这些问题主要聚焦于两个方面，即特征类与关系类（见图 7–3）。

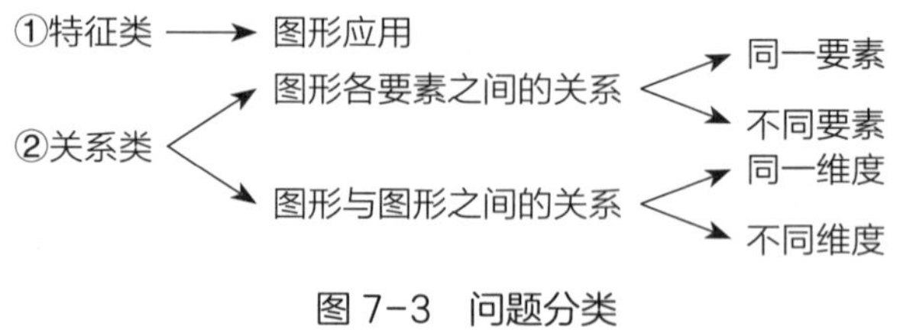

图 7-3　问题分类

特征类问题大多源于生活应用，如“为什么纸币是长方形?”“我的老家爱下雪，那里的屋顶都是三角形状的，仅仅是为了好看吗?”等问题。

关系类的问题主要分为两类。有研究图形各要素之间关系的，如“三角形的角之间有什么关系?”这一问题关注了同一要素之间的关系；“三角形的角大所对的边也长吗?”这一问题则关注了边和角这两个不同要素之间的关系。也有研究图形与图形之间关系的，如“为什么正方形能被拉成一个平行四边形?”，这是关于同一维度的问题；“哪些立体图形展开后的平面图形是规则的? 哪些是不规则的?”，这一问题反映了学生在展开与折叠的操作活动中关注到了二维和三维图形之间的关系。

从调研的情况看，学生视角下的图形研究尽管有些散乱，但也不失数学的本质，而且显得更有趣味。那如何基于兴趣，用问题引领学生结构化地学习呢? 这对我们而言是一个巨大的挑战，单元整体设计势在必行。

TUKE单元学习目标及学习结果表现

一、TUKE单元学习目标

T　迁移目标

在遇到新图形时，有利用分类和分析的方法研究图形各要素之间的关系以及图形之间的关系的意识，并且能够进行合理尝试。

U 理解目标

经历图形分类、探索图形特征等过程，体会到分类与分析是认识图形的主要途径；通过观察、操作确认、度量计算等，猜想并验证图形的特征及图形之间的关系。

K 知能目标

认识三角形、平行四边形和梯形的特征，了解三角形、四边形的分类情况，通过探索三角形的内角和、三边关系，进一步发展直观想象与推理能力。

E 情感目标

感受用问题引领进行图形探究的乐趣与价值，获得勇于探索、乐于分享的情感体验，体会数学与生活的联系，提高学习数学的兴趣。

二、学习结果表现

①能通过分类研究图形与图形之间的关系，正确辨认三角形、平行四边形与梯形。

②能自主探索三角形的内角和规律，用自己的方法说明三角形内角和是180°的道理。

③能根据三角形内角和是180°，已知两个内角的度数，求出第三个内角的度数。

④能自主探索三角形的三边关系，通过算一算、画一画等方式表达所发现的规律。

⑤能根据提供的三条线段的长度，判断其是否能围成三角形。

⑥能运用所学知识初步解释生活中的一些现象，认识到三角形的稳定性，感受数学与生活的紧密联系。

⑦在遇到有关图形的新问题时，能运用本单元所积累的图形研究经验进行合理尝试。

学生学习的关键问题

在单元具体概念的指引下，我们确定了学生学习的四个关键问题（见表7-1）。

表 7-1 单元具体概念和对应的关键问题

单元具体概念	关键问题
1. 用分类、分析的方法研究平面图形各要素之间的关系和图形之间的关系。 2. 通过观察、操作确认、度量计算、推理等活动，能进行对图形特征的猜想，并尝试验证。 3. 活动过程积累的学习经验能发展空间观念和推理能力，并为实现迁移提供解决问题的知识、思维方法和图形直观。	1. 如何对图形进行分类? 2. 什么是三角形和四边形? 3. 三角形的三个角、三条边之间有什么关系? 4. 你有什么新发现?

“如何对图形进行分类?”这个问题，是学生在收集和制作了多个图形后，有了分类需求后自然产生的。不断地制定分类标准、遵循标准分类的过程，也是从多角度刻画图形特征的过程，从而感受分类对于图形认识的价值。

“什么是三角形和四边形?”这个问题是学生在对图形分类后，对组成图形的要素（如边、角）有了新的认识后产生的，体现了从边的数量多少、角的大小、边的位置关系等方面进一步认识三角形和四边形。

“三角形的三个角、三条边之间有什么关系?”这个问题，是基于对三角形的探索所设计的。图形分类之后，我们就要对每一类图形展开具体的分析。由于学生在分类时有了对图形要素的初步认识，在探索三角形时也会对角和边这两个基本要素进行分析。

“你有什么新发现?”这个问题的设计意在鼓励学生的好奇心，发展自主学习能力。学生感兴趣的问题可以来源于“图形总动员”活动中，也可以来源于课中或课后的思考。随着研究的深入，可以对感兴趣的问题做必要的补充，让学生不断地发现和提出问题、分析和解决问题，提高图形研究的能力。

以上四个关键问题体现了以学生兴趣为中心的问题引领单元学习的特点，即更加突出学生的自主学习能力，鼓励学生自己提出问题、自己规划学习路径，并以此引领整个单元的学习。

单元学习任务

本单元把学生感兴趣的问题作为一种资源，对于学生共同感兴趣的问题，利用课上的时间组织讨论；对于个性化的问题，会采用小讲堂、问题本等方式为学生搭建个性研究和交流的平台。因此，本单元学习任务框架有机联结了关键问题和学习内容，动态架构而成（见表 7–2）。

表 7–2　单元学习任务框架

<table>
<tr><th>关键问题</th><th>学习内容</th><th>学习任务</th><th>课时</th></tr>
<tr><td rowspan="4">1. 如何对图形进行分类?</td><td rowspan="2">准备课</td><td>任务 1：问题分类梳理</td><td rowspan="2">1</td></tr>
<tr><td>任务 2：规划学习路径</td></tr>
<tr><td rowspan="2">图形分类</td><td>任务 3：学生作品第一次分类</td><td rowspan="2">1</td></tr>
<tr><td>任务 4：聚焦平面图形再次细分</td></tr>
<tr><td rowspan="4">2. 什么是三角形和四边形?</td><td rowspan="2">三角形分类</td><td>任务 5：尝试按角分类，给三角形起名字</td><td rowspan="2">1</td></tr>
<tr><td>任务 6：尝试按边分类，给三角形起名字</td></tr>
<tr><td rowspan="2">四边形分类</td><td>任务 7：探索四边形的分类</td><td rowspan="2">1</td></tr>
<tr><td>任务 8：绘制四边形关系图</td></tr>
</table>

续表

关键问题	学习内容	学习任务	课时
3. 三角形的三个角、三条边之间有什么关系?	三角形内角和	任务 9：自主探索三角形内角和	3
		任务 10：揭秘三角形内角和	
		任务 11：内角和分享会	
	三边关系	任务 12：任选纸条围三角形	2
		任务 13：三角形的三条边有什么关系	
4. 你有什么新发现?	生活应用	任务 14：探索稳定性	1
		任务 15：图形应用大揭秘	

下面具体阐述主要学习任务序列的架构过程及设计思路。

一、作品分享为图形研究规划学习路径

寒假的“图形总动员”活动涌现出丰富的学生作品，除了从中发现学生的兴趣之外，还能为图形分类积累必要的直观经验。

我们对众多作品进行筛选，举办作品展（见图 7-4）。学生可以与作品进行近距离的接触，看一看、玩一玩、想一想，与小伙伴分享交流自己的想法。有了这种亲身体验，当被问及“这么多图形该如何研究?”时，学生自然而然就想到了图形分类。他们先直接分出了立体图形和平面图形两大类，再聚焦平面图形按组成图形的个数进行二次分类，又分出了基本图形和组合图形。学生意识到组合图形都是由基本图形构成的，所以便有了先研究基本图形的愿望。他们主动对基本图形进行分类，再对某一类图形进行具体分析，初步规划了图形研究的学习路径。

图 7-4　作品分享

二、学生兴趣是任务设计的重要来源

从最初学生提出的问题来看，学生的兴趣点是离散的，教师需要带领学生对问题进行分类梳理与学习规划，把适合学生目前学习水平的问题规划在“当下问题库”，把不太适合目前学习水平的问题规划在“未来学习库”。

比如，“为什么通过物体的三视图就能知道物体的外观?”这个问题不太适合学生目前的学习水平，可以规划在“未来学习库”。而涉及稳定性的问题原本是图形分类这一课时的内容，学生在对问题分类时自觉地将它纳入了生活应用，所以我们选择顺应学生的想法，将它后置。

再如“三角形内角和”问题，大多数学生的兴趣点已不再是“三角形内角和是多少度?”，而是“如何验证三角形内角和是 180°?”。为了满足他们的这份好奇心，我们特意给探索三角形的内角和安排了三个学习任务，放手让学生自主探索三角形的内角和，鼓励学生揭秘三角形内角和，开展内角和分享会。

然而，令人遗憾的是，关于三角形的三边关系的问题开始无人提及，通过访谈我们了解到，学生普遍认为只要有三条线段就能围成三角形。通过备课组老师们的热烈讨论，我们决定先不着急，要相信学生，这个问题一定会在单元学习的过程中自然生长出来。果然，在“图形分类”这一课上，学生根据图形的特征尝试分类，并提出了很多值得思考的问题。其中有个学生在课桌上想用橡皮、铅笔和尺子摆一个三角形，却发现怎么也摆不成。这个失败反倒让他们小组的同学开始关注起三角形边的关系，并把这个问题贴到了黑板上，引起了全班的思考，我们期待的“三边关系”就这样产生了（见图 7–5）。

需要补充说明的是：当“图形分类”逐级进行到给三角形分类后，学生对给四边形分类也跃跃欲试，所以我们把后面的“四边形分类”前置了，这便是“图形分类”的三个课时（对应的学习内容为“图形分类”“三角形分类”“四边形分类”）的由来（见表 7–2）。

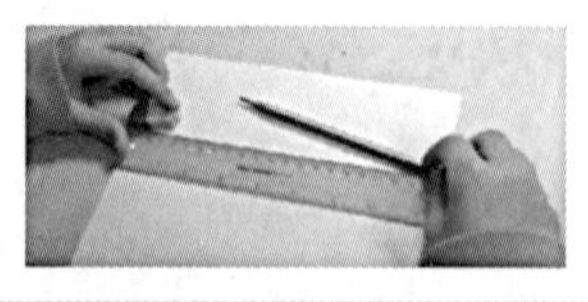

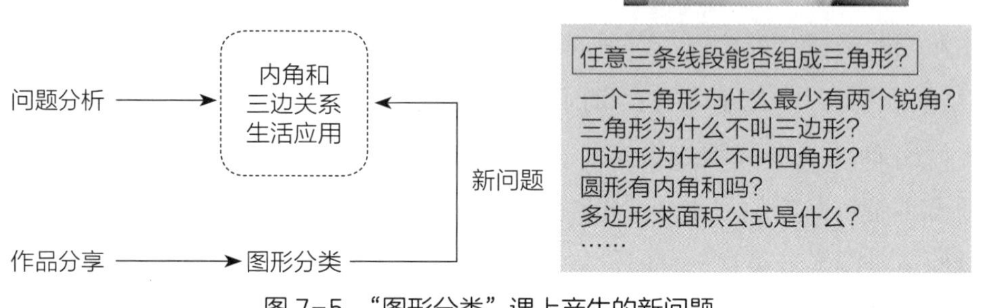

图 7-5 “图形分类”课上产生的新问题

三、问题引领让学习思考持续发生

教师为学生营造氛围、搭建平台，保护学生的兴趣，使学生带着问题走入课堂，再带着问题走出课堂，让问题促进学生的学习思考持续发生。本单元的教学正是基于这样的学习方式展开的，下面介绍两个例子。

1. 课上鼓励学生提问，拉长探究过程

在“三角形分类”这节课上，学生按角分类后尝试给三角形起名字，我们意外地收获了“锐锐锐三角形、直锐锐三角形、钝锐锐三角形”这样的名字。顿时，班里有了各种各样的声音：“每个名字里都有‘锐锐’，那‘锐锐’可不可以去掉?”“如果把两个锐角抵消掉，用剩下的那个与众不同的角作为这类三角形的名字不是更简洁吗?”“为什么每个三角形中都有两个锐角?”“三角形的三个角之间究竟有什么关系?”这里，我们拉长探究过程的做法显得格外有意义，学生一次又一次的追问点燃了他们学习的热情，也让他们一步步接近数学的本质。

2. 课后持续思考，将问题本作为共享资源

每一个学生都有一个活页本作为自主研究的问题本（见图 7–6）。问题

本在整个单元的学习进程都伴随着大家，深受全班学生的喜爱。教师和学生约定，一页就写关于一个问题的思考，如果后续对这个问题有新思考，可以在本页或者附页续写，这样就能看出自己思维的进阶。活页本的好处是可以随时调整页码顺序，学生可以对自己每一页研究的问题进行分类梳理，将同类问题放在一起。

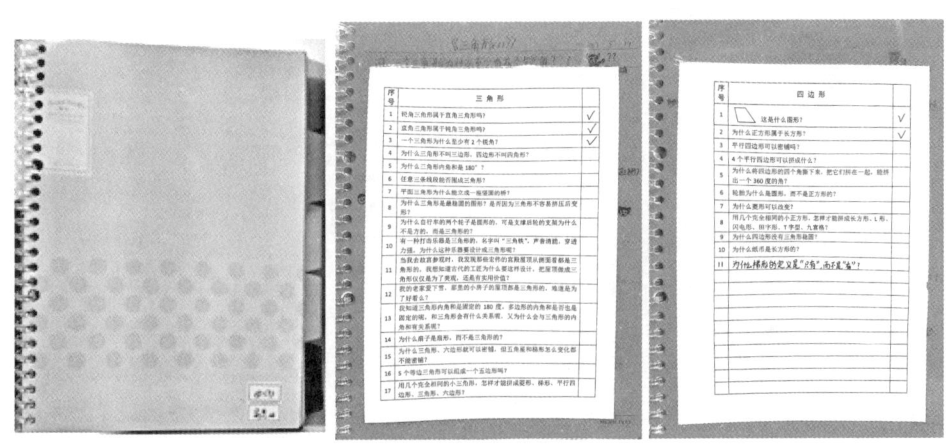

序号	三角形	
1	锐角三角形属于直角三角形吗？	√
2	直角三角形属于钝角三角形吗？	√
3	一个三角形为什么至少有 2 个锐角？	√
4	为什么三角形不叫三边形，四边形不叫四角形？	
5	为什么三角形内角和是 180°？	
6	任意三条线段能否围成三角形？	
7	平面三角形为什么能立成一座坚固的桥？	
8	为什么三角形是最稳固的图形？是否因为三角形不容易挤压后变形？	
9	为什么自行车的两个轮子是圆形的，可是支撑后轮的支架为什么不是方的，而是三角形的？	
10	有一种打击乐器是三角形的，名字叫"三角铁"，声音清脆，穿透力强，为什么这种乐器要设计成三角形呢？	
11	当我去故宫参观时，我发现那些宏伟的宫殿屋顶从侧面看都是三角形的，我想知道古代的工匠为什么要这样设计，把屋顶做成三角形仅仅是为了美观，还是有实用价值？	
12	我的老家爱下雪，那里的小房子的屋顶都是三角形的，难道是为了好看么？	
13	我知道三角形内角和是固定的 180 度，多边形的内角和是否也是固定的呢，和三角形会有什么关系呢，又为什么会与三角形的内角和有关系呢？	
14	为什么扇子是扇形，而不是三角形的？	
15	为什么三角形、六边形就可以密铺，但五角星和梯形怎么变化都不能密铺？	
16	5 个等边三角形可以组成一个五边形吗？	
17	用几个完全相同的小三角形，怎样才能拼成菱形、梯形、平行四边形、三角形、六边形？	

序号	四边形	
1	这是什么图形？	√
2	为什么正方形属于长方形？	√
3	平行四边形可以密铺吗？	
4	4 个平行四边形可以拼成什么？	
5	为什么将四边形的四个角撕下来，把它们拼在一起，能拼出一个 360 度的角？	
6	轮胎为什么是圆形，而不是正方形的？	
7	为什么菱形可以改变？	
8	用几个完全相同的小正方形，怎样才能拼成长方形、L 形、闪电形、田字形、T 字型、九宫格？	
9	为什么四边形没有三角形稳固？	
10	为什么纸币是长方形的？	
11	为什么梯形的定义是"只有"，而不是"有"？	

活页本　　　　隔页纸（问题目录）

图 7-6　问题本样例

每一期的优秀问题本都会在班级的图书角展出（见图 7–7），课余时间学生可随意借阅。学生常常驻足品读，甚至席地而坐，久久不愿离去。

图 7-7　学生借阅问题本

学生的问题本内容（见图 7–8 至图 7–11），图文并茂，呈现直观；数学故事，妙趣横生；教师留言，促进学生深入思考；学生互动有质疑、困惑、回应、点赞；还有学生自主设计可参与研究的体验式资料包。这些都是学生的原创作品，因此他们看得兴趣盎然！正如学生所说——问题带来美好的一天……

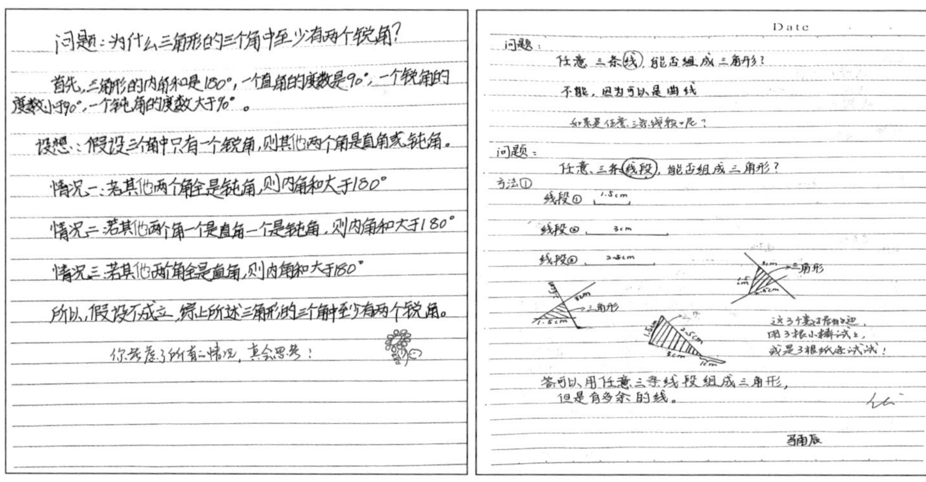

图 7–8　问题本：教师批语互动　　图 7–9　问题本：教师留言，促进学生思考

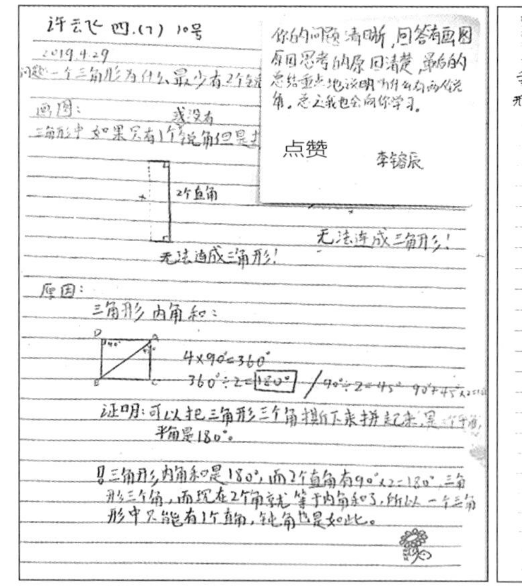

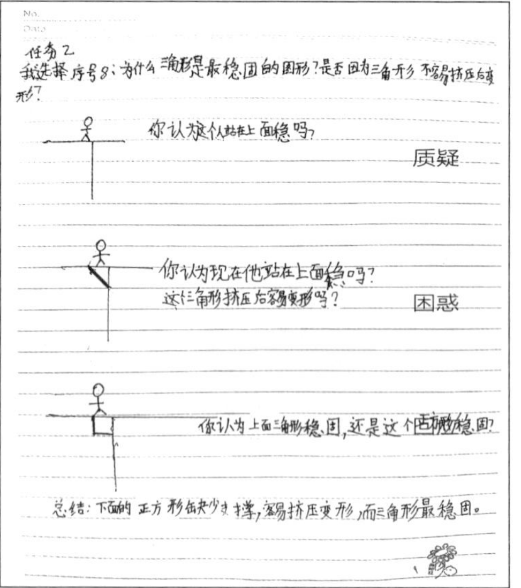

图 7–10　学生留言交流

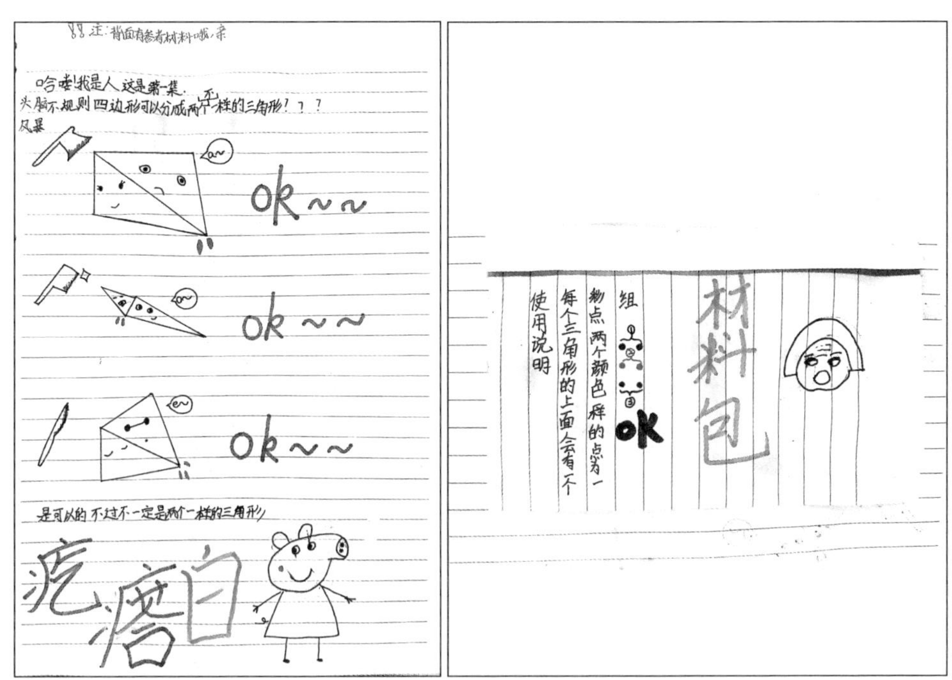

图 7-11　学生自主设计可参与研究的体验式材料包

单元学习评价

依据学生的学习结果表现，对于“图形辨认、内角和的相关计算、判断三条线段能否围成三角形”等学习结果的评价，可以借助书上的习题进行。对于本单元的重要内容，如探索内角和、三角形三边关系以及迁移目标的实现，将重点设计评价任务和评价标准进行考查。其中，既可以在课堂中利用课堂观察、互动交流、学习任务单等对学生的学习表现进行即时评价，也可以在学习后用纸笔测试、访谈等形式对学生的学习情况进行评价。

评价任务一

学习结果表现 能自主探索三角形的内角和规律，用自己的方法说明三角形内角和是 180°的道理。

评价任务 用你喜欢的方法来说明三角形的内角和是 180°，你能想到几种方法？

评价标准 （见表 7–3）

表 7–3 学生表现及评价量规

等级	A（优秀）	B（合格）	C（仍需努力）
表现	不仅能用量、撕、折等动手操作的方法，还能借助长方形、正方形或三角形进行推理，来说明三角形内角和是 180°的道理。	能用量、撕、折等动手操作的方法，来说明三角形内角和是 180°的道理。	不能说明三角形内角和是 180°的道理。

评价任务二

学习结果表现 能自主探索三角形的三边关系，通过算一算、画一画等方式表达所发现的规律。

评价任务 可以利用课堂学习中的学习单进行评估，学习单如图7–12所示。

问题：什么样的三条线段能围成三角形？

什么样的三条线段不能围成三角形？

实验：请在表格中记录纸条的长度。

能围成三角形		

不能围成三角形		

结论：______________________________

图 7–12 “三角形三边关系”学习单

评价标准 （见表 7-4）

表 7-4　学生表现及评价量规

等级	A（优秀）	B（合格）	C（仍需努力）
表现	能借助纸条的拼摆和测量数据的计算发现三角形三边关系，并准确表达。	能借助纸条的拼摆和测量数据的计算发现三角形三边关系，但表达不够准确。	不能借助纸条的拼摆和测量数据的计算对三角形三边关系有所发现。

评价任务三

学习结果表现　在遇到有关图形的新问题时，能运用本单元所积累的图形研究经验进行合理尝试。

评价任务　本单元我们研究了三角形和四边形，以后你还想研究哪些图形？你准备怎么研究？

评价标准 （见表 7-5）

表 7-5　学生表现及评价量规

等级	A（优秀）	B（合格）	C（仍需努力）
表现	能用分类、分析的方法研究平面图形各要素之间的关系以及各图形之间的关系，能进行合理的尝试。	有用分类、分析的方法研究平面图形各要素之间的关系以及各图形之间的关系的意识。	缺乏用分类、分析的方法研究平面图形各要素之间的关系以及各图形之间的关系的意识。

以学生兴趣为中心的问题引领学习，真实地还原了学习的本来面目，也促使教师和学生对大家提出的问题进行梳理与分析，并尝试用问题来引领完成单元学习任务。在不断发现和提出问题、分析和解决问题的过程中，我们经历过“山穷水尽”的失落，更体验过“柳暗花明”的欣喜。用问题引领思考，渐渐走向数学的本质……

特色案例

激发学生的好奇心，用兴趣引领探索[①]

本案例是单元学习任务框架中任务 9、任务 10 和任务 11 的内容。我们鼓励学生围绕自己好奇的问题进行主动探索，从而发展直观想象与推理能力。为此设计了三课时：第一课时是自主探索三角形内角和，第二课时是揭秘三角形内角和，第三课时是开展内角和分享会。下面与大家分享对这三个课时的思考与实践。

一、课前思考

由于学生在四年级上册“旋转与角”的课后练习中已经撕拼过三角形和平行四边形的角（见图 7–13），再加上很多学生已提前阅读教材，“三角形的内角和是 180°”这件事对本班的学生而言已经不再是秘密。他们的兴趣不是“三角形的内角和是多少”，而是“如何验证三角形的内角和是 180°”。

面对这样的学习现状，我们尊重学生的想法，利用他们真实的兴趣来展开学习活动。第一课时，我们鼓励学生主动探究验证三角形内角和是 180° 的方法。通过调研分析，我们发现学生的想法大致有五种。我们以此制成学习单（见图 7–14），引导学生在学习单上记录自己的想法和问题，并准备素材说明自己的想法。

① 作者：北京市海淀区实验小学陈丹萍、边靖。

5. 分别剪出一个三角形和平行四边形纸片。把三角形的各个角撕下来拼在一起，与同伴说一说，你发现了什么？把平行四边形的各个角撕下来拼在一起呢？

图 7-13　北师大版数学教材四年级上册课后习题

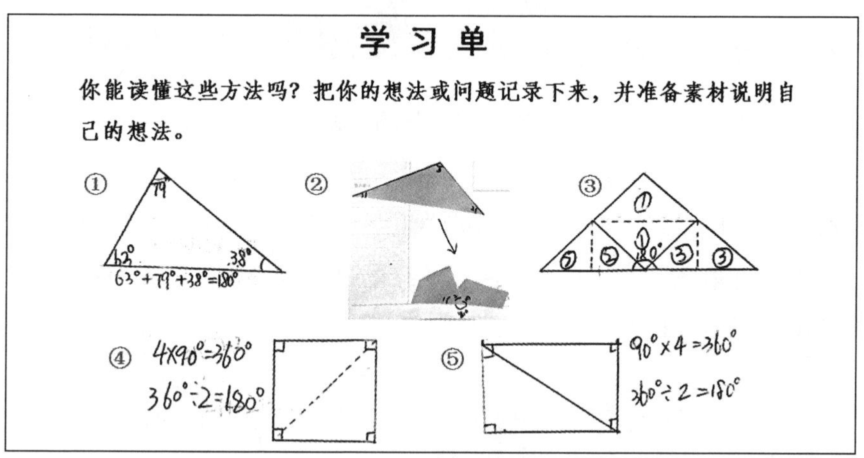

学　习　单

你能读懂这些方法吗？把你的想法或问题记录下来，并准备素材说明自己的想法。

图 7-14　“三角形内角和”学习单

二、课堂写真

镜头一　揭秘三角形内角和

第二课时是揭秘三角形内角和，学生带着对学习单上五种方法（见图 7-14）的思考，先进行小组交流，再做全班分享。关于第①种“量”的方法，有的学生量了自己做的三角形，发现其内角和算出来是 183°，学生普遍认为这种方法容易产生误差，并不“万能”。而对于第②种“撕”的方法，由于四年级上册教材中呈现过，学生均表示认可。

关于第③种折的方法，学生有了一些更深入的思考，下面是交流的片段。

生 1　这个方法对于等腰三角形是可以的，其他三角形也都是往中点折吗？

生 2　我换了个三角形，对着中点就折不上了，究竟该往哪个点折呢？（见图 7–15）

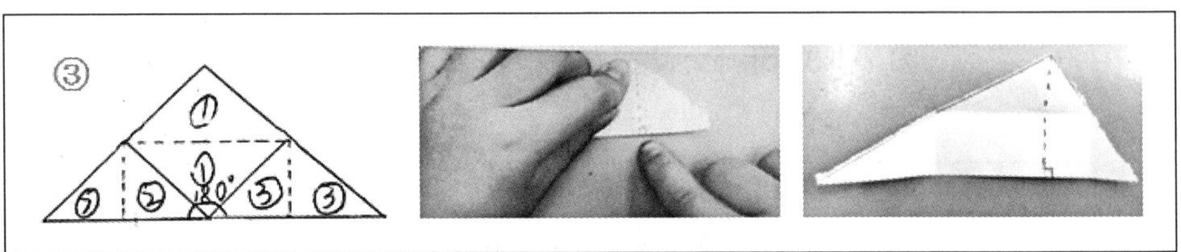

图 7–15　折的方法

通过不断地尝试（见图 7–16），学生终于发现应该往垂足这个点折，同时也发现了直角三角形的巧妙折法。就在全班学生为找到折点而庆贺时，课堂上又出现了不一样的声音。

图 7–16　寻找折点

生 1　要是折起来就差 1°，你们能看得出来吗？

生 2　对啊，有个小细缝就不能算是 180°的平角！

生 3　刚才撕的方法也有同样的问题，你们能确定拼起来的真的是平角吗？

真是一石激起千层浪，学生顿时又陷入了新的思考，他们已不再满足“量、撕、折”的方法。如果说“量”是因为无法避免的误差，那么“撕”和“折”也有可能产生误差。还有什么方法能验证三角形内角和是180°呢？

当学生把视线聚焦在方法④和方法⑤时，课堂中发生了如下一幕：

生1　④⑤两个方法差不多，都是切一半。

生2　虽然都是切一半，但方法④只能说明所有的等腰直角三角形的内角和是180°，而方法⑤能说明所有的直角三角形的内角和是180°。

生3　那其他三角形呢，能不能也用切的方法？

生4　用平行四边形试试！

话音刚落，学生就迫不及待地尝试起来。他们利用重合法（见图7-17），发现沿平行四边形对角线切开的两个钝角三角形是完全相同的，这说明它们三个角的大小都是对应相等的，那么内角和也应该相等。所以可以用平行四边形的内角和除以2得到三角形内角和是180°，而得到锐角三角形只要沿另一条对角线切开就可以。

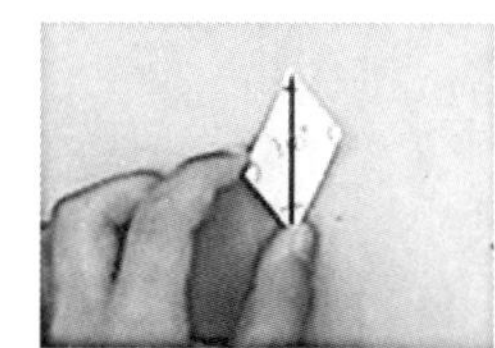
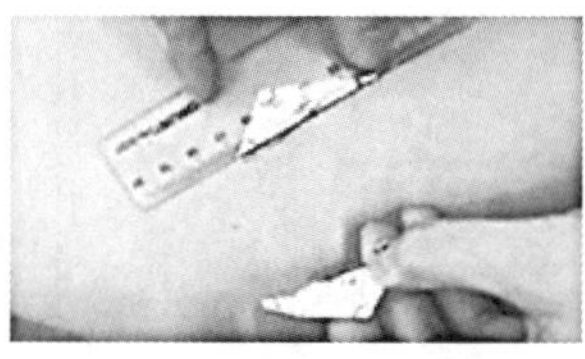

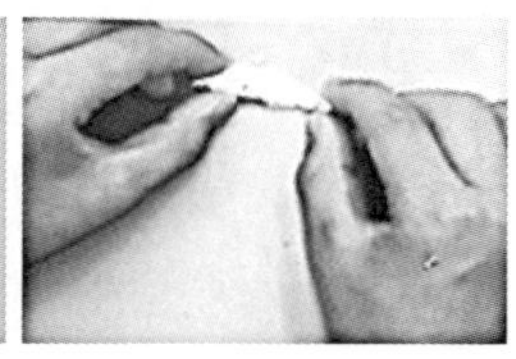

图7-17　切平行四边形

接着，学生又开始质疑平行四边形的内角和，难道也只能用“撕”的办法来验证吗？不仅如此，他们还提出了一些新问题（见图7-18）。我们鼓励学生认领自己感兴趣的问题，自由结成研究小组，在接下来的“内角和分享会”上一展风采。

问题1：能不能借助三角形来推理三角形的内角和？

问题2：折的方法，为什么折完以后总是一个长方形？

问题3：90°×4 除三角形以外，其他多边形的内角和是不是边数×90°？能不能用三角形的内角和求多边形的内角和？

图 7-18　学生提出的新问题

镜头二　内角和分享会

第三课时是内角和分享会，学生带着自己的问题本如约而至，我们的分享会拉开了序幕。备受关注的平行四边形内角和问题学生又是如何解决的呢？让我们一起来看看。

生 1　我发现了比“撕”更好的方法！你们看，如果把底下那条边看成一根平移的轨道，当∠2 沿着这个轨道向右平移，就一定能和∠1 拼成一个 180°的平角（见图 7-19）。

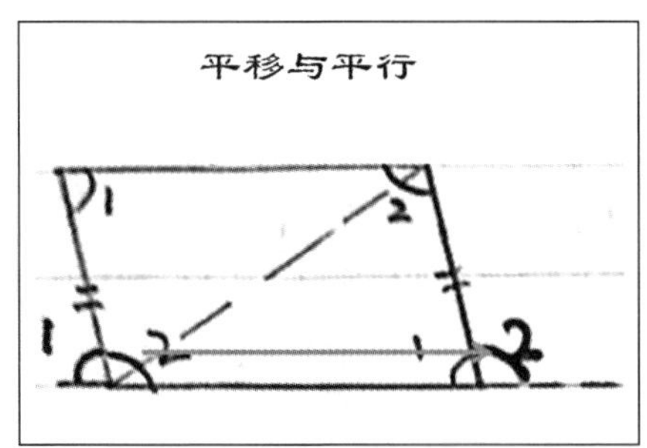

图 7-19　学生推理平行四边形内角和

生 2　你怎么知道一定能严丝合缝地拼上呢？

生 1　因为∠2 的边从左边平移到右边，正好是平行四边形的一组对边，而这两条对边是平行关系，所以一定能拼得上！

生 2　那上面的两个角也可以通过平移拼成 180°，这就能说明平行四边形内角和是 180° × 2 ＝ 360°。

学生利用平移与平行的关系，从动态的角度为我们的图形研究开拓了新的方向。需要说明的是，这个内容比较具有挑战性，在这里重在鼓励学生探索，并不要求所有人都掌握。

此外，用三角形来推理三角形的内角和，在大家看来不太可能，没想到真的实现了——

生 3　既然方法⑤已经证明了所有的直角三角形的内角和是 180°，我就想锐角三角形和钝角三角形能不能利用直角三角形来证明呢？我发现锐角三角形能像这样（见图 7-20）切成两个直角三角形，两个直角三角形的内角和是 2 个 180°，但对于外面的大三角形的内角和而言，多算了 2 个 90°的角，所有的锐角三角形都可以用这种切法证明内角和是 180°。

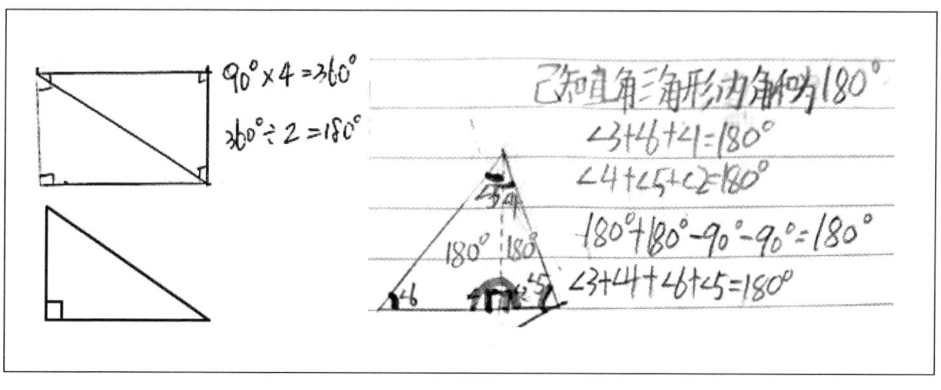

图 7-20　学生借助直角三角形推理三角形内角和

生 4　我明白了，钝角三角形也可以像这样切出两个直角三角形，可以用同样的方法来证明。

生5　哈哈，用三角形来推理三角形，原来是用直角三角形的内角和来推理锐角三角形和钝角三角形的内角和！

关于内角和的研究，学生从最初的量、撕、折，到后来的精彩推理，如此执着的探索完全是出于自己的兴趣。徜徉在自己感兴趣的问题空间里，学生逐步走向深度学习。尽管关于三角形内角和的研究结束了，但学生对图形探索的热情仍未停止，在他们的问题本上还有许多有意思的研究继续发生着……

第八章

“多边形的面积”单元：在感兴趣的问题中学习面积①

① 作者（单元整体设计）：北京市西城区奋斗小学陶蕴平、刘征。

“多边形的面积”单元是五年级学习的内容，属于“图形与几何”领域下的测量内容，教材一般是按照平行四边形、三角形、梯形顺序安排学习。在这个单元的教学实践中，很多教师能认识到要让学生经历面积的推导过程，特别是转化成学过的图形，如将平行四边形转化成长方形，建立转化前后两个图形的联系，进而推导平行四边形面积公式。教材重视探索面积公式的迁移过程，但缺少探究面积公式一般方法的整体设计，缺少对面积本质的再度刻画，我们认为这样会使学生学习面积知识的后劲不足。进一步地，从大概念整体设计的角度看本单元的学习，我们希望学生能在推导面积的过程中发展直观想象和推理能力，再次感受面积度量的本质。

基于此，本单元的设计将平行四边形、三角形、梯形三种图形整合，鼓励学生经历数方格、转化推导探索面积公式的过程。在数方格的过程中，感受度量单位的累积是求面积的基本方法，再次体会度量的意义；在此基础上，鼓励学生将平行四边形、三角形、梯形分别转化成长方形并沟通要素之间的联系，切实感受研究图形的方法。总之，本单元使学生经历从基本图形面积的学习到更多图形面积的学习这一过程，感受面积度量的本质，更好地发展直观想象和推理能力。

单元具体概念及学生分析

一、单元具体概念

本单元体现了如下两个单元具体概念，并以此统领整个单元的学习内容，同时设计合理的学习任务帮助学生进行体会。

概念 1　通过度量单位的累积对面积进行测量，方格图是测量面积的基本工具。

通过数面积单位的个数确定图形面积的大小是获得面积大小的基本方法，也体现了测量的本质。在这个过程中，要让学生感受到即使没有面积公式，也能通过数方格求得图形面积的大小，感受面积度量的本质。

概念 2　利用新旧图形的转化，可以由长方形面积公式推导产生新的图形面积公式。

虽然数面积是通用方法，但推导图形的面积公式是为了更简洁地计算面积。要想推导新图形的面积公式，就需要一个基本思路，即将新图形转化成旧图形，建立旧图形与新图形要素之间的联系，根据旧图形的面积公式推导出新图形的面积公式，这可以培养学生的直观想象、推理能力及创新意识。

二、学生分析

学生学习本单元的已有知识基础是什么？在解决问题的过程中学生会有怎样的思维？是否能根据已有学习经验推导这些图形的面积公式？学生的困难、困惑和好奇点是什么？为此，我们对五年级一个班的 38 名学生进行了调研，通过调研有以下发现。

1．大部分学生对长方形面积公式推导过程印象不深刻

调研的所有学生都能回忆起长方形面积公式，但大部分学生对面积公式是如何推导出来的印象不深。70%的学生只是将长理解为长边、宽理解为短边（见图 8–1），还有 30%的学生直接表示不知道或者忘了是如何推导的。由此可见，三年级学习的推导长方形面积公式的过程，长表示一行有几个面积单位、宽表示有几行面积单位，在学生的心中并没有留下深刻的印象。

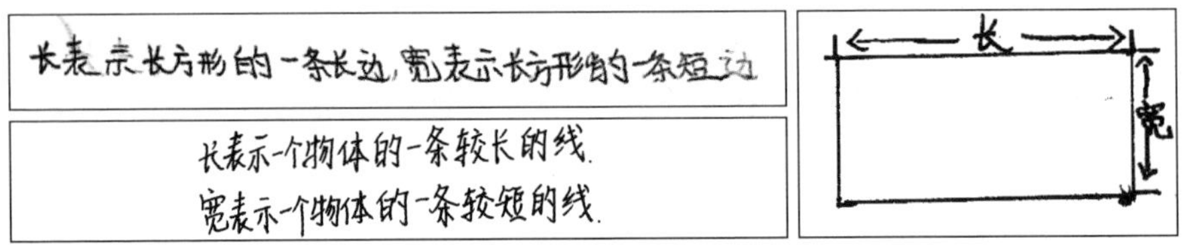

图 8–1　学生对推导长方形面积公式中长和宽的理解

2．学生能主动将新知识与旧知识建立联系，但在迁移、类推的过程中遇到困难，缺少建立推导公式的完整思路

在被调查的学生中，有 71.05%人次的学生对三个图形的面积公式都不知道，部分学生知道其中某一个图形的面积公式（见图 8–2）。三个图形的面积公式都知道的学生中有 33.33%的学生能正确写出面积公式推导过程。

学生能否根据已有的学习经验进行新图形面积公式的推导呢？为此，我们鼓励不知道面积公式的学生继续深入想下去：“你对平行四边形、三角形、梯形的面积公式有什么猜想？如何验证你的猜想？”71.05%不知道三个

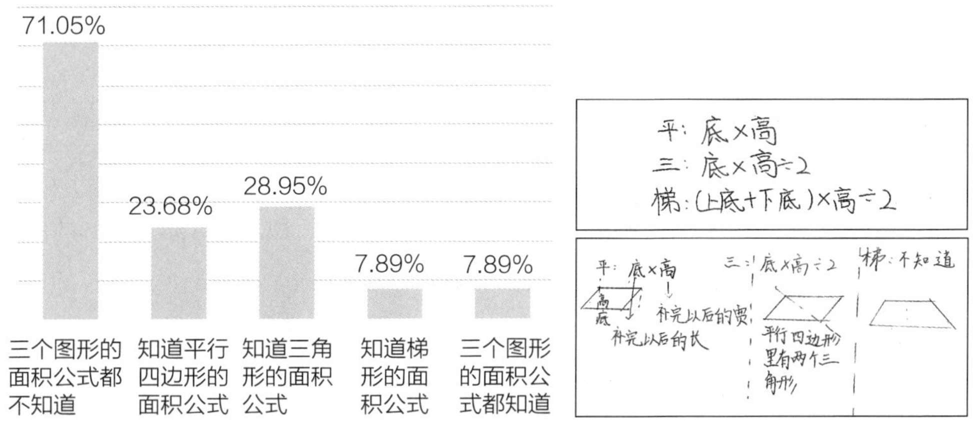

图 8-2　数据统计结果及学生作答举例[①]

图形面积公式的学生中，有 40.74%的学生猜想它们的面积和长方形面积有关，有 18.52%的学生猜想它们的面积和三角形面积有关。这说明学生能主动将新知识与旧知识建立联系，进行迁移（见图 8-3）。学生在迁移、类推的过程中遇到困难，他们只是感觉与长方形面积公式有联系，但对有什么联系，怎样建立新旧图形要素之间的联系，进而由长方形面积公式推导新图形的面积公式，还缺乏完整思路。

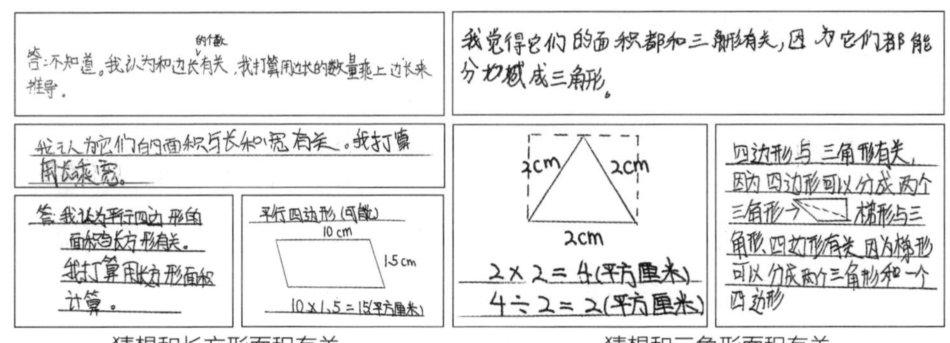

猜想和长方形面积有关　　猜想和三角形面积有关

图 8-3　学生猜想图形面积之间的关系

① 右图学生作品中“平”代表平行四边行，“三”代表三角形，“梯”代表梯形。

3. 学生对多边形面积好奇并提出问题

38 名学生对本单元学习内容共提出了 45 个问题，46.67%的问题是关于三个图形的面积公式是什么，13.33%的问题是关于计算面积有无统一的规律或通用公式，13.33%的问题是关于不规则图形的面积怎么求，8.89%的问题是关于圆的面积怎么求，6.67%的问题是关于三角形的面积和多边形的面积有无关系，还有 11.11%的问题是与面积无关的其他的个性化问题。

从调研的结果看，大部分学生对已经学过的长方形面积公式推导过程已经淡忘了，不能建立推导平行四边形、三角形、梯形面积公式的思路。我们如何依据学生现有的学习基础进行单元学习设计？提供什么有力的学习支持来满足学生的好奇，同时又能使他们感受到面积度量的本质？这些问题促使我们对单元进行整体设计。

◈ TUKE单元学习目标及学习结果表现

一、TUKE单元学习目标

T 迁移目标	体会探索面积公式的基本思路，遇到新图形时能将探索面积公式的基本思路运用到对新图形面积公式的探究中，尝试解决更多图形的面积问题，发展直观想象、推理能力及创新意识。
U 理解目标	通过度量单位的累积对面积进行测量，认识到方格图是测量面积的基本工具；利用新旧图形的转化，由长方形面积公式推理产生新的图形面积公式。

K 知能目标 掌握平行四边形、三角形和梯形的面积公式，会用面积公式计算平行四边形、三角形和梯形的面积，并能解决生活中一些简单的实际问题。

E 情感目标 感受探索面积公式的乐趣和价值，积极参与数学活动，养成好奇、反思、质疑等学习习惯，体会数学与生活的联系。

二、学习结果表现

①能清楚、正确地表达平行四边形、三角形、梯形面积公式的推导过程。

②能正确使用平行四边形、三角形、梯形的面积公式解决实际问题。

③能通过数面积单位的方法获得组合图形、不规则图形等更多图形的面积。

④能将推导平行四边形、三角形、梯形面积公式的学习过程迁移到推导其他图形面积公式的学习中。

学生学习的关键问题

基于“多边形面积”的单元具体概念，依据学生提出的问题，整体思考本单元学生学习的关键问题，具体见表 8-1。

表 8-1　单元具体概念和对应的关键问题

单元具体概念	关键问题
1. 通过度量单位的累积对面积进行测量，方格图是测量面积的基本工具。	1. 如果没有面积公式，能不能求得图形面积的大小？
2. 利用新旧图形的转化，可以由长方形面积公式推导产生新的图形面积公式。	2. 关于平行四边形、三角形、梯形的面积公式，你有什么猜想？如何验证你的猜想？

“如果没有面积公式，能不能求得图形面积的大小？”这个问题的设计源于学情调研时部分学生提出的问题：“求面积有没有统一的方法？”“有没有通用于求任何图形面积的方法？”这一关键问题的探索将鼓励学生运用数面积单位的方法来获得图形的面积，同时体会度量的本质。

在学生提出的问题中，有问及平行四边形、三角形、梯形的面积公式是什么的问题。我们希望通过“关于平行四边形、三角形、梯形的面积公式，你有什么猜想？如何验证你的猜想？”这样的问题，鼓励不知道面积公式的学生深入想下去，调研学生是否有推导图形面积公式的能力。在验证猜想的过程中，需要将新图形转化成旧图形，建立新旧图形关键要素的联系，通过旧图形的面积公式推导新图形的面积公式，这一过程对应了第二个单元具体概念。

单元学习任务

通过对关键问题的思考，根据学情调研及学生好奇的问题，以及梳理本单元涉及的教材中的学习任务，得到本单元的单元结构及学习任务框架（见图 8-4）。

下面具体阐述主要学习任务的设计思路。

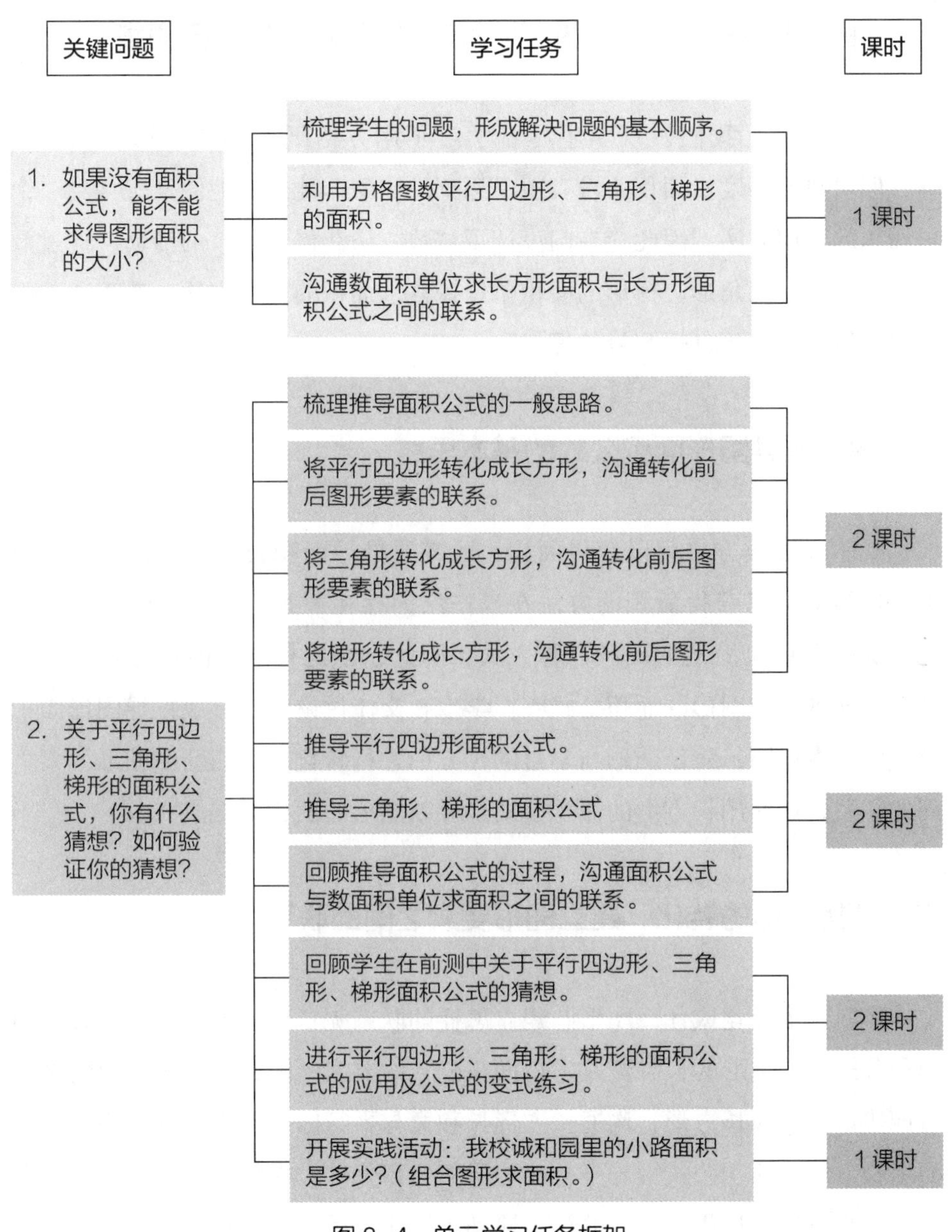

图 8-4　单元学习任务框架

一、基于对面积意义的理解，通过单位累积对面积进行测量

通过前测，我们发现学生尽管学习了用方格纸推导长方形面积的过程，但对数方格度量面积并没有留下深刻的印象。此外，他们又想得到一个求面积的通用方法。因此，专门设计了“数方格获得面积”的活动，通过数平行四边形、三角形、梯形的面积单位探索求面积的通用方法，感受通过面积单位累积对面积进行测量的思想。

二、建立推导图形面积公式的基本思路

既然通过数方格可以获得面积，还需要推导面积公式吗？在实际操作中，通过数方格获得面积的方法在操作层面存在一些困难，而面积公式是比数面积单位更简洁的面积计算方式，因此，还是有推导面积公式的必要性。如何推导新图形的面积公式呢？学生在交流讨论中，形成推导图形面积公式的基本思路：将新图形与学过的长方形进行转化，沟通新旧图形要素之间的联系，进而用长方形的面积公式推导新图形的面积公式。

三、利用图形的转化，建立图形要素之间的联系

将新图形转化成什么图形？建立怎样的联系呢？学生已经学过长方形的面积公式，长方形的长和宽是求得面积公式的要素。因此，学生能想到将平行四边形转化成长方形，沟通长方形长和宽与平行四边形底和高的联系，进而由长方形的面积公式推导平行四边形的面积公式。在将三角形、梯形分别转化成长方形的过程中，有的学生遇到了转化前后图形面积、要素发生变化的困难，学生能主动借助第 1 课时数面积单位求面积的方法，说明面积、要素发生了怎样的变化。因此，我们用 2 个课时学习“图形的转化”，重点处理三个图形与长方形的转化，帮助学生找到转化前后的联系。

四、推导面积公式，感受图形面积公式与面积本质的联系

在通过数方格获得面积、建立推导面积公式的一般思路、探索图形转化前后要素间的联系等一系列活动后，推导新图形的面积公式水到渠成。通过学习任务单，学生带着之前的学习经验尝试独立写出新图形的面积公式，并在此过程中规范语言、公式书写的表达方式。把三个图形放在一起数面积、进行转化和推导能更好地培养学生的直观想象和推理能力，使学生整体感受图形面积公式与面积本质之间的联系。正如学生在谈感受时所说："原来图形的面积公式就是在数面积，只不过第一节课我们是用小正方形（面积单位）一个一个地数，这节课是转化完之后先数一行（有几个面积单位），再乘有几行（面积单位）。"此时教师追问："（通过）数面积就能知道图形的面积是多少，为什么还要推导图形的面积公式呢？"学生说道："面积公式多简洁呀！"这样的感悟不仅体现了学生感受到了图形面积公式与面积本质的联系，还感受到了图形面积公式的抽象概括性。

有了完整的推导面积公式的学习过程，我们又设计了"我校诚和园里的小路面积是多少？"的实践活动。学生既可以借助铺小路的正方形地砖获得小路的面积，也可以将小路图形进行转化、拼组，利用公式求面积。

单元学习评价

依据学生的学习结果表现，对"掌握平行四边形、三角形和梯形的面积公式，会用面积公式计算平行四边形、三角形和梯形的面积"等学习结果的评价，可以借助书上的习题进行考查，以下重点呈现本单元其他重要内容的评价设计。

评价任务一

学习结果表现 能清楚、正确地表达平行四边形、三角形、梯形面积公式的推导过程。

评价任务 写出平行四边形、三角形、梯形面积公式的推导过程。

评价标准 （见表 8–2）

表 8–2　学生表现及评价量规

等级	A（优秀）	B（合格）	C（仍需努力）
表现	面积公式推导过程逻辑清晰、表达合理。	能够写出推导过程的基本思路，但推导过程有部分不合理的地方。	不能表达出推导过程的基本思路。

评价任务二

学习结果表现 能通过数面积单位的方法获得组合图形、不规则图形等更多图形的面积。

评价任务 图 8–5 是某个公园的平面图（每个方格代表 1 平方米），请按要求回答问题。

（1）休息区的占地面积是多少平方米？

（2）餐厅的占地面积大约是多少平方米？

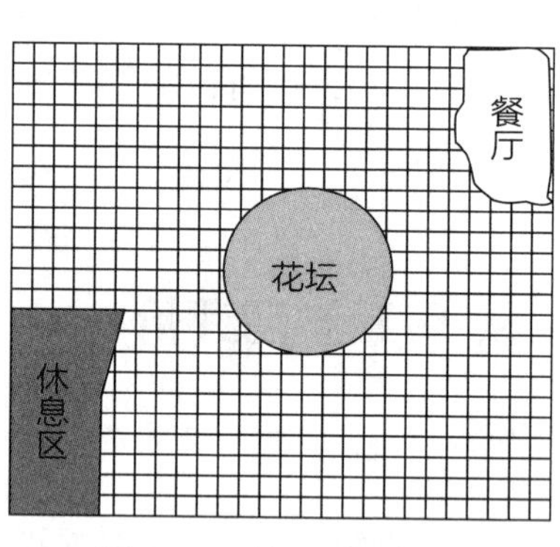

图 8–5　某公园平面图

评价标准 （见表 8–3）

表 8–3 学生表现及评价量规

等级	A（优秀）	B（合格）	C（仍需努力）
表现	能通过数面积单位获得组合图形、不规则图形的面积，并能清晰地用算式、画图等方式记录求面积的过程。	有通过数面积单位求组合图形、不规则图形面积的意识，但在数的过程中，计算整格数时出错，计算非整格数时没有估算的意识。	没有通过数面积单位求新图形面积的意识。

评价任务三

学习结果表现 能将推导平行四边形、三角形、梯形面积公式的学习过程迁移到推导其他图形面积公式的学习中。

评价任务 利用学习平行四边形、三角形、梯形面积公式的经验，试着写一写如何探索获得圆面积公式。

评价标准 （见表 8–4）

表 8–4 学生表现及评价量规

等级	A（优秀）	B（合格）	C（仍需努力）
表现	能想到将平行四边形、三角形、梯形面积的学习经验迁移到对圆面积的探索中，并且探索过程比较完整。	能想到将平行四边形、三角形、梯形面积的学习经验迁移到对圆面积的探索中，但探索过程不够完整。	无作答，或只写出了圆面积公式，但不清楚推导过程。

本单元依据单元具体概念、学生的学习经验，在原有教材的基础上调整单元结构与课时，以学生提出的问题串为线索引领单元学习，鼓励学生将问题深入探索下去。在这样的学习过程中，培养学生的直观想象、推理能力、创新意识，增强学生的学习后劲。第 1 课时结束后，学生问道：“咱们不是要学面积公式吗？为什么不直接学公式要兜圈子呢？”单元学习结束之后，这名学生说道：“这个圈子没白兜，它让我知道了数面积单位是统一的

方法，面积的大小就是面积单位的累积。”另一名学生说道：“是否记得面积公式已经不重要了，我已经学会了怎样思考问题、推导面积公式。如果忘记了面积公式，就能把它推导出来。”学生的话语让我们感受到大概念下的单元长程学习效果，使直观想象和推理能力真正生根。

特色案例

问题引领单元学习，拉长探索图形面积的过程①

本案例是“多边形的面积”单元前 5 课时中的重要学习任务，利用前测中学生提出的好奇的问题，分别设计数方格、转化推导图形面积公式的活动。下面与大家分享这五课时中有关重点活动的思考与实践。

一、课前思考

从对学生的调研结果可以看出，学生对平行四边形的面积公式有所了解，能猜测平行四边形面积公式和长方形面积公式有某种联系，但对到底是怎样的联系、为什么不同的图形会有不同的面积公式、求面积有无一个通用的公式，学生并不十分清楚，且充满了好奇。如果再一个图形一个图形地学习面积推导公式，会在一定程度上降低学生的学习兴趣，而且不利于学习内容的整体建构。而学生好奇的问题恰恰是体现面积本质的关键问题。

因此，结合前期调研的问题，通过全班的交流与调整，确定本单元问题解决的基本顺序，明确本单元的学习方向，并解决学生好奇的问题：“没有面积公式就不能求面积了吗?”“平行四边形、三角形、梯形的面积公式是什

① 作者：北京市西城区奋斗小学陶蕴平、刘征。

么?”“如果面积公式忘了，怎么推导面积公式?”

带着这样的问题串，我们形成了学习本单元的基本顺序。本课例通过镜头回放的形式，阐述以学生好奇的问题引领本单元学习的过程。

二、课堂写真

镜头一 数方格求面积

在梳理学生的问题，形成问题解决基本顺序的基础上，大家把问题聚焦为：“如果没有面积公式，怎么知道这些图形面积的大小?”教师布置学习任务：“你能不能想办法获得平行四边形、三角形、梯形的面积大小?”教师通过巡视，适时地给予学习工具的支持：直尺、方格纸（每个小方格代表 1 平方厘米）、剪刀。

在组织全班交流的过程中，教师重点组织学生讨论如下问题。

交流问题 1：大家想出了什么办法获得这些图形的面积?

学生展示自己的方法。少数学生用直尺测量平行四边形各边长，用邻边相乘求平行四边形的面积，但在测量三角形和梯形时遇到了困难。绝大部分学生采用的方法是数小方格的个数求面积，大家的方法又各不相同（见图 8-6）。

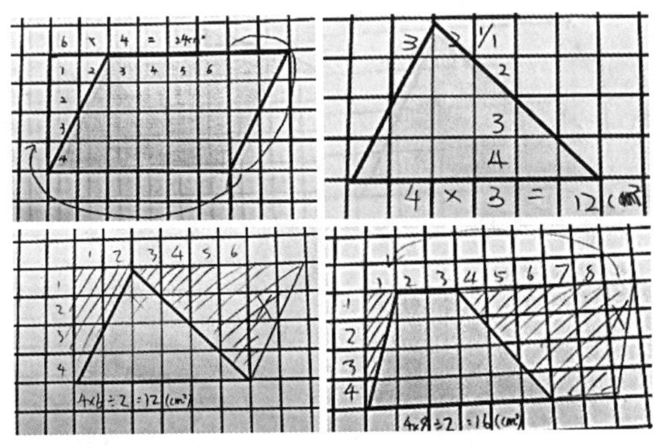

图 8-6 用数小方格的个数求图形的面积

交流问题 2：仔细观察这些数面积的方法，有什么相同点？

有的学生在计算时先数整格，再把不满整格的凑成整格数；也有的学生自主想到转化成长方形去数，在数长方形的面积时发现只要数一行有几个（面积单位）再乘有几行（面积单位）就是面积单位的个数，也就是这个图形的面积。

师　仔细观察这些数面积的方法，有什么相同点？

生　都是把平行四边形、三角形、梯形转化成长方形后去数的。

师　为什么都转化成长方形后再数呢？

生　长方形最好数。

师　（追问）为什么长方形好数？

生　用一行有几个乘有几行就是有多少个小方格。

师　说到这儿，我们再来回顾一下是怎么推导出长方形面积公式的。

学生在对比和观察中沟通了长相当于一行有几个面积单位，宽相当于有几行面积单位，而有多少个面积单位，图形的面积就是多少。

通过对这个任务的完成，学生感受到面积是由一个一个的面积单位累积出来的，方格图是测量面积的工具。用方格图数图形面积的时候，可以先转化成长方形后再去数，长方形面积的推导方法是其他图形面积计算的基础。

本课即将结束时，学生已经感受到可以通过数小方格的个数获得任何图形面积的大小，而且长方形的面积公式其实就是通过数小方格的个数推导出来的。学习到此是不是就可以结束了呢？我们来看下面的课堂实录片段。

师　听了你们这么多的收获，我感受到小方格可真了不起！既然我们已经有办法知道这些图形的面积了，这个单元的学习是不是就可以结束了？

生 1　要是有更大的图形或是更小的图形，小方格数就没法数了。

生 2　可以数呀！还可以一个一个数出来。

生 1　那我觉得老是数来数去也很麻烦。还是得知道面积公式，一算就很简单。

生 3　我也同意，老出现这些图形，如果有公式就使用方便了。

师　（追问）那如何获得这些图形的面积公式呢？

生 4　我觉得平行四边形、三角形、梯形的面积公式和长方形有关。因为刚才数方格的时候，它们都能转化成长方形来数。

回顾反思环节为下一节课的开启提出了新的学习任务：“如何推导平行四边形、三角形、梯形的面积公式？”

镜头二　图形转化

关于平行四边形、三角形和梯形的面积公式，学生有一些初步的想法。图 8-7 展示了学生对平行四边形面积公式的猜想。

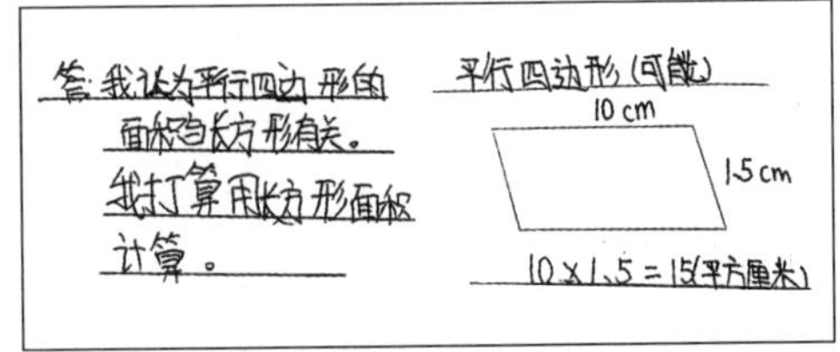

图 8-7　学生对平行四边形面积公式的猜想

通过讨论，大家决定先想办法把平行四边形转化成长方形，看看长方形和平行四边形之间有什么联系，再推导平行四边形的面积公式。此时，教师提供带有方格图的平行四边形（提供给画图能力较弱的学生选择使用）、白纸和直尺（提供给画图能力较强的学生选择使用），鼓励学生进行探索。在此基础上，学生展开了讨论。下面为学生探索后师生讨论的片段。

师　平行四边形能转化成长方形吗？在转化过程中你有什么发现？

学生经过动手操作发现，沿着平行四边形的高剪下来一部分平移到另一边可以割补成长方形（见图 8-8）。

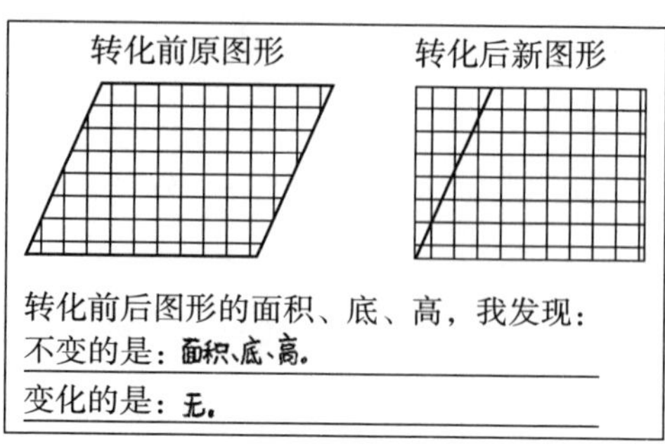

图 8-8 学生将带有方格图的平行四边形转化成长方形

师　带有方格图的这个平行四边形还真能转化成长方形。

生　老师，我有一个问题。是不是所有的平行四边形都可以转化成长方形？转化之后是否都存在这样的关系？（学生意识到要想得到一般规律，还需要思考更多样式的平行四边形。）

师　为你提出的问题鼓掌，你真是一个善于思考的学生！学习就应该刨根问底。要不大家再画一些平行四边形试试？（学生作品见图 8-9。）

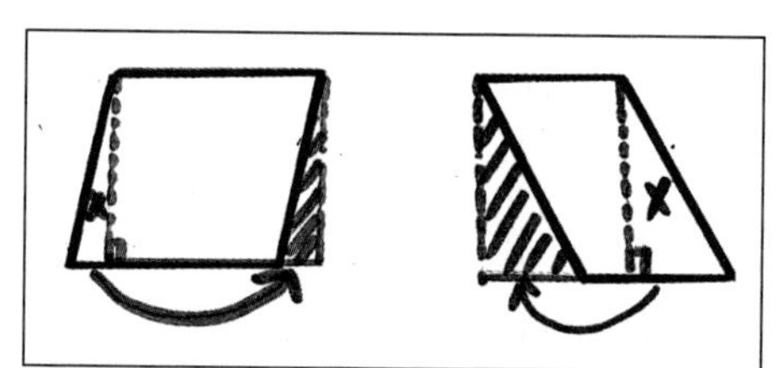

图 8-9 学生沿高将平行四边形转化成长方形

就在大家几乎认可任何一个平行四边形都能转化成长方形时，一名学生高高举起了“小问号”。

生　老师，我画的这个平行四边形就不能转化成长方形（见图 8-10）。

大家经过讨论发现，这样高在形外的平行四边形也可以转化成长方形（见图 8–11），任何一个平行四边形都能转化成长方形，而且转化前后长、宽、面积都没有发生变化。

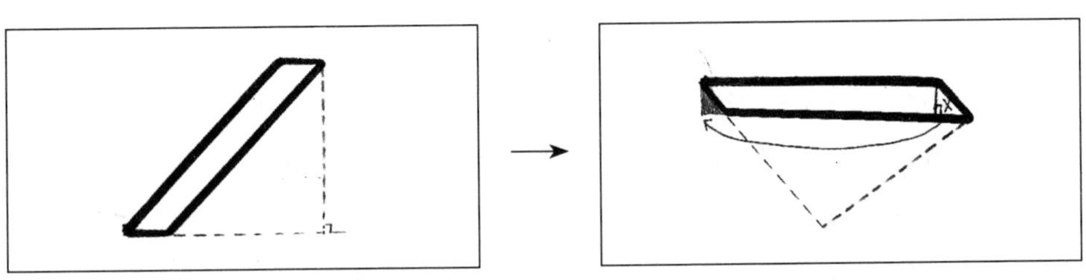

图 8–10 学生举例不能沿高转化成长方形的平行四边形

图 8–11 找到能转化成长方形的高

三角形、梯形能不能也转化成长方形呢？学生在小组内合作研究，尝试转化并沟通转化前后图形的联系（见图 8–12）。

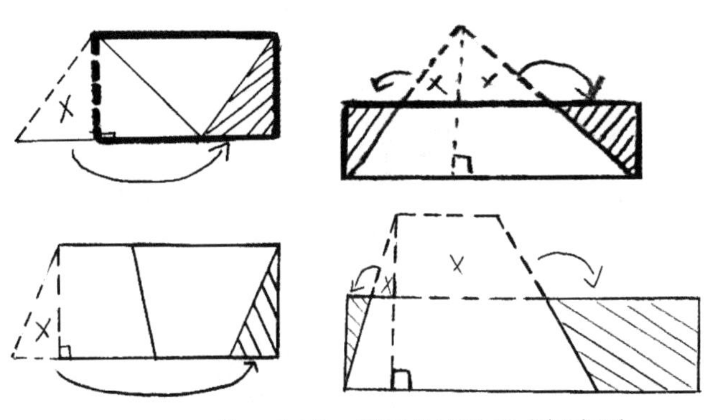

图 8–12 将三角形、梯形分别转化成长方形

在将三角形、梯形分别转化成长方形的过程中，学生发现，只要将两个完全一样的三角形或梯形拼成平行四边形就能转化成长方形；而且学生还发现，只要沿着三角形或梯形的中位线裁剪，也能直接补成长方形，增加了对中位线的认识。本课时结束后，学生感受到任何一个平行四边形、三角形和梯形都能转化成长方形，转化前后底、高、面积是有联系的；之所以要转化

成长方形，是因为长方形的面积公式是已知的，能帮助我们推导出平行四边形、三角形和梯形的面积公式。

镜头三 推导平行四边形、三角形、梯形的面积公式

学生已经学习了图形的转化，可以把两个完全一样的图形拼摆成一个新图形，也可以把一个图形割补成一个新图形，并能发现新图形与原图形之间的联系。这节课，教师鼓励学生进一步推导出平行四边形、三角形、梯形的面积公式。教师提供了如下的学习单鼓励学生进行探索（见图 8–13）。

推导平行四边形、三角形、梯形面积公式学习单

姓名：

1. 推导平行四边形面积公式。

因为（　　　）的面积=______________

所以（　　　）的面积=______________

2. 推导三角形面积公式。（在你选择研究的图形下面画“v”。）

因为（　　　）的面积=______________

所以（　　　）的面积=______________

3. 推导梯形面积公式。（在你选择研究的图形下面画“v”。）

因为（　　　）的面积=______________

所以（　　　）的面积=______________

通过推导平行四边形、三角形、梯形的面积公式，我的收获是：

____

我又产生了新问题：

____

图 8–13 “推导平行四边形、三角形、梯形面积公式”学习单

在全班交流时，教师组织学生讨论如下问题。

交流问题 1：为什么平行四边形的面积=底×高？

交流问题 2：三角形的面积、梯形的面积为什么要除以 2？

交流问题 3：三个图形的面积公式都和什么有关？为什么？

学生能够根据图形转化前后面积、底、高的变与不变，沟通两个图形的联系，通过长方形的面积公式推导出新图形的面积公式。在观察三个图形的面积公式时，学生发现面积公式都与底和高有关，底表示的就是一行有几个面积单位，高表示的就是有几行面积单位，它们的乘积就是面积单位的个数，进一步感受到了面积公式与面积单位之间的联系。

通过以上学习，学生在解决自己提出问题的过程中，不仅充分探索了三个图形面积公式的推导过程，也加深了对面积度量本质的理解。

逐步解决学生的问题，拉长单元学习的过程，意在整体把握单元教学，关注知识的本质，打通知识间的联系，促进学生发展高阶思维，实现有深度的学习。

第九章

“共享速度空间”单元：在解决实际问题中发展应用意识[1]

① 作者（单元整体设计）：北京市海淀区万泉小学胡益红、金毅。

“路程、时间与速度”是北师大版教材四年级上册“除法”单元的内容。它们三者的关系是小学阶段要学习的重要数量关系，也是乘法的模型。这个数量关系不仅在生活中有着广泛的应用，也为学生将来学习正、反比例等知识奠定了基础。速度对小学生来说是一个抽象的概念，在实际教学中经常看到学生是根据“路程÷时间=速度”这一数学公式直接得出速度，进而认识速度。这样的学习过程被看似理解的公式简单化、过早地模式化了。若没有生活经验与数学知识的联结，如何让学生感受速度的现实意义？感悟“路程、时间与速度”这一数量关系的学习价值？

在不断思考与进行价值追问中，单元设计油然而生，将教材基本内容和速度的问题提出实践活动架构成一个新单元。新单元以生活中有关速度的丰富实例为情境载体，引导学生发现、提出各类速度问题，感受速度的现实意义。这样一个单元设计其实还承载着另一个目标，通过对比问题的活动，制定好问题的标准，并学会利用标准修改、打磨出好问题，培养学生提出好问题的能力。

总之，本单元力求在速度知识的背景下，以引领学生学会提出好问题为活动任务，并在问题打磨和尝试探索解决的学习中，让学生更好地理解速度的实际意义，感悟速度这个数学概念与实际生活的联系，促进学生应用意识的发展。

单元具体概念及学生分析

一、单元具体概念

本单元力求让学生从以下四个方面得到深刻的体会，并以此作为应用意识的提升点，统领本单元的学习活动。

概念 1　生活中有很多关于速度的丰富实例，以此为情境载体可以发现、提出各类与速度有关的问题。

在学生学完速度这一新的数学知识后，组织学生寻找生活中有关速度的丰富实例。通过引导学生借助生活经验举出实例，唤起学生对已有经验的回忆与搜索，并通过找到的丰富素材拓宽视野。这一活动鼓励学生在实际背景中主动思考，发现、提出各种有关速度的问题，并勇于探索数学概念在实际问题中的应用价值。

概念 2　对不同问题的讨论与对比，可以帮助制定好问题的标准，利用标准可以打磨出好问题。

放大提出问题的过程，组织学生在交流汇总问题及对比问题的过程中讨论制定好问题的标准，例如，好问题应该具有“有趣、创新、有想象力、可持续探索”等特点。鼓励同伴之间彼此进行评价，引导学生在交流与对比中不断产生新的思考，梳理出对好问题的看法。让学生在对提出的问题不断修改完善的过程中，学会提出好问题。

概念 3　有关速度问题提出的整个学习活动可以提升发现问题、提出问题的能力，并发展应用意识。

在经历寻找问题、提出问题、制定好问题标准、修改完善问题的过程中，学生将已有生活经验与所学的速度知识、学习活动紧密联系，拓展对速度的认识。借助问题提出活动，通过实例和交流，增强学生发现问题、提出问题以及分析和解决问题的能力，让学生体会数学学习的价值，促进学生应用意识的发展。

二、学生分析

学生是否可以基于自己对速度意义的理解提出问题？可以怎样支持学生延续关于速度的学习？

在学生学习了速度相关内容之后，我们给学生布置了如下任务：收集生活中有关速度的实例，制成小报，并提出自己的问题。学生对此非常感兴趣。我们也对四年级 22 名学生进行了访谈，下面呈现部分学生的访谈记录。

调研问题 1：你们收集了生活中有关速度的实例，并且发现、提出了各类跟速度有关的问题。你们有什么感受？

生 1　我觉得很有意思，这让我们在快乐中学习数学，同时还扩大了知识面。

生 2　我不仅知道了很多物体移动的速度，还遇到了一个小困难，我想写一个关于动物移动的速度，我就想到了世界上跑得最快的动物——豹子，这让我对数学产生了很大的兴趣。

生 3　在学习速度之前，我只知道比较慢的速度，而查找资料之后，我接触到了光速，这样的速度更增加了我对速度的认知。

生 4　我们可以在这个环境下提出自己的问题，这样很好。我在刚开始的时候提不出来问题，后来我想到了生活中练习的棒球，棒球又引导我想起了卡丁车运动中的冲单圈（冲击最快单圈成绩），所以我提出了关于冲单圈的问题。

生 5 我觉得这次活动非常有趣。我通过实地考察明白了速度的含义，并且知道了原来也可以通过实地考察来学习数学。

通过访谈可以看出，学生对收集生活中有关速度的实例很感兴趣，觉得能让自己了解更多知识，能够基于生活不断产生联想，能够感受到数学与生活有联系，这令他们兴奋。学生们还对查找资料的内容产生怀疑，能够主动地进行探索和实践。总的来看，学生收集了生活中关于速度的丰富实例，也提出了一些问题，接下来又该做些什么呢？

调研问题 2：你们想想，接下来我们可以做什么？

生 1 我觉得我们还可以互相交流自己的小报，分享自己得出的结论。还可以公开推选出一个比较好的作品，展示出来。

生 2 可以利用同学们收集的材料进行小组合作，共同绘制一张大海报，再到学校去交流，让数学无处不在。

生 3 我想让大家在小组内讨论他们的问题，然后再根据他们的问题去实地考察，考察之后再来讨论一下，让大家更加爱上关于速度的问题，更加爱上数学，看到数学一直在我们身边。

通过访谈可以看出学生对后续学习的热情与期待，他们期待共同学习，相互交流与分享自己发现的生活中关于速度的实例和提出的问题。面对学生提出的这些问题，应该如何评价呢？学生自己又会有什么想法？

调研问题 3：对于同学们提出的问题，后续活动时你们有什么建议和想法？

师　比如，咱们可以从哪几方面来评价同学们的表现？

生 1　是不是能主动参与学习，是不是都能认真完成。

生 2　看看大家提出的问题好不好，同学们是不是可以解决。

师　很好，那我们就从这几个角度来谈谈吧。

生 3　我认为有创造力、想象力，并且有思考过程的问题应该多加点分。

生 4　我觉得可以把问题分为三个档次，让每人选择一个自己认为可以完成的档次的问题，并且加相应的分。

师　看来你喜欢接受挑战。

生 5　我觉得可以先给一些数学学习不是很好的同学一些简单的问题，把他们的解题能力慢慢往上提高。

生 6　我认为提出的问题需要有价值，并且能引发同学们深入思考。

生 7　我认为一个学习能力比较低的同学，如果做出了一道比较困难的题，应该给他多加分，如果做出了跟他的学习水平相符的题目，应该少加分。

师　你是希望分层解决问题。

师　同学们谈得特别好，关于如何制定活动的规则，我们应当从哪些角度来评价，根据你们所谈我进行了记录和整理（见表 9-1）。大家从中看出你们所说的意思了吗？

表 9-1　教师记录整理的学生讨论结果

评价角度	情感态度			提出问题				解决问题	
具体内容	遵守活动纪律	注重合作，乐于助人	态度认真	问题有趣、创新、有想象力	问题内容涵盖比较宽泛	问题具有探讨性，可引发深入思考	问题有具体研究方案	由浅入深	分出层次

生　　是。

师　　那我们就按“情感态度、提出问题、解决问题”三个角度来投票最终表达一下你的观点。（学生举手投票表决。）

学生关于制定活动规则的思考角度汇总如下（见表 9-2）。

表 9-2　学生关于制定活动规则的思考角度

评价角度	情感态度			提出问题				解决问题	
具体内容	遵守活动纪律	注重合作，乐于助人	态度认真	问题有趣、创新、有想象力	问题内容涵盖比较宽泛	问题具有探讨性，可引发深入思考	问题有具体研究方案	由浅入深	分出层次
百分比	36.4%	40.9%	22.7%	45.5%	9.1%	36.4%	9.0%	27.3%	72.7%

通过访谈我们也看到，学生对参与学习的规则很重视，认为学习不光有知识上的，还应该有态度层面的。从上面数据不难看出学生们乐于合作，愿意帮助别人；对提出的问题也有了自己的标准，希望问题能有趣、创新、有想象力，具有探讨性，可引发深入思考；同时希望问题能够分出层次，给不同水平的学生发挥的空间。看来学生乐于解决有挑战性的问题，同时希望更多的同学在这样的学习活动中有不同水平的提高。

从学习过程到学习方式，学生提出了很多很好的想法，有创意，非常灵动。其实学生们也是对学习充满憧憬的。通过这一活动，学生为后续学习进行自主规划和设计，使教师对整个单元的设计充满了信心。

TUKE单元学习目标及学习结果表现

一、TUKE单元学习目标

T 迁移目标

能将从生活中寻找丰富实例、发现和提出问题、制定好问题的标准并打磨好问题的学习经验，迁移至其他数学内容的学习中。

U 理解目标

经历从生活中寻找有关速度的丰富实例，发现和提出有关速度的问题，对比、讨论问题，制定标准，并学会利用标准逐渐修改、打磨出好问题的过程，增强发现和提出问题的能力，促进应用意识的发展。

K 知能目标

能够根据学过的速度知识寻找生活中的丰富的实例作为素材，发现和提出问题，交流、对比问题，制定出好问题的标准，并学会利用标准修改、完善，逐渐打磨出好问题。

E 情感目标

感受学习数学的乐趣和数学学习的价值，获得主动思考、勇于探索、乐于分享的情感体验，体会数学与生活的联系。

二、学习结果表现

①能够根据学过的速度知识寻找生活中的丰富的实例作为素材。

②能够理解速度概念，应用路程、时间与速度的基本数量关系解决问题。

③能够根据收集的生活中丰富的有关速度的素材，发现、提出问题。

④能够交流、对比问题，制定出好问题的标准。

⑤能够学会利用好问题的标准，修改、完善并逐渐打磨出好问题。

⑥能够与小组合作解决不同水平的问题，努力探索、解决实践研究类问题，并以喜欢的形式进行分享。

学生学习的关键问题

依据本单元学习内容及其教育价值，我们提炼出应用意识作为本单元学习的提升点。同时，对应“发现和提出好问题”能力发展点，确定了本单元学生学习的四个关键问题（见表 9–3）。

表 9–3　单元具体概念和对应的关键问题

单元具体概念	关键问题
1．生活中有很多关于速度的丰富实例，以此为情境载体可以发现、提出各类与速度有关的问题。 2．对不同问题的讨论与对比，可以帮助制定好问题的标准，利用标准可以打磨出好问题。 3．有关速度问题提出的整个学习活动可以提升发现问题、提出问题的能力，并发展应用意识。	1．你能提出关于速度的问题吗? 2．你提出的问题是好问题吗? 3．如何将你的问题修改、完善，成为更好的问题? 4．你能解决提出的问题吗?

下面对关键问题逐一进行分析。

“你能提出关于速度的问题吗?”这个问题，鼓励学生结合生活经验及收集的速度实例素材，自主思考，自主创编，发现、提出新的问题。这有助于学生感受数学与生活的联系，以及发展发现问题、提出问题的能力。

“你提出的问题是好问题吗?”这个问题，是为了从不同角度放大学生提出问题的过程，让学生学会审视自己的问题，并在与同伴交流、对比、评价中明确好问题的标准，培养学生对问题的评价与反思能力。

“如何将你的问题修改、完善，成为更好的问题?”这个问题，是想让学生经历“发现、提出问题—交流、对比问题—制定好问题的标准—修改、完善问题”一系列完整的学习过程，让学生在不断反思中打磨自己的问题，逐渐学会提出好问题。

“你能解决提出的问题吗?”这个问题，意在将学生修改后的好问题推选出来之后，由师生把年级推出的好问题进行汇总，分类形成两大类问题：解决问题类和实践研究类。把解决问题类问题按照题目思维水平分为基本题、灵活题和综合题，由学生个人和小组合作分别完成。在解决问题的过程中培养学生分析问题、解决问题的能力，同时提升学生的应用意识。

单元学习任务

根据学生的年龄特点和学习规律，将上述关键问题进行进一步分解，同时梳理、分析教材中的学习任务，得到本单元的学习任务框架(见图 9-1)。

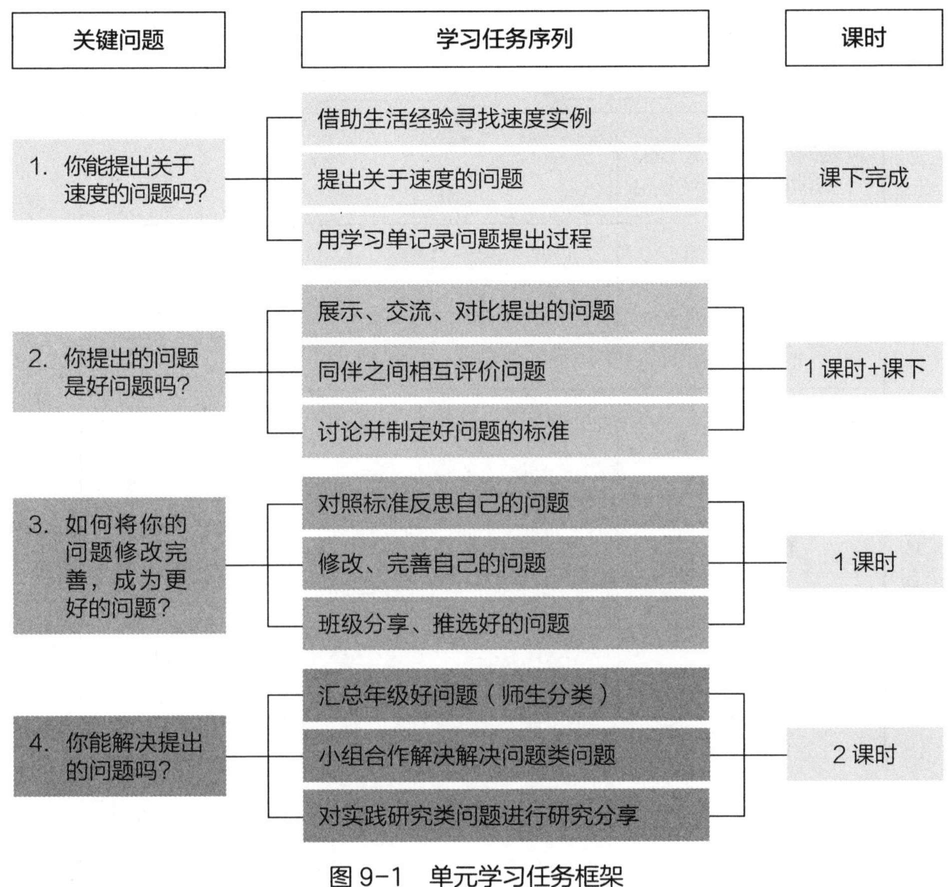

图 9-1　单元学习任务框架

下面具体阐述主要学习任务的设计思路。

一、学生根据生活中寻找的有关速度的丰富素材，发现、提出各类速度问题

学生在收集素材的过程中开阔了视野，进一步理解速度的概念，巩固应用路程、时间与速度的基本数量关系。基于这样的学习体验，鼓励学生提出有关速度的问题——可以基于素材进行联想提出问题，也可以根据熟悉的生活实例创编情境，提出问题。同时让学生在学习单上进行记录（见图 9–2），留下提问题的思考过程。

童眼看世界——我身边有关速度的好问题 班级__________ 姓名__________	
问题的缘起（你是怎么想到这个问题的）	
我的问题	
我会解答吗	是 / 否
我的问题的亮点	
我的收获	
我的困惑	
他人评价	

图 9-2 “提出问题”学习单

二、在经历问题分享、交流、对比与同伴评价中，制定好问题的标准

在学生提出问题后，组织学生交流问题。在欣赏同伴提出的问题的同时，讨论问题的不足与改进之处，借助学习单组织同伴之间相互评价（见图 9-3），讨论“为什么觉得他提出的问题是好问题？”。之后，教师引导学生从“情境是否合理、数据是否准确、是否适合四年级解决”三个角度共同制定出好问题的标准。学生对自己提出的问题又有了新的认识与思考。

童眼看世界——我身边有关速度的好问题 班级______ 姓名______	
问题的缘起（你是怎么想到这个问题的）	考试的题改编
我的问题	小明的速度是3米/秒，小红的速度是7米/秒，他们在直来回行驶了两次，并分别从两端也出发，一小时后他们共迎面相遇几次（不包括追上）
我会解答吗	是 / 否（√ 是）
我的亮点	需要用线段和比例
我的收获	
我的困惑	无
你的问题提，也把问题放到了三列表格的速度和时间 画出了表格 你能对比出来速度 你的问题很有意思。 你的问题很有意思。 你的问题突出比较。 你的问题有趣。	

童眼看世界——我身边有关速度的好问题 班级______ 姓名______	
问题的缘起（你是怎么想到这个问题的）	因为我看到动物资料中有速度，所以想到了这个问题。
我的问题	“猎豹每时可跑[illegible]千米，藏羚羊每时可跑110千米，如果猎豹在追藏羚羊，那么藏羚羊能否逃跑？
我会解答吗	是 / 否（√ 是）
我的亮点	考虑了除法和比较。
我的收获	
我的困惑	无
他人评价	
可以更深入的知道速度，还知道了如何比较 问题很深入 看书得到的知识是重要的 你的问题值得思考的 问题很有趣 你让我对速度 你让我知道了如何比较速度	

图 9-3　同伴之间借助学习单相互评价问题

三、对照好问题的标准，修改、完善自己提出的问题并推选出好问题

学生对照制定出的好问题的标准，反思自己提出的问题，找到修改的方向，并完善问题。在思考—修改—反思—再修改—再反思—再修改中，不断完善自己提出的问题，使自己提出的问题越来越接近好问题。之后，学生在小组交流中推选出组内最认可的好问题。

四、审核、整理推选出的问题，经历解决问题、研究问题的过程

推选出问题之后，教师和学生从情境是否合理、数据是否准确、是否适合四年级学生作答这三个标准对问题进行了审核，审核后再对这些好问题进行分类整理。这些问题可以分成两大类：一类是解决问题类，另一类是实践研究类。其中，第一类问题可以从三个不同思维水平分为基本题、灵活题和综合题（见图 9–4 至图 9–6）；第二类问题是学生从关于速度的丰富素材中进一步联想提出的问题，有一定的探索性和研究性。

师生讨论后制定出解决问题的基本方案：首先学生抽签进行分组，3—4人一组，小组合作自主解决问题、研究问题，同时为这次学习活动设计评价表。第一类问题分为 5 分的基本题、10 分的灵活题和 15 分的综合题，由小组讨论规划怎么选题能够使得积分高而取胜。第二类实践研究类问题，由学生分组研究他们感兴趣的题目（见图 9–7），展示了学生们真实的探索和拓展学习的过程。

整个活动调动了学生学习的热情，学生们感觉新鲜、有意思，在学习的过程中获得积极的情感。该活动还注重学生学习经验的迁移，设计了开放自主的探究空间，撬动了学生的思维，培养了学生发现、提出问题的能力，同时发展了学生的应用意识（见图 9–8）。

在本章特色案例部分，我们将基于上面的单元学习任务设计，介绍部分课的具体设计和实施过程。

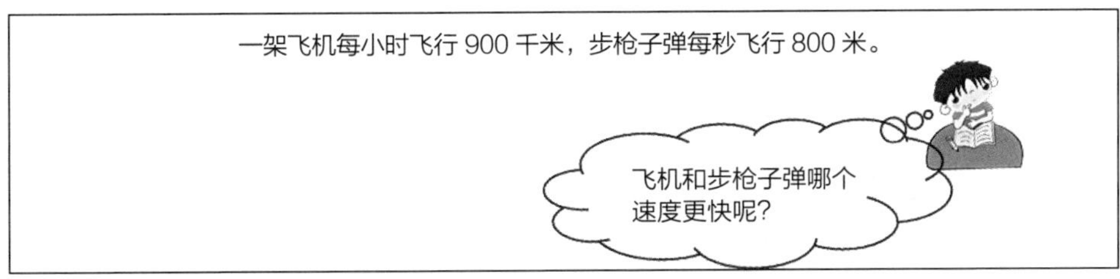

图 9-4　解决问题类问题——基本题举例

两辆车在高速路上行驶，高速路上限速 120 千米/时，商务车 2 小时行驶了 236 千米，小轿车 3 小时行驶了 378 千米，请你帮交警叔叔判断一下，它们会超速吗？写清你的思考过程。

“光年”虽然有个“年”字，但却不是时间单位，而是天文学上测量宇宙中天体间距离的长度单位。1 光年指的是光在宇宙真空中一年时间所走过的距离，那么光在一年中（按 360 天计算）走过的距离约为多少万千米？

光速约为每秒 30 万千米。

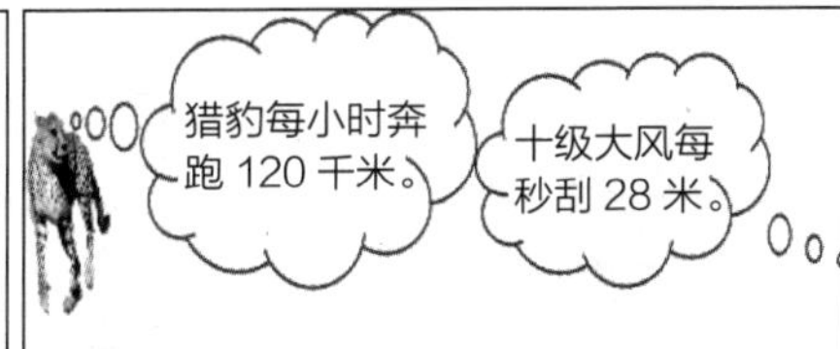

猎豹奔跑的速度和十级大风的速度哪个更快？

图 9-5　解决问题类问题——灵活题举例

春节爸爸燃放礼花，点着导火线后往 15 米以外的安全地带奔跑，他的奔跑速度为 3 米/秒。已知导火线燃烧的速度是 8 毫米/秒，礼花筒上导火线的长度至少多少厘米才能确保安全？

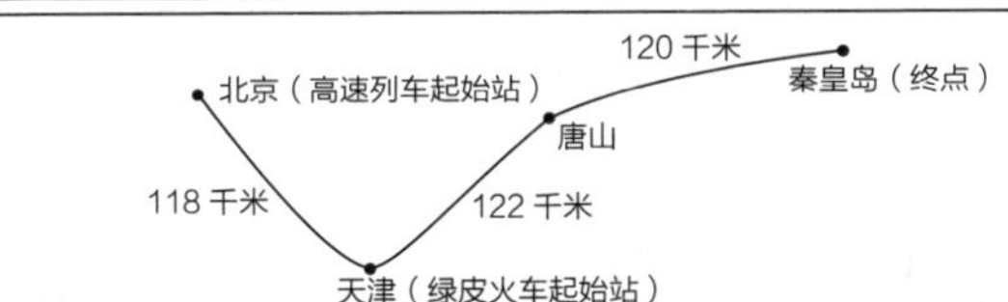

如上图所示，高速列车从北京开出，同时绿皮火车从天津开出。当绿皮火车开到秦皇岛时，高速列车能否开到秦皇岛？（注：绿皮火车每小时行驶 120 千米，高速列车的速度是绿皮火车的 3 倍。）

图 9-6　解决问题类问题——综合题举例

两张重量相同的纸，一张捏成团，一张就是平展的纸，在同一高度下同时释放，它们下落的速度有什么关系？生活中还有哪些类似的现象？

请调查近 20 年火车时速的变化情况，用你喜欢的方式展示调查结果，并写出你们有哪些发现。

图 9-7　分类整理问题——实践研究类

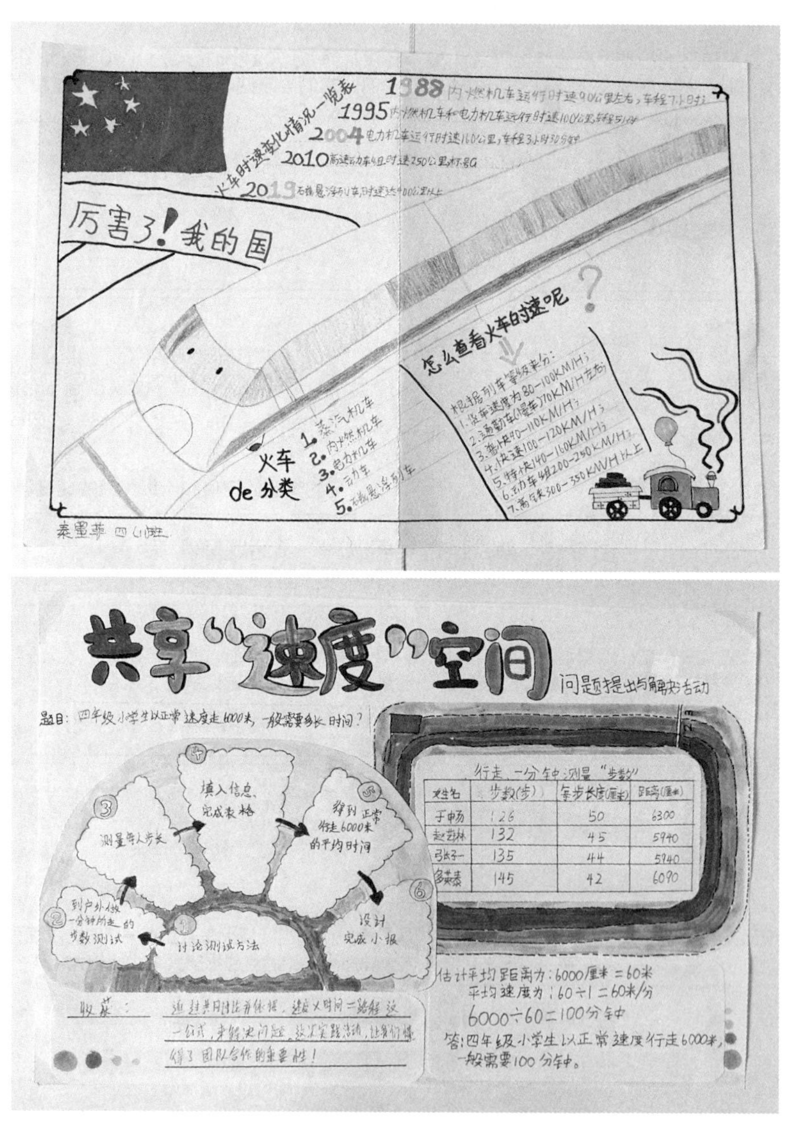

图 9-8　部分学生作品——实践研究类问题及作答

单元学习评价

依据单元学习目标和学生的学习结果表现，对学生能够根据有关速度的丰富实例，发现、提出有关速度的问题，深入理解速度的意义，巩固、应用路程、时间与速度的基本数量关系等学习结果的评价，可以借助书上的习题进行考查，也可设计评价任务和评价标准进行考查。对本单元的重要内容——如发现和提出问题、分析和解决问题的能力，将重点设计评价任务和评价标准进行考查。其中，既可以在课堂中利用课堂观察、互动交流、学习任务单等对学生的学习表现进行即时评价，也可以在学习后用纸笔测试、访谈等形式对学生的学习情况进行评价。

评价任务一

学习结果表现 能够理解速度概念，应用路程、时间与速度的基本数量关系解决问题。

评价任务 联系生活深化对速度的理解，能解决与“速度、时间、路程”数量关系有关的简单的实际问题。用学习单来进行评价（见图 9-9）。

练 习

1. “神舟十号”飞船在太空中 5 秒飞行了约 40 千米，“神舟十号”飞船的速度约是（ ）。
2. 爸爸骑自行车，2 小时骑行了 16 千米，爸爸骑自行车的速度是（ ）。

问题：（1）先分别计算出速度各是多少。

（2）“神舟十号”飞船和爸爸骑自行车的速度一样吗？你能说说你的想法吗？

图 9-9 学习单

评价标准 （见表 9–4）

表 9–4　学生表现及评价量规

等级	A（优秀）	B（合格）	C（仍需努力）
表现	能利用数量关系正确解决问题，并能在对比中正确表达速度的意义。	能利用数量关系正确解决简单的实际问题，能够理解速度的意义，但是不能准确表达。	不能正确理解速度的意义，不能运用数量关系解决有关速度的问题。

评价任务二

学习结果表现　能够根据收集的生活中丰富的有关速度的素材，发现、提出问题。

评价任务　可以利用提出问题的学习单进行评价，学习单见图 9–2。

评价标准 （见表 9–5）

表 9–5　学生表现及评价量规

等级	A（优秀）	B（合格）	C（仍需努力）
表现	能清晰记录问题提出的过程，提出有价值的问题，对自己提出的问题有客观的评价。	能比较清晰地记录问题提出的过程，提出的问题合理，对自己提出的问题有比较客观的评价。	不能记录问题提出的过程，提出的问题不符合实际或者提不出问题。

评价任务三

学习结果表现　能够交流、对比问题，制定出好问题的标准。

评价任务　学生提出问题后，与同伴交流问题，对问题进行反思，找到问题的亮点与不足，同伴之间相互评价，并从情境是否合理、数据是否准确、是否适合四年级解决等角度提出好问题的标准。

评价标准（见表 9–6）

表 9–6　学生表现及评价量规

等级	A（优秀）	B（合格）	C（仍需努力）
表现	能认真与同伴交流，在对比、反思问题后能客观地评价同伴提出的问题，并能从不同角度提出好问题的标准。	能比较认真地与同伴交流，在对比、反思问题后能比较客观地评价同伴提出的问题，能从一个角度提出好问题的标准。	不能认真地与同伴交流，不能在对比、反思问题后评价同伴提出的问题，也不能从任何角度提出好问题的标准。

评价任务四

学习结果表现　能够学会利用好问题的标准，修改、完善并逐渐打磨出好问题。

评价任务　通过对比学生第一次提出的问题与修改后的问题进行评价。

评价标准（见表 9–7）

表 9–7　学生表现及评价量规

等级	A（优秀）	B（合格）	C（仍需努力）
表现	能够对照制定出的好问题的标准，从“情境是否合理、数据是否准确、是否适合四年级解决”三方面对问题进行修改，并且修改后的问题符合好问题标准。	对问题进行修改，修改后的问题能够满足“情境合理、数据准确、适合四年级解决”三方面中的两方面。	不能对照标准的三方面去修改问题，修改后的问题仍然不清楚。

评价任务五

学习结果表现　能够与小组合作解决不同水平的问题，努力探索解决实践研究类问题，并以喜欢的形式进行分享。

评价任务 利用学生解决问题的实际作答情况以及研究汇报情况进行评价。

评价标准 （见表 9-8）

表 9-8 学生表现及评价量规

等级	A（优秀）	B（合格）	C（仍需努力）
表现	乐于与团队合作解决问题。能够正确解决三个思维水平的所有问题或正确解决综合题(6—8个)。能够有理有据地进行研究分享，展示研究成果，效果很好。	乐于与团队合作解决问题。能够正确解决基本题、灵活题两个思维水平的部分问题或能够正确解决部分（3—5个）综合题。能够比较有理有据地进行研究分享，展示研究成果，效果较好。	不能与团队愉快地合作。能够解决部分基本题。没有进行实践研究类问题学习。

学生达到预期目标表现：任务指向发展学生发现和提出问题、分析和解决问题的能力。学生能够收集生活中的素材，提出自己的问题，并在与同伴的交流、对比中反思，根据制定的标准修改、完善自己的问题，使自己提出的问题成为符合好问题标准的问题。能够与小组合作规划、筛选、分层解决喜欢的问题，还能积极参与实践类问题的研究。在过程中获得积极的情感，逐渐学会提出好问题，感受数学与生活的联系，体会数学学习的价值。

我们从问题提出的角度，为学生精心设计了“共享速度空间”学习活动。学生的视野开阔了，思维更深刻了，同时还受到了品德教育，学习过程充满了生长的力量！学生特别喜欢这个学习活动，他们不断思考如何提出好问题，并向同伴学习，在这个过程中加深了对速度的理解，让学习真实地发生。下面是部分学生的学习感受（见图 9-10）。

学期结束时，我们给学生布置了寒假实践作业，设计了学习单（见图 9-11），将速度学习的空间继续延伸，使学生通过不断反思，积累问题提出的经验。

通过这次对速度的学习，我学会了观察生活中所有事物的运动和运动后面的原理和规律

④如果问题被选中，你的名字就会走过校园的每一个角落，也可能会传到其他学校。

关于"速度"的问题提出活动

感想

通过这次活动，我们进行了把我们所困惑的或是自认为值得讨论的速度问题，整理出且提出一个认为最好的问题。

因此每个人都有收获，其中，我了解了更多速度部分的信息和知识，让我们对速度的知识全新扩又加深了，一步又一步了解了自由落体的性质、生活中的速度温差，又收获了分享的快乐。

"共享速度空间"活动感想

这个学期，数学李老师带领我们班的同学开展了"共享速度空间"的活动。

刚一听到这个活动主题的时候，我就非常期待，李老师给我们每人发了一份"要眼看世界——我身边有关'速度'的好问题"的乐学单。回到家，我和爸爸妈妈一起讨论，我注意到有一次，我步行去上学，当我走到家和学校的中点时发现忘记拿水杯了，于是就给爸爸打电话，让爸爸来送，接着我就继续往学校走。当我到达学校时，爸爸也刚好到达，这说明爸爸的速度是我的两倍。

这次活动，我不仅收获了知识，还感受了数学的魅力，更体验到了速度的美妙。这真是一次令我难忘的活动。

图 9-10　部分学生的学习感受

四年级数学假期实践作业

班级：　　　　　　　　姓名：

同学们，这学期我们参加了“问题提出”项目学习活动，相信同学们一定有很多收获！还记得吗，我们利用本学期最后一个月组织了“共享速度空间”的主题学习活动，在这次活动中你有哪些收获？请你根据最终入选的有关速度的数学题目，对自己找到的“我身边有关速度的好问题”进行反思。再想一想我们应该如何提出一个好问题，把你的好想法记录下来，并重新思考，提出一个你认为值得研究的有关速度的好问题并解决。开学后要和同学们一起交流哟！

我的反思	
我的收获	
我再次思考后提出的问题	
我的解决方法	

图 9-11　寒假学习单

特色案例

丰富“速度”体验，提出更好的问题[①]

本案例是“共享速度空间”这一实践单元中的第二、第三课时的内容。我们为学生设计了“问题提出”的实践活动，让学生寻找生活中丰富的速度实例并把它们作为素材，经历“发现、提出问题—分享问题—制定好问题标准—修改问题—推选好问题—解决问题”的过程，让学生学会提出更好的问题，增加提出问题的经验，发展提出问题的能力。因此，我们选择了交流提出的问题、制定好问题的标准、修改问题这样三方面内容作为本案例的学习内容。

一、课前思考

“路程、时间与速度”是小学阶段要学习的一个重要数量关系。速度是学生第一次接触到的复合单位，是一个抽象的概念。要让学生感受到它的现实意义，就需要有直观形象做支撑，帮助学生理解其内涵。需要构建现实场景让学生充分体验，选取一些贴近学生生活实际的材料，延长体验时间，让学生在多角度的丰富感悟中正确理解速度的意义，在不断积累对速度的直观感知与理性认识的基础上，建构起“速度、时间、路程”三者的关系。课上学生对速度的学习特别感兴趣，但是时间有限。本单元就是教师与学生共同策划的实践活动单元，期待学生通过学习方式的改变，通过对生活中速度的探索，不断地生长出新的思考，凭借对速度的关注，把更多丰富的体验作为载体，学会从更多的角度思考，逐渐学会提出更好的问题。

① 作者：北京石油学院附属实验小学梁颖，北京市海淀区万泉小学李聪璐。

二、课堂写真

镜头一 根据生活中发现的速度提出问题

师　同学们在生活中找到了很多关于速度的实例，有的找到交通工具中有速度，动物奔跑、飞行中有速度，地球公转有速度；还有的同学找到了核潜艇下潜的速度、指路牌上的速度等（见图 9-12）。

自行车的行驶速度约为 15 千米/时

猎豹奔跑时最高时速为 110 千米

尖尾雨燕每秒飞行 100 米

地球平均公转的速度为 29.783 千米/秒

“蛟龙”号载人潜水器，1 分钟最大下潜深度为 50 米

步行的速度是 1 分钟大约走 52 米，5 分钟大约走 260 米

图 9-12　生活中的速度素材

师　你能根据生活中找到的这些速度实例，提出一个大家经过思考可以解决的数学问题吗？

生 1　尖尾雨燕是世界上飞行速度最快的鸟，它每秒飞行 100 米，我想知道 1 分钟它能飞多少米。

生 2　不就是 100×60 吗？我们还能提出哪些更有意思更有挑战的问题呢？

师　这里还有同学们提的一些问题。请你仔细看一看（见图 9-13）。

师　同学们，生活中的速度能够引发大家这么多的发现和思考，你们真了不起！

我的问题：猎豹奔跑3小时比轮船行驶2小时，谁的速度快？

我的问题：火车每小时行驶110千米，那么19999小时，火车一共行驶多少千米？

我的问题：两张重量相同的纸，一张捏成团，一张就是平展的纸，在同一高度下同时释放，下落的速度有什么关系？生活中还有哪些类似的现象？

我的问题：如果猎豹每小时20千米和高铁250—350千米比，谁快？快多少？

猎豹有着“快跑冠军”之称，却不能长期追击动物。据研究表明，猎豹以最高时速追捕猎物，最多维持3分钟左右。如果这次追捕不到猎物，猎豹会及时停下，等待下一次追击机会。

在非洲大草原上猎豹正在以每分钟1800米的速度，正在追捕一只以每分钟1200米的速度逃跑的猎物。请问猎物与猎豹至少保证多远的距离才算安全？

我的问题：火车平均每小时行驶110千米，已经行驶了18小时，现在火车在哪个城市附近？

北京
1587千米
长沙
726千米
广州

图 9-13　学生提出的问题示例 2

镜头二　讨论推选好问题的标准

利用学生提出的问题，引领学生进行小组交流与分享，让学生说说喜欢谁的问题。每个小组推选小组最满意的 2 个问题，全班交流推选出的问题。出示第一组推选出的问题（见图 9-14）。

①
我的问题：火车每小时行驶110千米，那么19999小时，火车一共行驶多少千米？

②
我的问题：火车平均每小时行驶110千米，已经行驶了18小时，现在火车在哪个城市附近？

北京
1587千米
长沙
726千米
广州

图 9-14　学生推选出的满意的问题示例 1

师　我们来看第一组问题，这是两个有关火车速度的问题，对比一下，想一想，你觉得满意的问题应该达到什么标准呢？想好了之后可以和大家分享一下你的想法。

生 1　咦？19999 个小时，大概是 833 天，火车也不会一下子走这么长时间吧？所以我觉得提问题最好还是有点儿实际意义。

生 2　我同意。②号问题挺有生活实际意义的，还可以在路线图上画一画，挺好的。

生 3　我也认为②号问题挺好的，但我觉得可以提得再清楚一点儿。比如这道题中，没有说清楚到底是从北京出发还是从广州出发。

师　真会思考！看来大家都有提问题的经验了！提的实际问题要有实际意义，而且要把问题说清楚，如果信息和呈现的形式能再丰富一些就更好了！

出示第二组学生推选出的问题（见图 9–15）。

我的问题：猎豹奔跑3小时比轮船行驶2小时，谁的速度快？
①

我的问题：如果猎豹每小时20千米和高铁250—350千米比，谁快？快多少？
②

猎豹有着"快跑冠军"之称，却不能长时间追击动物。据研究表明，猎豹以最高时速追捕猎物，最多维持3分钟左右。如果这次追捕不到猎物，猎豹会及时停下，等待下一次追击机会。
在非洲大草原上猎豹正在以每分钟1800米的速度，追捕一只以每分钟1200米的速度逃跑的猎物。请问猎物与猎豹至少保证多远的距离才算安全？
③

图 9–15　学生推选出的满意的问题示例 2

师　我们再来看第二组问题，一起观察对比一下，这三道题都是关于猎豹速度的问题。说一说哪个问题你更满意。

生 1　我觉得②号问题提得挺好的。这个问题信息完整，是可以计算出来的。但是①号问题猎豹和轮船比，只告诉我们一个跑 3 小时，一个跑 2 小时，信息不完整啊！

生2　我也觉得②号问题可以解决，信息是完整的，但高铁的时速给的是250到350千米的范围，不如给具体的数据好，所以我更喜欢③号。我认为③号的信息给得很完整，很丰富，它是猎豹追猎物的情境，读起来很有意思，很能吸引我。

生3　其实②号问题中给一个高铁的速度范围来比较也没关系，我们可以用最快的速度比一次，再用最慢的速度比一次，能得到比猎豹快多少的速度范围，是可以的。我也是对③号问题最满意，因为它看起来不仅能用速度知识去解决，并且问的是猎物与猎豹最短的安全距离，这个问题解决起来比其他两个更有挑战。

师　听了大家的讨论，不知道你们是否也有同感，其实我们对具体问题满不满意并不是最重要的，大家意见不一样也没有关系，在这个过程中讨论出令我们满意的一些标准，这些标准对我们将来寻找满意的问题会更有启发，这才是更重要的！

出示第三组学生推选出的问题（实践研究类问题）。

师　同学们，我们再来看看这个问题（见图9-16）。

我的问题：两张重量相同的纸，一张捏成团，一张就是平展的纸，在同一高度下同时释放，下落的速度有什么关系？生活中还有哪些类似的现象？

图9-16　学生推选的满意的问题示例3

师　咱们把它和前两组问题放在一起看一看。你觉得这个问题怎么样？

生1　这个问题很特别，但是我有个疑问，这个问题能解决吗？这里也没有数据，我觉得它信息给得不完整吧？

生2　这个问题没有数据也没有关系，咱们做一下实验不就有数据了吗？其实第二组的①号问题，我们通过查阅资料、补充信息也是能够解决的。

生 3　我也觉得这个问题挺有趣的，是需要我们动手实践的，我们就叫它实践类的问题吧。这个实践类的问题真的太有意思了！而且我还想知道它们下落的速度到底是谁快，快多少，为什么会有这种关系呢。

师　是的，看来我们还可以提出一些调查、实践类的问题。

……

根据学生们在讨论好问题的过程中提到的想法，师生共同制定出好问题的标准。

（1）数学信息完整、丰富。

（2）问题有实际意义。

（3）问题值得思考，最好有挑战性。

（4）可以提一些实践类的问题。

（5）如果提的问题还可以启发思考更多的问题，那就更好了。

镜头三　修改问题

师　咱们已经讨论出了好问题的标准，你愿意尝试修改自己的问题吗？修改后再去尝试解决，最后与大家分享你最满意的问题。那我们现在开始修改问题吧，然后把你修改的理由记录在学习单上。

师　先看这个有关猎豹速度的问题。大家先仔细读一读，再和修改前的对比一下，看看有什么样的变化（见图 9-17）。

我的问题：猎豹奔跑3小时比蜗牛爬行2小时，谁的速度快？	我的问题：小汽车3小时行驶了大约249千米，猎豹2小时奔跑了大约182千米，猎豹和小汽车，谁的速度快？
修改之前的问题	修改之后的问题

图 9-17　修改前后的问题对比示例 1

师	看了这个问题，我们发现这个同学修改后的问题和之前比有很大的变化。不如我们来听听修改问题的小作者是怎么想的吧。
生 1	我增加了猎豹的速度，把信息补充完整了；并且我还把那个轮船改成了我更加熟悉的小汽车了。
师	看来这个问题修改后变成一个可以解决的问题了，信息也变得完整、丰富了。我们再来看看这个有关火车速度的问题（见图 9–18）。

我的问题：火车每小时行驶 110千米，那么19999小时，火车一共行驶多少千米？	我的问题：火车以110千米/时的速度行驶，行驶8小时，火车一共行驶了多少千米？
修改之前的问题	修改之后的问题

图 9–18　修改前后的问题对比示例 2

师	请修改问题的小作者说一说前后的变化吧。
生 2	刚才有的同学提出火车不能一下子跑那么多小时，我就想起我曾经去一个地方好像就坐了 8 个小时的火车。所以我就改成了 8 小时，这样大家就可以知道这次我乘坐的火车一共行了多少千米了。
师	真好！看来同学们不仅修改了问题，而且还很善于倾听同伴们的建议，对自己的问题进行调整和修改。
生 2	其实，在修改的过程中，我查阅了很多资料，我知道了现在火车的速度变得越来越快啦！不仅有普通火车，还有动车和高铁呢。现在动车的行驶速度大约是每小时 200 千米，高铁的速度大约是每小时 300 千米。这又让我想到了一个新问题，动车以 200 千米/时的速度行驶，从北京到南京需行驶 8 小时，如果高铁以 300 千米/时的速度行驶，那么从北京到南京需要行驶几个小时呢？

师　真会思考，他还能在查阅资料后提出新问题。确实，我们国家高铁发展是一个非常了不起的成就……。我们再来看这位同学的问题修改得怎么样（见图 9-19）。

我的问题：尖尾雨燕是世界上飞行速度最快的鸟，它每秒飞行100米，它1分钟能飞多少米？	我的问题：尖尾雨燕是世界上飞行速度最快的鸟，它的飞行速度大约120千米/时，如果尖尾雨燕要飞到6000米外的树林里寻找食物，几分钟能到达？
修改之前的问题	修改之后的问题

图 9-19　修改前后的问题对比示例 3

师　这位同学提的问题和之前相比，你觉得有了什么变化？

生 3　我觉得他开始用的是速度×时间，现在做这道题的时候，实际上是用已知的路程求时间，他换了个提问题的角度。

生 4　为什么要换个角度呢？

生 5　我想把问题提得更有意思一些！我就在想，尖尾雨燕是世界上飞行最快的鸟，它要是飞到 6000 米外的树林里到底要花多长时间？所以我就想到这个问题了。

生 6　这个问题里速度的数据设计得还很有难度，大家还得注意这个问题里给的速度单位和提问的问题里的单位不同，我们在解决的时候也要注意呢。

师　看来讨论出的提问标准真的能指导我们在修改问题的过程中不断进步。我们都可以通过不断打磨问题，最终修改出一个自己最满意的问题！

第十章

“认识比”单元：在实践活动中开展学习[①]

① 作者（单元整体设计）：中国人民大学附属小学赵娣。

比是对两个量倍比关系的刻画。从二年级对倍的认识，到三年级对分数的初步认识，再到五年级对分数的再认识，以及和比同时学习的百分数，这些都可以刻画两个量之间的倍数关系。那为什么还要进行比的学习呢？学生真正感兴趣的问题又是什么？本研究从启动制作泡泡液这一任务到研发泡泡液配方，使学生在体会和认同比的必要性的同时，感悟比可以表征隐藏在这些属性中的数量关系。在研讨“都能用比刻画吗?”这一活动中，凸显比的度量作用，真实的任务活动能使学生正确理解比的意义，应用比去解决实际问题，从而发展应用意识。“配制泡泡液”需要学生综合运用不同学科的知识和方法解决实际问题。在完成任务的过程中，学生遇到了各种各样的困难，他们不轻言放弃，能主动规划，尝试解决，积极投入探索与实践，表现出了很强的兴趣与持续的研究动力。

单元具体概念及学生分析

一、单元具体概念

本单元力求让学生从以下三个方面得到深刻的体会，并以此统领本单元的学习活动。

概念 1 比是对两个数量倍数关系的表示和度量。

史宁中教授明确提出了对于比的本质理解："比是两个数量倍数关系的表达或者度量。"[①]倍数关系是表达量多少的一种重要关系，这种关系可以是同类量间的关系，也可以是不同类量间的关系。比的度量作用很重要，利用两个量之间的比产生新概念可以对事物的属性进行度量，比如用路程和时间的比产生新的概念"速度"，用来度量快慢。正如史宁中教授进一步阐述的："如果要对一个事物的优劣进行度量，可以探寻影响优劣的关键要素，然后基于关键要素之比构建度量指标。基于这个思路，可以根据生活的经验创设教学活动，让学生在这样的活动中感悟：数学是如何利用两个数量的比合理地分析和解决问题的。并且让学生逐渐建立这样的理念：可以人为地建立各种度量指标，判断度量指标好坏的标准就是更好反映客观现实。"[②]

① 史宁中，娜仁格日乐．小学数学教科书中的比及其教学[J]．数学教育学报，2017，26（2）：1–5.

② 同①.

概念 2 **利用比的意义，以及比和分数、除法的关系可以解决问题。**

比和分数、除法有着密切的联系，利用比的意义和关系能够帮助我们解决比的化简、按比例分配等实际问题。强调这一点，是想强调可以从概念的意义出发解决问题，而不是形成或套用若干题型来解决问题。开展真实任务，解决真实问题是关键。比的学习就在配制泡泡的实景体验等学习中唤醒“关系”，不但学习比的意义，更应用比的意义解决问题。

概念 3 **解决挑战性任务需要制定合理的方案，同时不断发现和提出问题、分析和解决问题。**

在解决挑战性任务时，需要制定合理的解决问题方案，并且具体实施以完成任务，这一过程也是不断发现和提出问题、分析和解决问题的过程。

二、学生分析

学生学习比的先期基础是什么？学生是否可以基于自己已有的知识和经验学习比？学生对比好奇的是什么？为此，在本单元学习之前，我们对中国人民大学附属小学六年级一个班 36 名学生进行了学前调研，并对前一年六年级一个班学过“比的认识”的学生进行了访谈。通过调研，我们有以下发现。

1. 绝大多数学生能够借助已有知识、经验表示关系

没有学习过“比的认识”的学生，对如下这个问题进行了作答：“图 10–1 是 84 消毒液的使用说明，你能说说 1∶100 的意思吗？”

用途	稀释倍数	消毒方式	消毒时间
除茶杯、咖啡杯的污渍	1:100	浸泡	30 分钟

图 10–1　84 消毒液使用说明

有 50%的学生是借助具体数量解释比，如毫升、滴、瓶盖等；还有近

40%的学生能准确地借助份数或者倍数来表示关系；只有 10%左右的学生没读懂题或者不能借助已有知识经验解释 1∶100 的意思。

2. 学习后仍然有不少学生对比的价值感受不深

老师组织往届学生针对比提出自己的问题或者困惑，42 名学生中有 12 名学生明确提出了类似图 10–2 这样的问题。

我们学习了除法和分数，为什么还要学习比？比到底有什么用？

图 10–2　学生学完比以后提出的问题

提出以上问题的学生约占 28.6%。可以看出，虽然学生已经学过比，但对于比的本质，尤其是比的度量意义和价值还有更进一步探究的需求。

3. 学生在解决挑战性任务中能够提出好奇且能引领本单元学习的问题

当面临挑战性任务"给一年级的学弟学妹配泡泡液，使能吹出一个尽可能大的泡泡"时，学生们纷纷提出了自己的思考，提出了如下类似问题。

问题 1：一般泡泡液中含有洗涤剂和水，二者如何配比才能使吹出的泡泡比较大？

问题 2：添加胶水、蜂蜜等，各成分之间如何配比才能使吹出的泡泡比较大？

问题 3：确定配方后，要给一年级一个班 40 名学弟学妹配制泡泡液，需要各种成分各多少？

这些问题实际上包括了"如何刻画两个量之间的关系？比表示的是两个量之间怎样的关系？如何利用比的意义解决生活中的问题？"等问题的解决。

通过以上调研结果可以看出，绝大多数学生对"比表示关系"有经验，且学生面对挑战性任务时能够提出自己感兴趣并能引领本单元学习的问题，这说明本单元开展"问题引领学习"具备充分的基础。但同时，从对学过比的学生学后调研情况来看，不少学生对比的价值认识不够，看来有必要在新的教学中更加突出比的表示和度量的意义。基于以上调研和分析，我们对"比的认识"单元进行了整体设计。

TUKE单元学习目标及学习结果表现

一、TUKE单元学习目标

T 迁移目标 利用比的意义，以及比和分数、除法的关系解决更多的问题，并能依据特定情境和具体条件，选择制定合理的问题解决方案。

U 理解目标 经历在解决挑战性任务中学习比和应用比的过程，体会比刻画了两个量之间的倍数关系、利用两个量之间的比产生新的量对事物的属性进行度量、利用比的意义及和其他内容的联系可以解决问题；同时不断发现和提出问题、分析和解决新问题。

K 知能目标 认识比的意义，进行比的化简，以及利用比的意义解决简单实际问题。在问题解决的过程中，感悟数学与生活的密切联系，感悟比的价值。

E 情感目标 在完成配制泡泡液任务中感受学习比的乐趣和比的价值，获得勇于探索、乐于分享的情感体验，体会数学与生活的联系。

二、学习结果表现

①能联系实际背景解释比的含义。

②能够用比对两个数量间的关系进行表达。

③能利用商不变的规律或分数的基本性质化简比。

④能利用比的意义解决按比分配的实际问题。

⑤能够在解决问题的过程中，依据特定情境和具体条件，选择或制定合理的解决问题方案。

学生学习的关键问题

根据单元具体概念和学生分析，我们初步确定了本单元学生学习的五个关键问题（见表 10–1）。

表 10–1 “比的认识”的具体概念和初步确定的关键问题

单元具体概念	初步确定的关键问题
1. 比是对两个数量倍数关系的表达和度量。 2. 利用比的意义，以及比和分数、除法的关系可以解决问题。 3. 解决挑战性任务需要制定合理的方案，同时不断发现和提出问题、分析和解决问题。	1. 如何刻画两个量之间的关系？ 2. 比表示的是两个量之间怎样的关系？ 3. 生活中还有哪些问题可以通过比来度量？ 4. 比和哪些知识有联系？ 5. 如何利用比的意义及与其他知识的联系解决生活中的问题？

单元学习任务

根据学生的年龄特点和学习规律，结合任务驱动、问题引领学习方式，参照学生自主提出的问题序列来设计本单元的学习任务。于是将上述关键问题与学生面对“配制泡泡液”任务自主提出的问题进行对比，发现学生如前所述中的“问题 1：一般泡泡液中含有洗涤剂和水，二者如何配比才能使吹出的泡泡比较大？问题 2：添加胶水、蜂蜜等，各成分之间如何配比才能使吹出的泡泡比较大？问题 3：确定配方后，要给一年级一个班 40 名学弟学妹配制泡泡液，需要各种成分各多少？”，实际上正好契合了初步确定的关键问题 1、2、4，而关键问题中的 3、5 在学生自主提出的问题中没有涉及，于是进行调整，设计如下的“问题 4：我们学习了除法和分数，为什么还要学习比？生活中还有哪些问题可以通过比来度量？”作为补充任务。（这个问题既可以由老师提出，也可以由学生在解决前三个问题的基础上自然提出。）

同时为了挑战性任务的开展与实施，我们把“为了配制泡泡液，需要思考和解决哪些问题”作为本单元第一个需要完成的学习任务。因此，基于以上对本单元关键问题和学生自主提出问题的分析补充，得到本单元的学习任务框架（见图 10–3）。

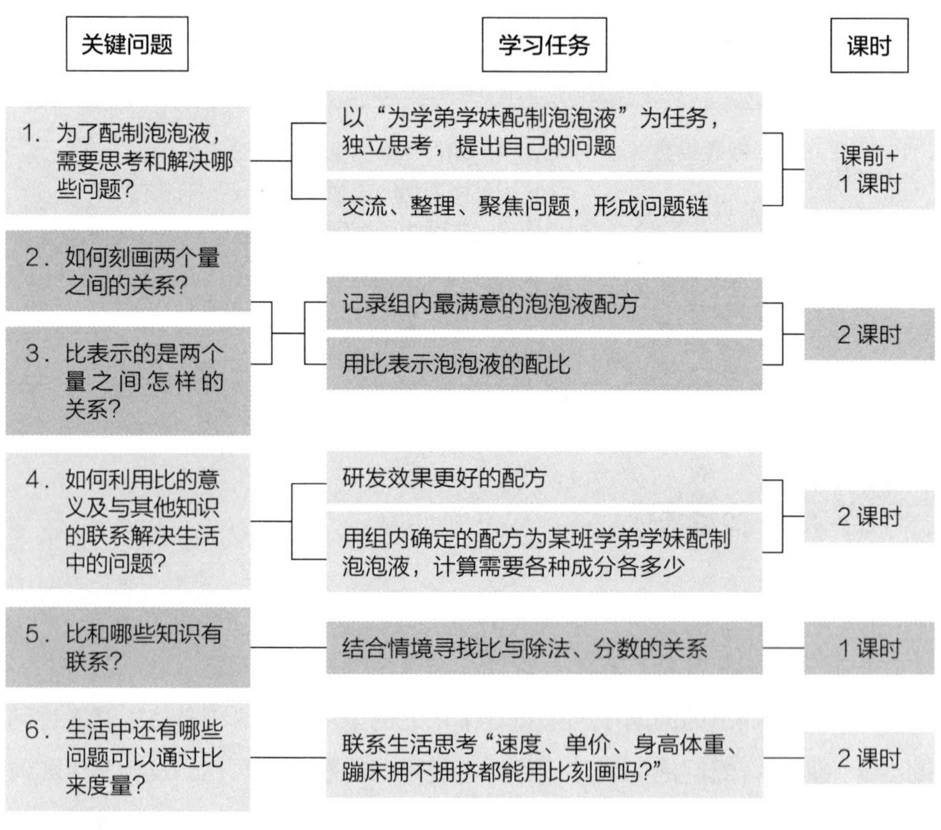

图 10–3　单元学习任务框架

下面具体阐述主要学习任务的设计思路。

一、设计挑战性的任务，鼓励学生提出好奇的问题

学生在完成真实任务的情境中，参与度更高，积极性更强。因此在现实情境中，设计并提出具有挑战性的任务，能引发学生提出好奇、关心的问题。他们在不断提出问题、分析问题、解决问题从而完成任务的过程中，获得各方面的发展。

以“七彩巴学园的学弟学妹们要过泡泡节了，老师请我们为学弟学妹们制作泡泡液，帮学弟学妹们过一个欢乐多彩的泡泡节”这个真实任务引发提问：在配制泡泡液这个任务前，你需要思考哪些问题？或者你想研究哪些问题？请独立思考并提出问题。

二、交流、整理、聚焦问题，形成问题链

学生在独立思考、提出个性问题的基础上进行小组交流，这样既有思维碰撞，又能在交流中明晰问题，提高问题表达的准确性。

小组学生认真研读每一个问题，把读不懂的问题标注出来，并按照自己的理解把认同的好问题写清楚。筛选问题后，以小组为单位汇总问题在全班交流展示，形成小组的问题链，图 10–4 是某一组的讨论结果。

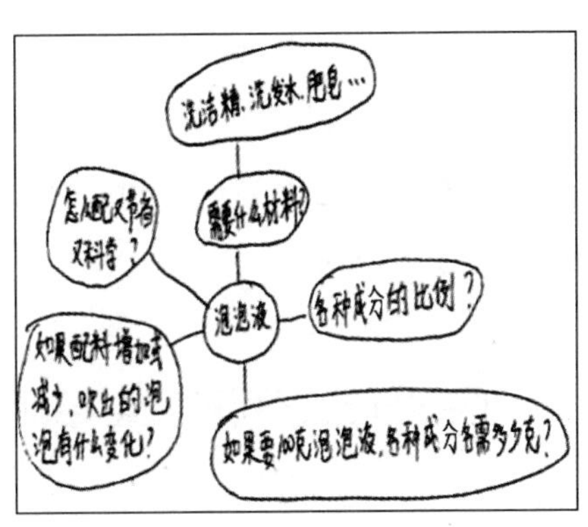

图 10–4　小组讨论结果

在小组初步进行问题交流、整理的基础上，再次组织全班进行讨论，集体进行问题整理，找到共性问题和个性问题，最终形成大家认可的学习规划，为后续的研究、学习做好准备。

下面是各小组共性的问题：

（1）泡泡液里洗涤剂和水各是多少？如何配比才能使吹出的泡泡效果比较好？

（2）添加胶水或蜂蜜效果更好，泡泡液成分里的洗涤剂和水、胶水、蜂蜜各是多少？如何配比才能使吹出的泡泡效果比较好？

（3）确定配方后，要给一年级一个班（40人）配制好泡泡液，需要每种成分各多少？

下面是各小组提出的既有个性又值得研究的问题：

（1）是否可以加其他材料使泡泡质量更好？

（2）尝试用不同的吹泡泡器吹，看看能不能形成不同形状的泡泡。

（3）泡泡在阳光的照耀下为什么会出现彩虹一样的颜色？

（4）配制后搁置10天、30天或更长的时间，再次观察吹出泡泡的效果，来看看泡泡液有没有保质期。

（5）不同成分混合在一起配制成的泡泡液，有没有毒？（可以上网查找资料，或者借助外援，比如找专业实验室帮助鉴定是否有毒害。）

（6）在太空里能吹泡泡吗？

全班经过讨论决定，对于共性问题在课堂教学和实践活动中集中解决；对于学生提出的个性问题鼓励感兴趣的学生研究，并开设相应的学生讲坛、可爱作业[①]进行分享。

三、依据任务序列开展学习活动，认识同类量的比

在共同制定的任务序列的引领下，师生开展相关的研究活动。学生通过实验操作、写配方、调整配比、表达配比、应用配方等活动，在设计方案、完成任务过程中认识比、使用比，对同类量的比有了比较深刻的认识。

① 可爱作业是中国人民大学附属小学的特色作业。它区别于书上的作业题目，更注重学生学习能力及综合素养的培养，从探索性、实践性到个性化作业，为学生带来了广阔的自主探索、创作空间，让老师和学生在作业上形成互动，真正搭建起师生沟通的桥梁。

1．记录组内最满意的泡泡液配方

学生以小组为单位用水和洗涤剂自由配制泡泡液，并进行实验，看如何配比才能使吹出的泡泡效果比较好。每个学生都要参与组内实验，并尝试表达自己组的实验结果。实验后，学生尝试刻画两个量之间的关系（见图 10–5）。

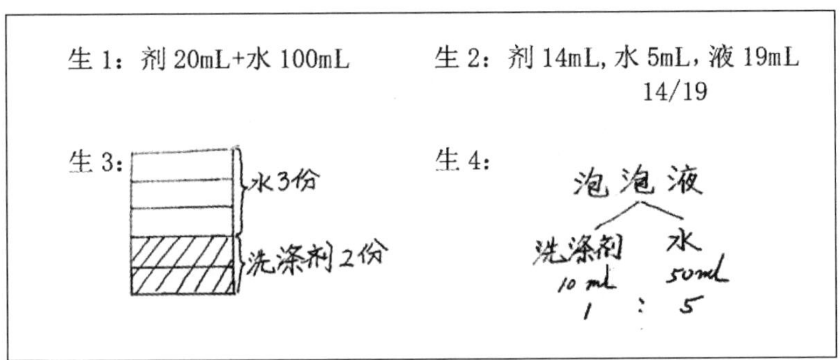

图 10–5　学生用图画作品表示泡泡液配方

2．用比表示泡泡液的配方

在全班交流、讨论中形成共识——用比来表示配方。在对“比”的解读中，学生体会了比表示的倍数关系，进而沟通了比与除法（或者分数）的联系，感受到比表示的是两个量之间存在怎样的关系（见图 10–6）。

水：洗涤剂＝300mL：150mL
＝2：1
↓
2份：1份

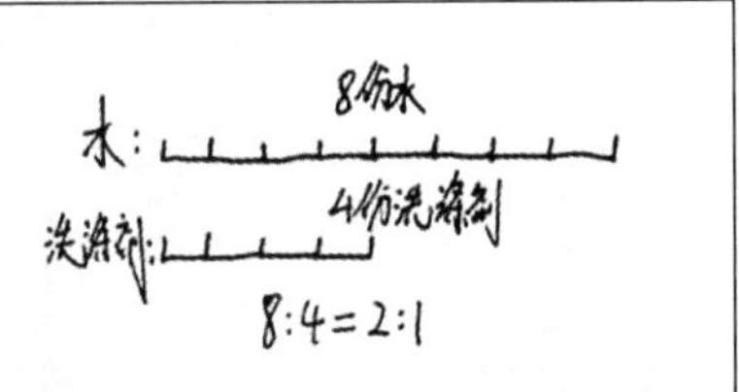

图 10–6　学生用比表示泡泡液配方

四、研发效果更好的配方

对于在任务解决过程中学生提出的个性问题“是否可以加其他材料使泡泡质量更好?”，引导学生自愿回家做实验解决，以实验报告形式记录下来，并把最终的泡泡液带到学校。学生的部分研究成果见图 10–7。

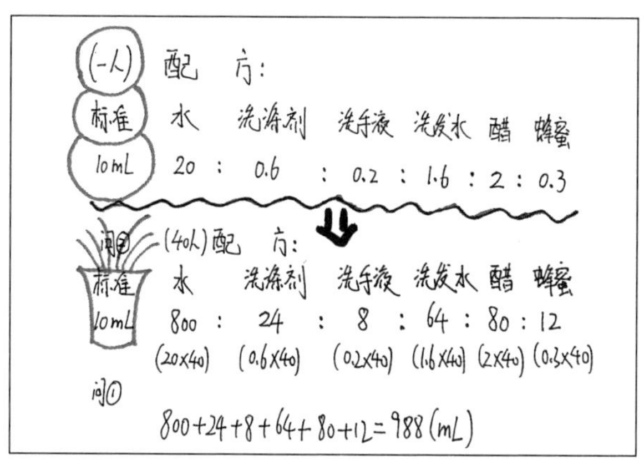

图 10–7　学生自愿研发效果更好的配方

在依据任务序列开展研究的过程中，学生积极动手实验，广泛参与尝试，也体验到实验成功的喜悦（见图 10–8）。

图 10–8　学生体验成功的喜悦

五、为学弟学妹配制泡泡液

通过集中展示、评比，选出最好的泡泡液配方："水：洗涤剂：洗手液：洗发水：醋：蜂蜜 = 20：0.6：0.2：1.6：2：0.3。"然后全班共同研讨解决如下问题：要为一年级一个班的学弟学妹（40 人）用这种方案配制泡泡液，我们需要准备水、洗涤剂、洗手液、洗发水、醋、蜂蜜各多少？共制出多少毫升泡泡液？图 10–9 为学生给出的解决方案。

$(200+6+2+16+20+3) \times 40=9880$（mL）

水：$9880 \times \frac{200}{200+6+2+16+20+3} = 9880 \times \frac{200}{247} = 8000$（mL）

洗涤剂：$9880 \times \frac{6}{247} = 240$（mL）

洗手液：$9880 \times \frac{2}{247} = 80$（mL）

洗发水：$9880 \times \frac{16}{247} = 640$（mL）

醋：$9880 \times \frac{20}{247} = 800$（mL）

蜂蜜：$9880 \times \frac{3}{247} = 120$（mL）

图 10–9　学生通过计算得出的解决方案

六、认识不同类量的比，进一步感悟比的价值

"我们学习了除法和分数，为什么还要学习比？生活中还有哪些问题可以通过比来度量？"这一问题是学生在解决前四个问题的基础上自然提出的，它进一步唤醒了学生的好奇心和求知欲。在学生学习"路程与时间""总价与数量"都可以用比表达之后，我们又设计了"都能用比刻画吗"的学习任务，鼓励学生探索和交流"身高和体重能比吗""哪个蹦床不拥挤"等问题。在这个过程中，学生对"比是对两个数量倍数关系的表达和度量"有了更深刻的理解和感悟。

单元学习评价

依据学生的学习结果表现，对“能联系实际背景解释比的含义；能够用比对两个数量间的关系进行表达；能利用比的意义解决按比分配的实际问题”等学习结果表现进行评价，可以依据单元具体概念和学习目标设计相应题目进行考查；对于本单元的重要评价内容，如用比呈现泡泡液配方、根据配方配制泡泡液，以及迁移目标的实现，将重点设计评价任务和评价标准进行考查。其中，既可以在课堂中利用课堂观察、互动交流、学习任务单等对学生的学习表现进行即时评价，也可以在学习后用纸笔测试、访谈等形式对学生的学习情况进行评价。

评价任务一

学习结果表现 能联系实际背景解释比的含义。

评价任务 说一说图中各个比的含义（见图 10-10）。

评价标准 （见表 10-2）

图 10-10 情境图

表 10-2 学生表现及评价量规

等级	A（优秀）	B（合格）	C（仍需努力）
表现	能够明确题意，结合具体的情境解释比的含义，并理解情境中的比表示的具体数量关系。	基本能够结合具体的情境解释比的含义，并理解情境中的比表示的具体数量关系。	不能解释情境中比的含义，在理解比所表示的数量关系时存在问题。

评价任务二

学习结果表现 能够用比对两个数量间的关系进行表达。

评价任务 妈妈打算按照两种不同的方式配两杯蜂蜜水（见图 10–11），请你认真观察分析，说一说哪一杯蜂蜜水更甜（尝试用不同的方法说明）。

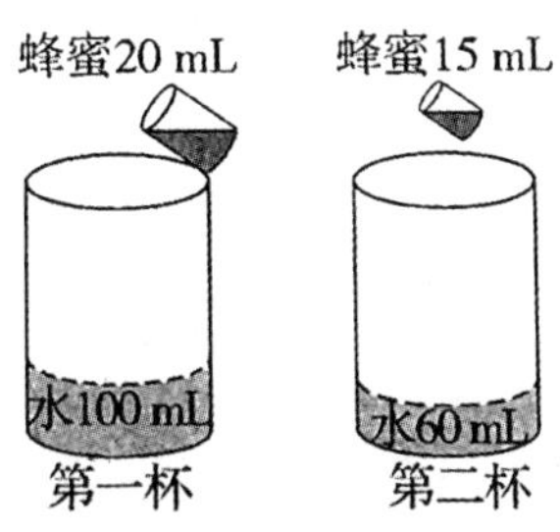

图 10–11 情境图

评价标准 （见表 10–3）

表 10–3 学生表现及评价量规

等级	A（优秀）	B（合格）	C（仍需努力）
表现	能够用比表示具体情境中的数量关系，理解比在情境中的具体意思。	能够用自己喜欢的方式（如除法等）表达具体情境中的数量关系，但用比表示还存在一定困难或问题。	不能用比表示具体情境中的数量关系，对比的理解水平还有待提高。

评价任务三

学习结果表现 能利用商不变的规律或分数的基本性质化简比。

评价任务 在 100 克水中加入 10 克盐，盐和盐水的质量比是（ ）。

评价标准 （见表 10–4）

表 10–4 学生表现及评价量规

等级	A（优秀）	B（合格）	C（仍需努力）
表现	能够运用商不变的规律和分数的基本性质化简比，并解决相应的实际问题。	能够运用商不变的规律和分数的基本性质化简比，但并非最简比。	不能运用商不变的规律和分数的基本性质化简比，不能解决相应的实际问题。

评价任务四

学习结果表现　能利用比的意义解决按比分配的实际问题。

评价任务　淘气小朋友一家三口和笑笑小朋友一家四口一起到餐厅用餐，他们两家的餐费一共是 140 元，两家决定按人数分摊餐费。笑笑一家应付多少元？

评价标准　（见表 10-5）

表 10-5　学生表现及评价量规

等级	A（优秀）	B（合格）	C（仍需努力）
表现	能够运用比的意义解决按照一定的比进行分配的实际问题。	有按比分配解决实际问题的意识，但对比的意义的认识还存在偏差。	不能运用比的意义解决按比分配的实际问题。

评价任务五

学习结果表现　能够在解决问题的过程中，依据特定情境和具体条件，选择或制定合理的解决问题方案。

评价任务　下面是四个不同的斜坡（见图 10-12），请制定合理的解决问题方案，判断哪个斜坡更陡。

坡道一

坡道二

坡道三

坡道四

图 10-12　不同坡道展示

评价标准（见表 10–6）

表 10–6　学生表现及评价量规

等级	A（优秀）	B（合格）	C（仍需努力）
表现	能够依据特定情境和具体条件，从两个量关系比的角度，刻画斜坡倾斜程度，制定合理的问题解决方案。	基本能够依据特定情境和具体条件，统一一个量，根据另一个量，刻画斜坡倾斜程度，制定问题解决方案。	不能依据特定情境和具体条件，仅从斜坡长或高刻画斜坡倾斜程度，制定的解决方案不太合理。

评价任务贴近生活，从学生已有的经验出发，引导学生唤醒对关系理解的元认知，经历探究比的意义的过程，理解比的意义，并为后续学习比例、正反比例奠定可迁移的基础。教师可以收集学生应用比的作品，对个别学生进行必要的访谈。

本单元从真实情境出发，制定挑战性任务，基于学生的经验基础、好奇的问题和能力发展目标，放大探索空间，使学生学会在真实情境中发现问题，解决问题。“比”这一部分内容的教学是建立在学生已学过分数乘（除）法的意义和计算、分数的意义和基本性质以及分数与除法的关系的基础上进行的，这些知识都是学生学习本单元内容的直接基础。因此一定要让学生在完成挑战性任务的同时，逐步抽象出比的意义，进而尝试用自己的方式表达对数量关系的理解、对数学问题的理解、对现实问题的理解，探索解决问题的思路和方法，提高用比解决实际问题的能力。

特色案例

在现实任务中发现本质，在解决问题中感悟价值[①]

本案例是“认识比”单元中的最后一课时。学生从生活中的不同现象出发，进一步探讨在解决实际问题过程中“都能用比刻画吗？”这一问题，在这一过程中深刻理解比的意义，体会比的价值。下面与大家分享对这节课的思考与实践。

一、课前思考

在本节课之前，师生共同解决了“我们学习了除法和分数，为什么还要学习比？比到底有什么用？”的问题，在配制泡泡液的过程中学生感受到了比的用处。然而通过与学生的进一步访谈，发现他们对于“比”的理解与在实际生活中的应用还不是很全面，对于用比来刻画两个量关系的本质感悟也不是很深刻。因此，这节课继续讨论学生关心的“身高和体重能比吗？”“哪个蹦床更好玩？”等新问题，在对这些问题的讨论中，学生对比又会有哪些新的认识和理解？我们对此充满了期待。

二、课堂写真

镜头一 “身高和体重能比吗？”

“身高和体重能比吗？”对于类似这样的问题，课上学生们争论不休。

---

① 作者：中国人民大学附属小学蔡立革、沙海。

生1　我是这样想的，身高是长度单位，体重是重量单位，长度与重量怎么比？单位都不一样。

生2　我们班每个人的身高和体重几乎都不一样，比出来是什么意思？所以我觉得不能比。

师　同学们说得都挺有道理。还有同学有不同的想法吗？

生3　我赞成可以比。身高一样，除以的数小，比值大；除以的数大，比值就小。可见比值越大越瘦，比值越小越胖，我同学就比我胖一点（见图 10-13）。

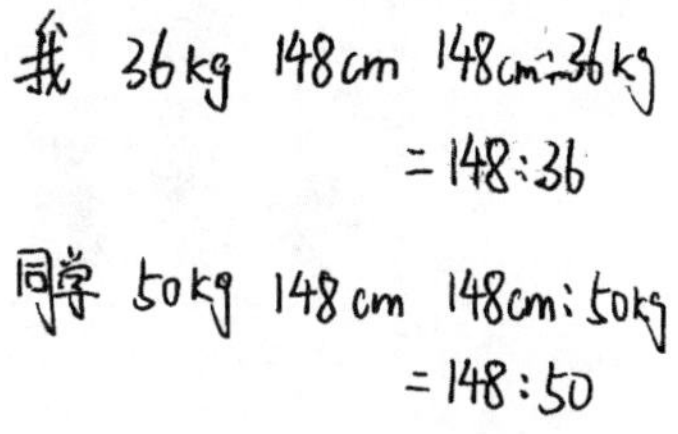

我 36kg 148cm 148cm:36kg
=148:36
同学 50kg 148cm 148cm:50kg
=148:50

图 10-13　学生列式赞成身高、体重能比

生4　我们在学习速度的时候就是两个不同量的比，是路程和时间的比，速度可以告诉我们谁快谁慢，不同的两个量是可以比的。

生5　我计算了一下，爸爸 2.4cm/kg，妈妈 3cm/kg，我 3.2cm/kg，3.2 > 3 > 2.4。由此可知爸爸最胖（见图 10-14）。

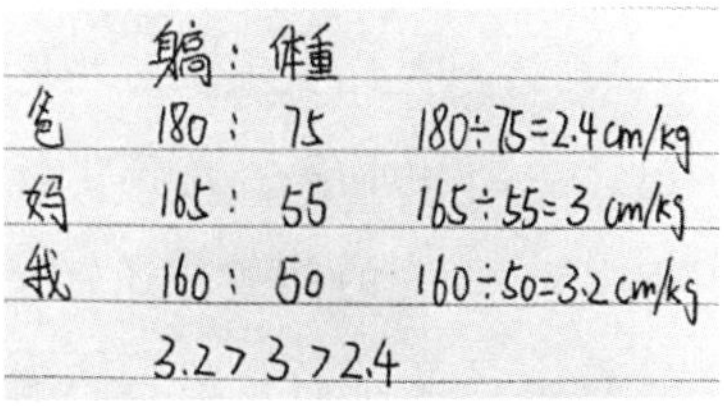

身高：体重
爸 180：75 180÷75=2.4cm/kg
妈 165：55 165÷55=3cm/kg
我 160：50 160÷50=3.2cm/kg
3.2>3>2.4

图 10-14　学生作品

师　这位同学不仅发现了不同的两个量是可以比的，还提到了一份体重就对应一段身高。

随着讨论的深入，学生们对这个问题的兴趣不断加深，有的还去网上查找了资料。

生6　我在网上还发现了BMI标准（见图 10-15），是用体重除以身高的平方得到的，也就是看单位面积到底有多重。所以我们用身高比体重也同样适用。

身高和体重能比吗？

$$体重（千克）：[身高（米）]^2 = \frac{体重（千克）}{[身高（米）]^2}$$

BMI中国标准

分类	BMI范围
偏瘦	≤ 18.4
正常	18.5 ~ 23.9
过重	24 ~ 27.9
肥胖	≥ 28.0

图 10-15　网络资料

师　　这个讨论特别有意义。同学们能够提出自己不同的观点，通过类比发现了路程比时间就等于速度，它可以帮助我们刻画快慢的问题；总价比数量得到的是单价，它可以帮助我们刻画贵不贵的问题；还可以用BMI刻画一个人的胖瘦问题：看来比真的是有价值的。

根据人的身高和体重特征，可以找到度量的尺子。学生经历研究和讨论的过程，在思辨中不断明晰学习比的意义，找到学习的方法，并在生活中再一次感受到比是一把度量的尺子。

镜头二　“哪个蹦床更好玩？”

师　　想一想，比还能帮助我们解决什么问题？看淘气和笑笑在游乐场里就遇到了这种情况。有两个蹦床，一大一小，选择哪个蹦床更好玩呢？（见图 10-16）

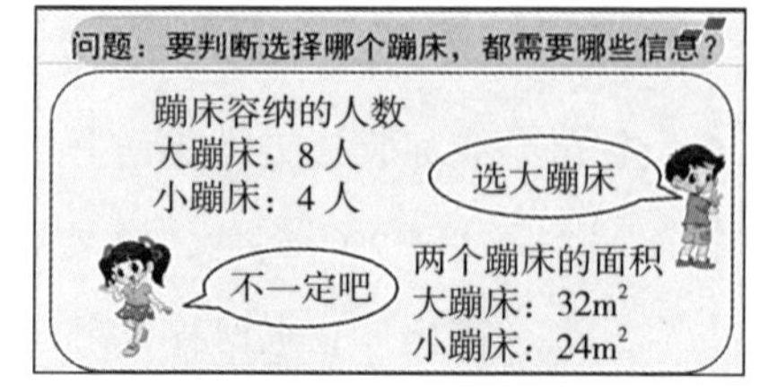

图 10-16　情境图

生1　我选大蹦床，不拥挤。

生2　不拥挤我同意，但大的一定不拥挤吗？

师　大家觉着玩蹦床只要不拥挤就会更好玩一些。那要判断哪个蹦床不拥挤，都需要哪些信息呢？

生2　我认为还需要知道蹦床容纳的人数。大蹦床能容纳 8 人，小蹦床能容纳 4 人。

生3　我认为不仅需要知道每个蹦床能容纳的人数，还需要知道每个蹦床的面积，大蹦床是 32 平方米，小蹦床是 24 平方米。

师　这些信息都有了，选择哪个蹦床更能感受到好玩呢？同学们快想一想。（学生思考。）

师　让我们分享一下吧。

生4　大蹦床与小蹦床能容纳的人数比是 8∶4，也就是 2∶1。大蹦床和小蹦床面积的比是 32∶24，约等于 1.3∶1。大蹦床能容纳的人数是小蹦床能容纳的人数的两倍，但是面积却是 1.3 倍，说明每个人占的面积是小于小蹦床的，所以说小蹦床更好。

师　很巧妙的方法，利用了人数和面积的倍数关系来解决问题。

生5　如果我们用面积除以人数，就可以得到每个人可以占有多少蹦床的面积。所以大蹦床是 32∶8 ＝ 4∶1，每个人可以有 4 平方米的蹦床；小蹦床的面积是 24∶4 ＝ 6∶1，每个人可以有 6 平方米的蹦床。小蹦床每人能占到的面积会更大，所以选择小蹦床体验弹跳的感觉会更好一点。

生6　受以上两位同学的启发，我这边还有一种想法，就是用人数去比面积，这个比的意思是看看单位面积上有多少人（见图 10-17）。

	人数	:	面积	
大	8	:	32	= 0.25 : 1
小	4	:	24	= 0.17 : 1
				0.17 < 0.25

图 10-17　学生比较

生6　通过以上这些数据，我们可以看出大蹦床每平方米上有 0.25 人，小蹦床每平方米上有 0.17 人，0.17 < 0.25。小蹦床上的人要松一些，

大蹦床上的人更紧一些，所以还是选择玩小蹦床。

师　通过今天的讨论，大家对比又有了哪些新的认识呢？

生7　我理解了当两个量的单位不一样时，有时也可以比。比如身高、体重能比出胖瘦，依据比来判断蹦床是否拥挤。

生8　这一点我的感触也很深，比真的能帮助我们解决生活中的许多问题。比如速度能比出谁快谁慢，用体重与身高的比值可以表示一份身高有多重。看一组比成不成立，关键是看它的比值是否有意义。

生9　之前我们接触更多的是两个量之间的比，但是今天我发现比可以是很多个量之间的比，它真的能很清楚地表示几个量之间的关系。

镜头三　生活中还有哪些问题能用比刻画呢？

师　通过这样的研究，我们不仅加深了对比的认识，也感受到了比的价值。生活中还有哪些地方也用到了比呢？

生1　我很喜欢科普知识。《十万个为什么》里有这样一段话："跳蚤拥有出众的跳跃能力，它们的身体很小，一般只有一两毫米，可是它们却能跳三十多厘米远。"为什么说它们有很强的跳跃能力呢？我想拿人类的跳远冠军来跟它们比一比，到底谁才是真正的跳远冠军。

师　提出问题的这位同学不仅发现了问题，还查找了一些资料。下面让我们一起来看看这位同学找到的信息吧。

生1　我分别查找了一些有关跳蚤和人类的数据，因为跳蚤身长约是1.5毫米，跳跃长度300毫米。人类的跳远数值我取的是有官方认证的运动员拜伦·琼斯的数据。拜伦·琼斯的身高大约是1.8米，跳跃长度是3.7米（见图10-18）。可是光有这些数据不行，怎么才能判断呢？

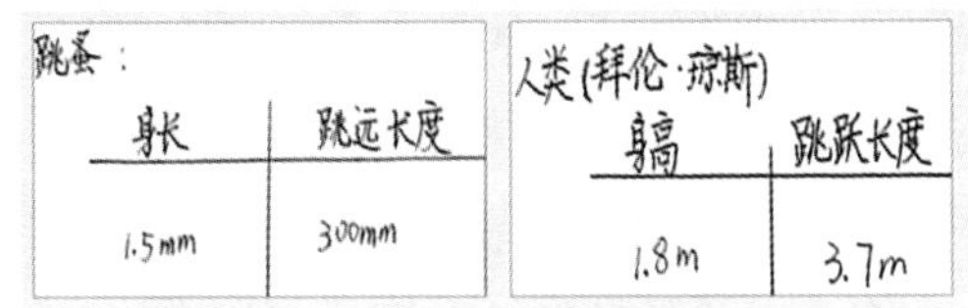

图 10-18　学生整理的数据图 1

师　根据这些信息，让我们一起解决一下这个问题吧，看一看到底谁是跳远冠军。

生 2　我想到了用比来解决这个难题。我分别写出了跳蚤和人类的身长与跳跃长度的比（见图 10-19）。

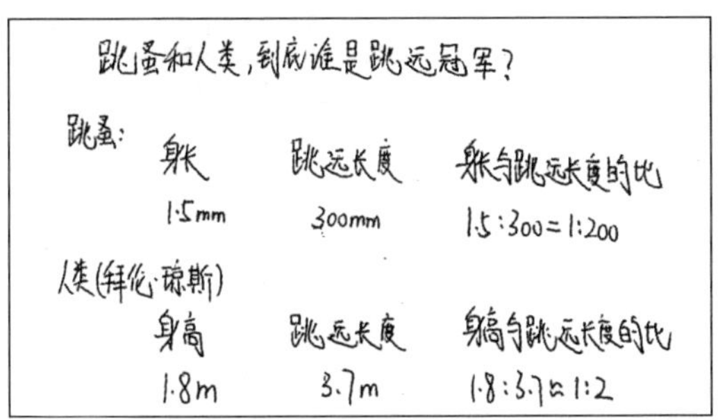

图 10-19　学生整理的数据图 2

生 2　可以看出，跳蚤的跳跃长度是 200 份，人类的是 2 份。可以明显地看出 200 > 2，跳蚤才是真正的跳远冠军。

生 1　那么人类到底要跳多远，才能跟跳蚤达到一个水平呢？人类的身高按 1.8 米算，跳蚤的跳跃长度是身高的 200 倍，也就是 1.8×200，得到 360 米，人类大约要跳 360 米才能达到跟跳蚤一样的水平，所以跳蚤才是当之无愧的跳远冠军。

师　你看这位同学还利用跳蚤的跳远长度类比了人在理想状态下需要跳的长度。虽然这是不可能的，但是他利用这种方式解决了这个问题。这位同学喜欢读科普书，就发现了比。

生 1　我特别喜欢看各种各样的汽车，我画了这样三幅图（见图 10-20），你们看明白了吗？最上面第一幅图代表普通轿车，这种车的车轮长度和两个车轮之间长度的比一般是 1 : 3。第二幅图代表越野车，这种车的车轮长度与两个车轮之间长度的比一般是 1 : 2。第三幅图代表的是跑车，它的车轮长度与两个车轮之间长度的比一般是 2 : 5。

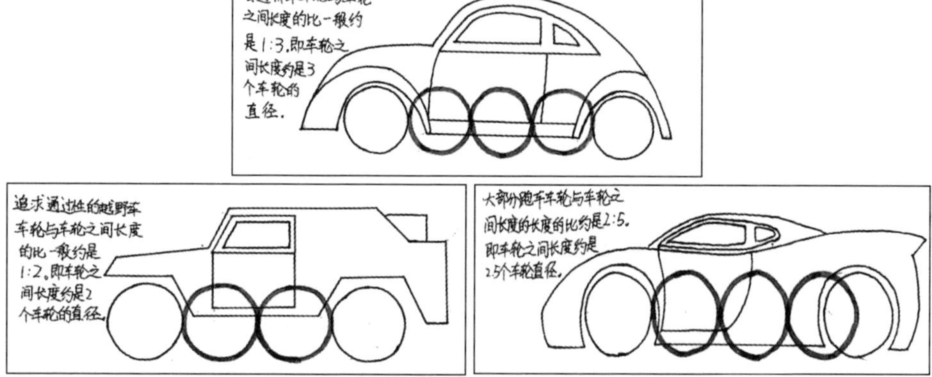

图 10-20　学生画的小汽车图

师　太棒的发现了！老师天天开车都没有想到这里居然藏着比。同学们，打开你的脑洞！只要你善于观察，勤于思考，相信你也一样提出能用比解决的新问题。

其实数学就在我们身边，只要你敢于和乐于发现。不难看出这样的学习方式将学生与课堂的距离拉近了，学生内在的情感得到激发。这样的课堂让学生回味很久，学生会因为这样的经历去创造更多相似的经历，这无形中增强了学生的信心，使学生对未来的课堂充满期待。在用比解决实际问题“身高和体重能比吗？”“哪个蹦床更好玩？”的过程中，学生体会比的应用价值，实现对比意义的再理解。在创造比的过程中，培养学生的创新能力，鼓励学生运用数学的眼光去观察世界，去发现问题，去开展研究。鼓励他们在发现和提出问题、分析和解决问题的过程中，主动地思考和应用数学，体会数学的思想方法，持续地探索，提出有价值的创意，感受数学的力量。

后记

时间说快也快，说慢也慢。近十年来，在丛书主编张丹老师的带领下，课题组不断摸索问题引领学习的有效路径——这是一条漫长的路，曲折多，收获更多。转眼间，我们的心得和成果就要以图书的形式和广大教育同人见面了，实难掩激动兴奋之情，希望我们的思考和实践能引发同伴们更多更深的思考，在“问题引领学习视角下的单元教学”这个研究方向上，收获更多的硕果。

在本书的写作过程中，从前期策划到中期写作再到后期修改完善，张丹老师从未缺席。张老师既有高站位的引领，又有接地气的建议，可以说她是案例背后的那个“灵魂”人物。本书由导言和十个案例组成，凝结了我们一路走来，在问题引领视角下进行单元教学的思考与实践。进行单元整体教学的视角是多元的，我们选取问题引领为视角，是希望让儿童站在教育的正中央，将儿童的兴趣、好奇、钻研转化为问题，以问题为引领，引发他们自主探究与学习。在张丹老师的带领下，来自北京各区越来越多有教育情怀的伙伴加入我们。本书所选的十个案例，有孙京红、付丽老师带领的海淀团队，有王彦伟老师带领的东城团队，有张艳、高冬梅、姚颖老师带领的房山团队，有李义杰老师带领的丰台团队，还有刘征、陶蕴平老师带领的西城区奋斗小学团队。大家选取不同的单元、不同的发现和提出问题的视角，精心打磨了十个案例，供志同道合的教育伙伴共同学习，期待在交流中共同进步。

全书最后的统稿、修改工作由付丽和张艳老师共同完成。在各个案例中，除了已呈现的作者，还有一些老师在实践或写作过程中亲身参与、出谋划策，在此一并表示感谢。

第一章：除特色案例外其他部分作者为北京市房山区教师进修学校的张艳和北京市第十二中学朗悦学校的闻鹏；特色案例作者为黄城根小学房山分校的王辰和北京市第十二中学朗悦学校的闻鹏。此外，还要特别感谢北京市第十二中学朗悦学校的温红艳、张涵和周玲玲，以及北京市房山区良乡第四小学的王静在单元实施中做出的努力。

第二章：作者为北京市海淀区教师进修学校的付丽、北京大学附属小学的杨重生和李燕。此外，还要特别感谢北京大学附属小学的王雪峰在单元建构中给出的建议。

第三章：除特色案例外其他部分作者为张艳、北京市房山区城关小学的李雪和王雪峰；特色案例作者为北京市房山区城关小学的任正英、李红斌和石月新。

第四章：除特色案例外其他部分作者为北京教育学院丰台分院的李义杰、北京市丰台区师范学校附属小学的韩影、北京市丰台区第五小学的李思；特色案例作者为首都经济贸易大学附属小学的李丽、北京教育学院丰台分院的李义杰、北京市丰台区第五小学的卞婧。此外，还要特别感谢韩影和北京市丰台区师范学校附属小学的张宁，北京市丰台区第五小学的李思、卞婧、康京霞、马晓然和冯雪燕，首都经济贸易大学附属小学的李丽、王宁和邱俊利，在单元实施中的所付出的努力和智慧。

第五章：除特色案例外其他部分作者为北京市海淀区中关村第三小学的陈俊荣、马金鑫和刘建昕；特色案例作者为北京市海淀区中关村第三小学的李京华、宋立亭和施宝春。此外，还要特别感谢北京市海淀区中关村第三小学的崔晓娟、赵雨生和高方方在单元实施中所做出的努力。

第六章：作者为北京市东城区教育科学研究院的王彦伟、北京市东城区史家胡同小学的侯宇菲和左明旭。此外，还要特别感谢北京市东城区史家胡同小学的丁雁玲和刘颖在单元实施中所做出的努力。

第七章：作者为北京市海淀区实验小学的陈丹萍和边靖。此外，还要特别感谢北京市海淀区实验小学的王玉、朱华和郭琳在单元实施中的尝试与努力。

第八章：作者为北京市西城区奋斗小学的陶蕴平和刘征。

第九章：除特色案例外其他部分作者为北京市海淀区万泉小学的胡益红和金毅；特色案例作者为北京石油学院附属实验小学的梁颖、北京市海淀区万泉小学的李聪璐。此外，还要特别感谢北京市海淀区万泉小学的王文革、高丽华、任伟、王雪松和刘岳，北京石油学院附属实验小学的胡栋斌、王海艳、李宏和刘佳琦，北京市海淀区定慧里小学的韩银娜、张禹、王晓娟、王金子和郭营营，在单元实施中做出的努力。

第十章：除特色案例外其他部分作者为中国人民大学附属小学的赵娣；特色案例作者为中国人民大学附属小学的蔡立革和沙海。此外，还要特别感谢中国人民大学附属小学的刘天芸在单元实施中做出的努力。

最后，欢迎广大读者提出宝贵建议，期待我们共同携手在“问题引领学习”这条路上走得更远！

张艳　付丽

出 版 人　李　东
责任编辑　殷　欢　郑　莉
版式设计　锋尚设计　郝晓红
责任校对　贾静芳
责任印制　叶小峰

图书在版编目（CIP）数据

小学数学单元教学：基于儿童真实问题 / 付丽，张艳主编. —北京：教育科学出版社，2021.8（2023.4 重印）
（问题引领数学学习丛书 / 张丹主编）
ISBN 978-7-5191-2727-5

Ⅰ. ①小… Ⅱ. ①付… ②张… Ⅲ. ①小学数学课—教学研究 Ⅳ. ① G623.502

中国版本图书馆 CIP 数据核字（2021）第 162456 号

问题引领数学学习丛书
小学数学单元教学：基于儿童真实问题
XIAOXUE SHUXUE DANYUAN JIAOXUE：JIYU ERTONG ZHENSHI WENTI

出版发行	教育科学出版社		
社　　址	北京·朝阳区安慧北里安园甲 9 号	**邮　　编**	100101
总编室电话	010-64981290	**编辑部电话**	010-64981269
出版部电话	010-64989487	**市场部电话**	010-64989009
传　　真	010-64891796	**网　　址**	http://www.esph.com.cn

经　　销	各地新华书店		
制　　作	北京锋尚制版有限公司		
印　　刷	中煤（北京）印务有限公司		
开　　本	720 毫米 ×1020 毫米　1/16	**版　　次**	2021 年 8 月第 1 版
印　　张	17.5	**印　　次**	2023 年 4 月第 3 次印刷
字　　数	249 千	**定　　价**	58.00 元

图书出现印装质量问题，本社负责调换。